말씀과 숨

La Parole et le Souffle

La Parole et le Souffle by Yves Congar
© First published in French by Mame-Desclée Paris, France – 2010
Published by Mame-Desclée Paris, France
All rights reserved.
ISBN : 978-2-7189-0903-5

말씀과 숨

2022년 7월 7일 교회 인가
2022년 8월 15일 초판 1쇄 펴냄

지은이 · 이브 콩가르
옮긴이 · 윤주현
펴낸이 · 정순택
펴낸곳 · 가톨릭출판사
편집 겸 인쇄인 · 김대영
편집 · 정주화
디자인 · 홍수미
마케팅 · 장제민

본사 · 서울특별시 중구 중림로 27
등록 · 1958. 1. 16. 제2-314호
전자우편 · edit@catholicbook.kr
전화 · 1544-1886(대표 번호)
지로번호 · 3000997

ISBN 978-89-321-1830-7 03230

값 26,000원

가톨릭의 모든 도서와 성물을 '**가톨릭출판사 인터넷쇼핑몰**'에서 만나 보실 수 있습니다.
http://www.catholicbook.kr | (02)6365-1888(구입 문의)

이 책의 한국어 출판권은 (재)천주교서울대교구 가톨릭출판사에 있습니다.
저작권법에 의해 한국 내에서 보호를 받는 저작물이므로 무단 전재와 무단 복제를 금합니다.

말씀과 숨

La Parole et le Souffle

이브 콩가르 지음
윤주현 옮김

가톨릭출판사

목 차

도레 신부의 인사말 8
도입 12
역자 서문 28

제1장 하느님은 말씀이시다. 하느님께서 인간의 말이 되시다 35

제2장 말씀과 성령은 연결되어 있다. 성경의 증언 자료 47

제3장 말씀과 성령은 함께 하느님의 업적을 이루신다 59

제4장 성령과 진리. 성령은 진리이시다 100

제5장 성령의 자주성? 112
    주도권의 인격적 원리 124
    계시는 종결되었는가? 128
    제도와 은사 135
    예언주의 146

부록 성령은 교회의 공동 설립자이신가? 교회의 구조적 원리인 은사 171

제6장 그리스도론 안에서 성령의 자리 184

제7장 성령, 그리스도의 영, 그리스도 일원론과 필리오퀘 216

제8장 우주에서 성령 257

끝맺으며 272
이브 콩가르 추기경의 생애, 작품, 사상 279

인명 색인 288
용어 색인 293
인용 작품 목록 298
인용 잡지 목록 299

인간과 그의 자유에 대한 대의명분을 온 세상에서 수많은 억압 체제 아래 힘겹게 진전시키고 있는 모든 분들에게 이 책을 바친다. 하느님의 말씀(Parole)과 숨(Souffle)께서는 진실로 그분들 안에서 생생하고 효과적으로 주님으로 드러나신다.

이브 콩가르

도레 신부의 인사말

　콩가르(Y. Congar) 신부님이든, 그분이 서명하신 이 작품이든, 추천은 필요하지 않다. 단지 몇 줄에 걸친 이 짤막한 '소개 글'은 다음과 같은 목적을 지니고 있다. 그것은 본서가 저명한 도미니코회 신학자인 콩가르 신부님이 집필하고자 했던 「예수와 예수 그리스도」 시리즈에 기여할 수 있는 풍부함을 간략하게 보여 주고 있다는 점이다.

　1. 예수 그리스도께서 그리스도교의 삶에 있어서 중심이라고 해도, 그분이 전부는 아니다. 성 토마스의 정식에 호소하는 가운데, 저자 자신이 취하고 표현한 정식에 따라, 이를 다음과 같이 말할 수도 있을 것이다. 예수 그리스도는 (교회인) 몸의 머리이지만, 몸의 심장은 아니라고 말이다. 성 토마스에 따르면 (이 점에

있어 그는 보나벤투라 성인과 의견을 달리한다), '심장'의 기능은 무엇보다도 성령에 적합하다.

    그리스도교 신앙에 대한 문제는 인간 구원을 위한 하느님, 그리고 그분의 활동 모두와 연관된다. 그러나 배타적인 방식으로 예수 그리스도에게만 집중하면, 이 둘 모두를 놓치고 만다. 그리스도는 이 둘을 모두 권위 있게 알기 위한 음성이자 길이다. 사실, 엄밀히 그리스도교 교의적인 관점에서 볼 때, 하느님께서 오직 예수 그리스도를 통해, 예수 그리스도과 함께, 예수 그리스도 안에서 당신 자신을 계시하고 우리를 구원하신다고 주장하는 것이 맞다. 그러나 성경의 하느님은 언제나 그리고 오직 당신의 말씀과 일치하는 가운데 당신의 숨(Souffle)과 함께, (통교된) 당신의 영과 (강생하신) 당신의 말씀과 일치하는 가운데 당신 자신을 알려 주고 활동하신다. 익히 아는 바와 같이, 이레네우스 성인은 이와 관련해서 "성부의 두 손"에 대해 말하며 탁월하게 언급한 바 있다. 본서는 이 두 손이 언제나 일치하는 가운데 활동한다는 점과 그 활동 방식에 대해 보여 주려 한다. '그리스도 일원론'(cristomonismus)이 지닌 위험은 '성령론적 그리스도론'(cristologia pneumatologica)을 위해 식별되고 거부되었다. 반대로, 성령의 모든 자주론(autonomismus)은 '그리스도론적 성령론'(pneumatologia cristologica)에 유익이 될 수 있도록 고발되었다.

    2. 이 책은 그리스도론에서 유래하는 풍요로움을 점진적으로 발견하는 것을 독자들에게 맡긴다. 여기서는 그리스도론을 다루

는 유사한 방법인 한에서, 예수 그리스도의 유일한 가르침과 생생한 일관성 속에서 그 가르침 훨씬 너머에 있는 신학 분야의 광범위함에 주의를 기울이는 것으로 만족한다.

한편, 하느님의 내재성 자체를 건드려 보기로 하자. 사실, 이러한 맥락에서는 그 자체로 '필리오퀘' 문제에 관한 관심이 부과된다. 다른 한편, 보다 근본적이고 실제적인 교회론적인 사안들이 문제시되고 있음을 발견하게 된다. 예컨대, 은사들과 제도 간의 관계, '시노달리타스'(synodalité)과 '수장성'(cephalité) 간의 연결이 그러하다.

이러한 제반 문제들에 대한 성찰이 지닌 에큐메니즘적 중요성은 동방 정교회의 방향에 있어서나 개혁 교회의 방향에 있어서 분명하다. 그래서 저자는, "너무 걱정해서 이 에큐메니즘적 중요성을 잊는 것처럼 보인다면 놀랄 것이다."라고 스스로 말하듯이, 신학의 차원에 경의를 표현하고 있다. 그가 적절한 이유로 "언제나 유효하다"(7장의 마지막)고 평가되는 '젊은 시절의 몇몇 작품들'(1935)로 우리를 데려가든, 또는 1937년에 명성이 자자한 「우남 상탐」(Unam Sanctam, id., 각주 44) 전집의 출범을 회상하든, 또는 앞서 취한 입장에 대한 '회상'을 제안하든(1953: 참조. 본서의 제5장 "제도와 은사"라는 제목 아래 이루어진 발전 가운데)[1], 또는 자신의 위대한 고전 작품들에 의지하든(「진정한 교회 개혁과 잘

---

[1] 참조. 또한 제5장의 각주 36은 바로 이 점과 관련된 논의를 최근의 작품이자 자주 인용된 다음 작품에 맡기고 있다: *Je crois en l'Esprit Saint*, Cerf, Paris, 1979-1980.

못된 교회 개혁』[1950], 『평신도 신학』[1956]), 다른 방식이긴 하지만, 저자는 계속해서 이 책을 통해 더할 나위 없이 우리를 위해 우리 가운데서 에큐메니즘의 고랑을 이어갔다. 어떻게 이를 누리지 않고 저자에게 감사하지도 않을 수 있을까?

3. 상당히 개인적인 특징을 띤 해설과 함께 이 소개의 글을 마감하고자 한다. 이 글은 요청받은 것이라고 저자 자신이 도입부 초반에 밝히고 있다. 콩가르 신부님은 내가 이 작품을 집필해 달라고 신부님께 청한 것을 언급하면서 이러한 제안을 받아들이게 된 나와의 우정, 그리고 좋지 않은 건강 상태로 인해 초래된 다양한 어려움을 밝히며 양해를 구하셨다. 이 기회를 빌려 공개적으로 다시 한번 신부님께 감사드린다. 또한 신부님으로부터 받은 증언을 독자들에게 전하겠다. 신부님께서는 "글을 쓰기에는 육체적으로 불가능한 순간들"과 극도로 피로한 시기들을 보냈다고 하셨다. 그럼에도 마침내 이 책을 집필해 내셨다. 내게 있어 이러한 그분의 태도는 신학자로서 그분의 존재와 함께 근본적인 그리스도교 진리에 대한 살아 있는 증거였고 지금도 여전히 증거가 되고 있다. 예수 그리스도의 하느님께서 자신의 말이 육(肉)이 되신 당신 말씀을 위한 온전한 봉사가 되기를 원하는 사람들에게, 이 시험의 시간에서부터, 당신의 성령 안에서 '숨 쉬는' 은총을 베풀어 주시길 기원한다.

조셉 도레 신부

도입

　나는 수없이 다음과 같이 말하곤 했다. 만일 성령에 대한 내 모든 연구를 하나의 결론에 압축해야 한다면, 그 형태는 다음과 같은 방식으로 이루어질 것이다. 즉, 성령론이 없다면 그리스도론은 이루어질 수 없으며, 그리스도론이 없다면 성령론도 이루어질 수 없다는 것이다. 조셉 도레 신부님과의 우정은 그 문제에 관해, 그분이 주도하는 훌륭한 전집을 통해서 더욱 깊이 있게 표현할 기회를 내게 제공해 주었다. 이는 나에게 섭리적인 부름이었다. 나는 이 기회를 빌려 기쁘게 작업할 수 있었다. 다만, 나 자신의 힘을 과대평가한 것은 아닌지 두려웠다. 건강 문제로 인해 상당한 부담을 느꼈으며, 냉혹하게 주어지는 여러 책임으로 인해 일상적인 걱정도 있었다. 그중에는 종종 긴급히 해결해야 할 일들도 있었다. 그래서 자주 작업을 중단해야 했다. 글을 쓰기에는 육체적으로 불가능한 순간들도 있었다. 지금도 본래 내가 꿈꿔 왔던 작품을 제공해 주지는 못했다. 마차에 말을 매는 두 개의 긴 막대 사이에서 죽어 가는 늙은 말들은 더 이상 마차를 끌지 못한다. 그렇듯이 나도 더 이상은 여러분에게 작품을 전해 주기 어렵다.

가톨릭 학자들은 헤리베르트 뮐렌(Heribert Mühlen)의 견해를 믿기 위해 얼마 전까지 트리엔트 공의회 이전의 유일신론(monoteismus)의 틀 안에서 하느님에 대한 트리엔트 공의회 이전의 묘사와 함께 움직였다. 대략 15년 전부터 신학자들은 본격적으로 그리스도론에 관심을 갖기 시작했다. 조셉 도레 신부의 전집 외에도 그리스도론과 관련된 최근 연구서들을 12편 정도 인용할 수 있다. 바오로의 영성처럼, 돔 마르미온(Dom Marmion, 3권, 1918-1922)의 위대한 영성은 전적으로 그리스도에게 집중되어 있다. 신자들의 실천에서도 하느님 중심주의의 희생 아래 이루어지는 그리스도 중심주의가 논란이 되고 있다(Jean Milet, *Dieu ou le Christ?*, 1980). 또한 '예수주의'(jésuanisme)에 대해 말하기도 했다(André Manaranche). 1948년에 오토 딜슈나이더(Otto A. Dilschneider)는 그리스도론적인 교의를 위해 온전히 할애된 소묘를 제안한 바 있다: 『그리스도의 현재』(*Gegenwart Christi*). 『교의에 대한 약도』(*Grundriss einer Dogmatik*, Gütersloch, 2권)가 그러하다. 그가 보기에, 교의는 자신이 '형태론적 그리스도론'(christologie morphologique)이라 부른 것,

즉 그리스도께서 구원의 신비를 계시하기 위해 사용하신 다양한 형태 아래 그리스도에 대한 전망을 발전시켜야 한다. 우선, 하느님의 형태, 창조주이신 그리스도 형태가 있다. 그리스도는 자신의 우주적인 역할에서 신경(信經)의 첫 번째 조항으로 들어간다. 반면, 육적(肉的)이고 자기 비움적(kenotico)인 형태는 두 번째 조항으로 들어간다. 또한 성령의 형태도 있다. 왜냐하면, "성령은 영적인 그리스도의 현존재(Dasein) 형태이기 때문이다." 다음은 세 번째 조항이다. 즉, 교회와 성사들, 또는 은총에 의해 취해진 형태가 그것이다. 따라서, 딜슈나이더는 신경(信經)의 그리스도론화를 예견했다고 할 수 있다.

칼 바르트(Karl Barth)의 『교회 교의학』(*Kirchliche Dogmatik*)이 그리스도론에 초점을 맞춰 신학적인 작업을 한 것은 익히 알려져 있다. 하지만, 다음 주제에서 볼 수 있듯이, 그의 비전은 삼위일체적이다: §10, 영원한 성부이신 하느님, 창조; §11, 성자 하느님, 화해; §12, 성령이신 하느님, 구세주. 이 모든 것은, 칼뱅(Calvin)이 모델로 삼았으며, 오늘날에도 에벨링(G. Ebeling), 틸리케(H. Thielicke), 몰트만(J. Moltmann)의 작품에서 표현되고 있는, 교의적인 전통에 따른 것이다. 바르트는 말년에 자신은 성령의 표지와 빛 아래 신경(信經) 신학을 다시 취하길 원했다고 언급한 바 있다. 그는 이러한 자신의 바람을 이루지 못했지만, 토마스 프레이어(Thomas Freyer)는 '세례의 영'(Geisttaufe)에 대한 바르트의 신학을 고려하는 개념을 만들 수 있다고 생각했다.[1] 이 경우 '신경에 대한 성령화'가 이루어질 것이다. 형편없는 이 용어에 대해 독자들에게 양해를 구한다.

우리 교회, 적어도 프랑스에서는 1914~1918년 전쟁이 영적 쇄신에 뒤이어 일어났다. 이러한 쇄신은 시작부터 최근에 이르기까지의 지속해서 성장해 왔으며, 이 과정에서 삼위일체 신앙의 분위기를 알고 있었다.[2] 이러한 방향에는 많은 요소가 작용했다. 실재에 대한 논리 자체, 교부학적 쇄신, 견고한 신학적 바탕에 대한 의지, 에큐메니즘적인 대화, 특히 우리의 벗인 동방 정교회 신학자들과의 접촉 등이 그러하다. 제2차 바티칸 공의회는 하느님에 대한 삼위일체적 개념과 함께 작업했다.

이 모든 것은 괄목할 만한 성령론적 쇄신을 초래했다. 다시

---

1 Th. Freyer, *Pneumatologie als Strukturprinzip der Dogmatik. Ueberlegungen an die Lehre von der 'Geisttaufe' bei Karl Barth*, Paderborn, 1982.

2 프랑스에 국한해서 간략한 목록을 제시하고자 한다. 이 목록은 분명 불완전하다: Sr. Elisabeth de la Trinité, *Souvenirs*, 1909 (많은 판본을 거듭했다); V. Bernadot, *De l'Eucharistie à la Trinité*, 1922; H.-M. Féret, *La Sainte Trinité, Dieu du Chrétien* (Et. relig. n.448), 1938; F. Klein, *Le Dieu des chrétiens, Notre foi en la Trinité*, 1938; J. Viollet, *La Sainte Trinité et notre vie quotidienne*, 1938; G. Widmer, *Gloire au Père et au Fils et au Saint-Esprit*, Neuchâtel-Paris, 1963; H. Barré, "Trinité que j'adore". *Perspectives théologiques*, 1965; G. Lafont, *Peut-on connaître Dieu en Jésus-Christ?*, 1969; H. de Lubac, *Essai sur la structure du Symbole des Apôtres*, 2ᵉéd., 1970; H. Bourgeois, *Mais il y a le Dieu de Jésus-Christ*, 1970; J. Cl. Barreau, *Qui est Dieu?*, 1971; R. Grant, *Le Dieu des premiers chrétiens*, 1971; A. Manaranche, *Dieu vivant et vrai*, 1972; P. Aubin, *Dieu; Père, Fils, Esprit. Pourquoi les chrétiens parlent de 'Trinité'*, 1975; Chr. Duquoc, *Dieu différent*, 1977.

한번 더 현실의 힘을 통해 삶의 차원에서 쇄신이 일어나게 되었다. 이는 에큐메니즘과 공의회 그리고 소위 카리스마적인 운동의 바람에 힘입어 이루어졌다. 최근에는 많은 경우 「Revue des Sciences philosophiques et théologiques」에 성령론에 관한 글들과 삼위일체 신학과 관련된 글들을 싣고 있다. 이를 읽어 보는 것도 괜찮을 것이다.

우리는 '창조되지 않은 분'(Incréé), "모든 빛 너머에 계신 참된 빛(Lumière)"이신 하느님의 신비 가운데 있다. 어떻게 그분에 대해 말할 수 있을까? "당신께 침묵은 찬미입니다"(Silentium tibi laus). 그럼에도 불구하고, 가련한 신학자들인 우리는 말해야 한다. 그리고 무엇보다도 "하느님을 말해야 한다."

"그 사람 속에 있는 영이 아니고서야, 어떤 사람이 그 사람의 생각을 알 수 있겠습니까? 마찬가지로, 하느님의 영이 아니고서는 아무도 하느님의 생각을 깨닫지 못합니다"(1코린 2,11). 우리의 개념들은 회복될 수 없을 정도로 유한하다. 우리는 하느님에 대한 어떠한 개념도 가질 수 없다. 왜냐하면, 우리는 오직 창조된 개념들만 소유하고 있기 때문이다. 우리는 그분에 대해 어떤 것만을 진술할 수 있을 뿐, 거기에 부정을 더해야 한다. 제노바의 가타리나 성녀(St. Catharna da Genova)는 하느님에 관한 각각의 명제에 다음과 같이 덧붙였다: "그저 불경한 말을 할 뿐입니다!"

하지만, 어느 정도 "하느님을 말하는 것"은 가능하다. 만일 그렇지 않다면, 어떻게 하느님이 사람들의 입과 문자로 인간적인 언어를 말하실 수 있었는가? 이는 유비(analogie)에 바탕을 둔 신학에 대한 가능성을 정당화한다. 그에 대한 사용은 하느님의 인간적인 말 — '신앙의 유비'(analogie de la foi) — 에서 출발하는 가운데 이루어질 수 있다. 그것은 유비의 이름 아래 가치를 견지할 수 있는 것에서 아무것도 없애지 못한다.

우리의 몇몇 개념과 용어는 그 자체로 어떠한 불완전도 수반하지 않는 실재를 가리킨다. 그것은 선성, 지성, 전능, 정의, 존재, 실체, 위격, 행위, 생명 등과 같은 개념들이다. 물론, 우리가 이런 것들을 고려하는 방식은 불완전으로 가득하다. 그러므로, 하느님에 대해 다루는 가운데, 그 진술 자체가 부정되어야 한다. 동시에, 하느님 안에 있는 이러한 완전함들의 방식은 우리를 벗어난다. 예컨대, 그분에게 있어 정의와 자비는 실제로 어떻게 일치할 수 있을까? 그럼에도 불구하고, 우리는 진정 그에 관해 무엇인가를 말할 수 있다. 하느님은 진리이고 빛이시다. 그리고 하느님은 사랑이시다. 요한 사도는 이 두 실재에 대해 언급했다. 이는 토마스 아퀴나스가 거룩하신 삼위일체에 대해 계시된 신비를 지성적으로 구성하고자 시도하는 과정에서 지성의 길 또는 지성적 방식으로 발출하는 '말씀-성자'와, 의지의 길 또는 의지적 방식으로 발출하는 '숨-성령'을 보는 데서 정당화된다.[3]

---

3 또한 이성적 질서에 머물기 위해 본질적인 완전함들에 대해서만 말할 수 있다. 그러나 계시가 위격이란 용어를 사용하지는 않지만, 우리에게 위격(hypostasis)에 대해서는 말하고 있다. 하느님 안에서 본질은 오직 위격화된 분으로만 존재한다.

페기(Péguy)는 성경에 추상적인 말이 하나도 없다고 말한 바 있다. 하느님과 교회에 관한 많은 것들은 행위에 대한 이미지와 이야기들을 통해 전해졌다. 성령 자체에 대해서도 계시는 우리에게 이미지로 말한다. 숨, 바람, 생명수, 불, 불 혀, 하느님의 손가락, 비둘기, 기름 바름, 은사, 구름 등이 그러하다. 하느님과 관련해서 본다면, 그분은 바위, 우리가 귀머거리가 되지 않기 위해 기도드리는 '바위'가 아니시던가?(시편 28,1) 또한 하느님은 사자이자 신랑이시다. 그리고 다른 많은 것들이기도 하시다. 그리고 그리스도는 어린양, 사자일 뿐만 아니라 모퉁잇돌이 아니시던가? 그리고 그분은 하느님 나라를 비유로 말씀하지 않으셨던가? "하느님 나라는 ~와 같다." 이 모든 것은 이미지, 상징, 비유이다. 그렇다면 이는 어떤 어원론적 조건들에 따라서 그러한가? 또 그것은 왜 그럴까? 여기서 토마스 아퀴나스의 가르침이 우리를 비춰 준다.[4] 그는 종종 은유의 말들, "적절한–부적절한" 말들을 비유적인 말과 연결했다. 비유는 실재 그 자체를 규정하지 않는다. 따라서, 바로 이 때문에 많은 비유가 동일한 실재에 적용

---

[4] 필자는 다음 작품을 읽은 바 있다: T.H. Hervi Rikhof, *The Concept of Church. A Methodological Inquiry into the Use of Metaphors in Ecclesiology*, London, 1981. 성 토마스와 관련해서는 pp.167 이하를 보라. 참조. 또한 다음 작품의 제7장을 보라: Paul Ricoeur, *La métaphore vive*, Paris, 1975. 여기서 저자는, 아리스토텔레스가 언급한 암시들로부터 출발해서, 토마스에게 있어서 (속성의) 유비에 대해 말하고 있다. 비유는 다른 것이지만, (pp.353 이하) 비례의 유비에 근접한다: "사실, 비유는 '비례의 유사함'에 바탕을 두고 있다. 그 구조는 시적 담화에서 그리고 성서적인 담화에서 동일하다(예: 하느님은 힘과 함께 작용하신다)."

될 수 있다. 그에 대해서는 앞서 여러 가지 예를 제시한 바 있다. 그러나 비유 자체는 서로 다른 실재들에 적용될 수도 있다. 이는 비유가 결과, 행위, 상응하는 고유함의 유사성을 직접 표현하기 때문이다. 하느님은 우리에게 있어 바위처럼 견고한 분으로 드러난다. 그리스도는 자신의 수난에서 아무 저항도 하지 않는 어린양처럼 행동하셨다. 그분은 파스카의 어린양을 참으로 선취(先取)하신 분이다. 물론 하느님은 우리에게 있어 바위와 같은 분이시다. 바위가 우리의 안정과 안전함을 위해 아래 있을 수 있듯이, 하느님 역시 당신의 방식으로 그러하시다. 그래서 토마스는 '비례의 유사성'(similitudo proportionalis)에 대해 언급한 바 있다.

이처럼 계시(Révélation)가 풍부한 이미지와 이야기로 이루어졌다는 것은 남다른 의미를 지닌다. 육체의 화학적 구성과 관련해서 우리가 이해하는 것과 달리, 하느님이 어떤 분이신지와 관련해서, 계시가 그렇게 우리를 지혜롭게 해 주는 것은 아니다. 오히려 계시는 우리가 하느님과 더불어 맺고 있는 참된 종교적 관계를 우리에게 알려 준다. 계시는 우리의 구원을 위해, 즉 "우리 인간들을 위해, 그리고 우리의 구원을 위해" 이루어졌다. 계시는 하느님이 우리를 위해 하시는 것과 우리를 위한 그분의 존재에 대해 말해 줌으로써, 우리는 이를 바탕으로 우리가 하느님을 위해 무엇이 될 수 있는지 말할 수 있게 된다. 하느님이 어떤 광물질은 아니다. 그러나 그분은 우리를 위해 바위가 되실 것이며, 우리는 그 바위를 믿고 의지할 수 있다. 히브리어로 '믿는다'(croire)는 것은 "~에 기댄다"(appui sur)는 것을 의미한다. 그리고 이것은 상대적으로 우리의 태도를 결정짓는다. 그러므로 오직 경륜적 삼위일체로부터 출발해서 영원한 삼위일체에 도달할 수 있다는 점을 이해할 수 있다. 신학자는 이 길을 거쳐야 하며, 믿음 안에서 다양한 개념들을 사용하는 가운데 이 신비를 해석하고 구성해야 한다. 이것은 적어도 위대한 스콜라학자들의 전통이기도 하다. 물론, 베르나르도 성인이 했듯이, 다른 방식으로 신학을 할 수도 있다. 루터 역시, 형이상학과 스콜라학을 거부하면서, 불명확한 것들을 보존하려는 부담을 감수하면서까지, 하느님의 말씀에 대한 다양한 표현에 머물고자 했다.[5] 역설적이고 변증법적인 표현들은 그가 본성적 질서 또는 이성적 질서와 구원의 질서 사이에 존재하는 비(非)동질성의 느낌에 대해 분명히 대답해 준다.

상징(symbole)은 개념이 실재를 정확히 규정하기 위해 조각내는 실재 자체를 표현하는 장소이자 수단이다. 그것은 계시된 영적 실재들이 간직한 초월성을 강조한다. 마치 적절한 진술처럼, 훨씬 더 합리적인 표현을 취할 수도 있다. 이미지들은 그와 비슷한 환상을 허용하지 않는다. 그래서 성 토마스는, 그와 관련해

---

5 루터는 1509년 『명제집』에 대한 부차적인 주석에서 다음과 같이 쓴 바 있다: "그러므로 그것은 물리적 또는 논리적 규정이 아닌 신학적 규정이다. 말하자면, 그리스도는 누구인가? 논리적으로 다음과 같이 대답한다. 즉, 그분은 인격이시다. 그분은 신학자이시다. 그분은 반석이시며 모퉁잇돌이시다.", WA 9,91. 참조. 필자의 다음 작품을 보라: *Martin Luther. Sa foi, sa réforme*, Paris, 1983.

서, 가장 조잡한 것들(les plus grossières)이 가장 좋다고 생각하기에 이르렀다.[6] 여기서 말하는 가장 조잡한 것들이란 가장 조잡한 '물질적인 것들'을 의미한다. 그러나 그것들은 회상적(回想的)이며 적합한 것일 수 있다. 예술과 시는 어떤 것을 규정하지 않은 채 그 실재를 감지하게 하고, 명료하게 할 것을 요구하지 않으면서 통교하는 역할을 수행한다.

조각가이자 화가인 필자의 벗이 언젠가 내게 자신이 지은 시를 보내온 적이 있다. 이에 나는 지식인으로서 반응했다. 그러자 그는 내게 이렇게 대답했다.

> 만들어지는 기묘한 예술품들
> 확실함보다 더 확실한 거울,
> 행운이여!
> 하지만, 누구의 거울인가?
> 어느 정도 존재의 수준까지
> 그대가 사랑하는 사람을
> 보고 있다는 것을 감지할 수 있는가?
>
> 눈은 모아들인 많은 이미지가
> 지식으로 재구성되어

---

6 *S.Th.*, I, q.1, a.9, ad3.

해명되기 위하여
존재하지 않는 하나의 점으로 환원되는
좁은 문이라네

말들에 대한 지식은
자연적 실재들이 갖지 못하는
정의나 마무리를 갖고 있다.
그 실재들은 말들 속에 살아 있다.

    신학에서는, 교의 정식들의 역할처럼, 다양한 개념들이 지닌 역할에 대해 알아야 한다. 대(大) 알베르투스(Albertus Magnus)나 보나벤투라(S. Bonaventura)와 마찬가지로, 토마스 아퀴나스(S. Thomas de Aquino)는 믿음에 대한 조항을 다음과 같은 정의로 받아들였다: "신적 진리 자체를 향하는 신적 진리에 대한 지각(知覺)"(Percepito divinae veritatis tendens in ipsam)[7] 우리는 하느님에 대한 어떠한 적절한 개념도 갖고 있지 못하다. 오직 그분에게 창조된 개념들만을 적용할 뿐이다. 우리는 이 창조된 개념들을 통해 그분의 진리를 개념적으로 이해하지 못한 채 그 진리를 향한다. 토마스의 텍스트에서 가장 중요한 단어는 'in'이라는 말이다. 우리는 이 단어를 신경(信經)에서 발견

---

7 S. Thomas, *Sent.*, III, d.25, q.1, a.1, qc.1, obj.4; *S.Th.*, II-II, q.1, a.6.

할 수 있다: "나는 하느님을 믿나이다… 그리고 나는 예수 그리스도를 믿나이다"(Credo in Deum… et in Jesum Christum). 반면, 이렇게 말하지는 않는다: "나는 예수 그리스도가 그분의 유일한 아드님이심을 믿는다." 우리에게는 우리를 보증해 주는 믿음의 움직임, 믿음의 도약을 표현하기 위해, 무엇이 문제이며 누가 관건인지 정확히 가리키는 진술이 필요하다. 아우구스티누스 성인은 "나는 하느님을 믿나이다"(credere in Deum)라는 진술에 대한 유명한 주해들을 쓴 바 있다.

그러나 이로 인해 신학적 근거에 대한 노력을 평가절하해서는 안 된다. 우리는 우리 삶의 상당 부분을 이를 위해 헌신해 왔다. 무엇보다도, 최고의 신학은 하느님의 영광을 찬미하는 것임을 염두에 둬야 한다. 적어도 그러한 찬미가 교의적 실체로 가득 차 있다는 점은 입증되었다. 그러므로 그러한 신학은 찬미와 흠숭 가운데 "모든 빛 너머에 계신 빛"이자 실재 자체이신 분께 되돌리기로 하자. 그분의 영광에 대한 찬미는 오직 찬미밖에 없게 될 종말론적 친교를 미리 앞서 맛보게 한다. "우리가 당신께 이르게 될 때, 우리는 당신께 이르지 못한 상태에서 하는 수많은 말들을 멈추게 될 것입니다."[8]

이러한 숙고들은 아직 가톨릭 교회와 "서방의 다른 여러 교

---

8 S. Augustin, 『삼위일체론』(*De trinitate*: XV,28,51 [Bibl. August. II, p.567])의 마지막 기도.

회들" 그리고 동방 정교회 간에 해결해야 할 문제에 대한 연구가 인도한 섬세한 결론을 명료화할 수 있도록 도와주지 않을까?[9] 그것은 다름 아닌 성령의 발출 문제이다. 우리는 이 두 자매 교회가 같은 믿음을 살고 있다고 생각한다. 즉, 우리는 역사적, 문화적으로 상이하며 교회법적으로 분리된, 두 영역에 존재하는 같은 교회를 갖고 있다. 이 두 교회는 서로 다른 이해 방식과 문제들로부터 출발해서 다른 방식으로 거룩한 삼위일체의 신비를 구성했다. 우리는 이 문제를 상기하게 될 기회를 가질 것이다.

신앙에 있어서 주된 요소는 이해하는 것이다. 즉, 지향하는 것을 향하는 방향성 또는 도약이다. 물론, '행위로서의 신앙'(fides qua), 즉 주체의 개방이자 도약으로서의 신앙은 '내용으로서의 신앙'(fides quae), 즉 일정한 내용 없이는 이루어질 수 없다. 그러나 내용으로서의 신앙, 즉 교회가 믿고 고백하는 계시된 자료는 수많은 이해를 향해 개방되어 있다. 삼위일체의 신비에 접근하기 위한 많은 시도가 있었다. 그리고 또 다른 시도들 역시 분명 아직은 가능하다. 라이문도 파니카(Raymond Pannikar)와 앙리 르 소(Henry Le Saux)는 힌두 전통의 지평에 대한 연구를 진행한 바 있다. 니케아 공의회 이전의 많은 교부들은 부정확한 그리스도론과 삼위일체적인 전망을 갖고 있었다. 하지만 그들은 신앙

---

9 *Je crois en l'Esprit Saint, III, Le fleuve de vie (Ap 22,1) coule en Orient et en Occident*, Paris, 1980; *Diversités et Communion (Cogitatio fidei 112)*, Paris, 1982, pp.142-152; 244-257.

을 위해 자신의 일생을 봉헌했다. 우리는 그런 그분들과 더불어 같은 신앙을 공유하고 있다. "계시된 진리의 독창성은 교의적 동체, 진리-사물에 비하면 다른 것이다. 그것은 역동적인 진리이자 발생하는 진리이며 요한 사도가 말한 의미에 따른 실천된 진리이다."[10] 이러한 신앙은 하느님과 인간에 관한 체험에서 그리고 그분의 영광에 대한 찬미에서 잘 표현된다.

필자는 토마스 아퀴나스께 감사하는 그분의 충실한 제자로서 나의 전망을 점차 확장해 갈 수 있었다.[11] 다음과 같은 두 가지 요소가 나를 이리로 인도해 주었다: 에큐메니즘과 역사에 대한 연구가 그것이다. 여기에 더해 오늘날 연구하고 집필하는 것에 대한 (제한적이지만 현실적인) 관심이 추가되었다. 에큐메니즘

---

10 Claude Geffré, in *Initiation à la pratique de la théologie*, I, Paris, 1982, p.124. 또한 p.131(체험된 신앙과 고백된 신앙 간의 변증법)을 보기 바란다.

11 우리의 스승들인 위대한 스콜라학자들은 대부분 자신들의 범주들과 정식들에 연결되어 있었다. 하지만, 그들은 거룩하신 삼위일체에 대한 논술에 있어서 '개념들'과 관련해서, 즉, 신적 위격들 간의 구별에 유의하게 하고 표현할 수 있게 해주는 특성들에 관해 다르게 생각하고 말하는 가능성의 문제를 제기했다. 참조. Thomas d'Aquin, *S.Th.*, I, q.32, a.4; *Sent.*, I, d.33, q.1, a.5; Bonaventure, *Sent.*, I, d.27, a.1 (I, p.478). 그들은 신앙에 직접 속하는 진리들("하느님이 세 분이자 한 분이라는 것처럼, 우리에게 주로 계시된 진리들"), 즉 이를 부인하는 것은 신앙 자체에 반대되는 결과를 초래할 수 있다는 의미에서 신앙에 직접 속하는 진리들과 단지 간접적으로만 신앙에 속하는 진리들을 구별했다. "개념들과 관련해서 보면, 몇몇 신학자들은 공통된 가르침에 상반되는 견해들을 만들었지만, 이단에 떨어질 수 있는 위험은 피했다. 사실, 그들은 신앙에 반대되는 어떠한 사안도 견지하려는 의도가 없었다. 오히려 그와 반대로, 이 사안에 있어서 잘못된 견해를 견지하는 것이 신앙에 반대되는 결과를 초래하리라는 것을 알면서도 그러한 견해를 견지한다면, 그는 이단의 죄에 떨어지고 말 것이다"(성 토마스).

과 역사는 우리로 하여금 자신의 존재 이유와 고유한 진리를 갖는 다른 조직들을 알게 해 준다. 스콜라학자들은 확실함이라는 자신들만의 세계 그리고 자신에 대해 어떠한 의심도 갖지 않았던 교회 안에 너무 갇혀 있었다. 그러나 우리들이 대면해야 하는 경계(境界)들은 구멍이 많지 않은가? 아니면, 우리가 거침없이 세속화된 다원주의적 세상에서 오직 믿음, 사도적 믿음에 대한 고백만 따르도록 강요받고 있는 것은 아닐까? 우리가 마주하는 경계들은 많은 신학적 전통을 알았고 또 알고 있다. 나는 나의 나약함을 잘 알고 있기에 그런 나약함을 신뢰하지 않는다. 나는 내 교회에 의지하려 한다. 하지만 나를 교회의 다양한 요청 가운데 단 하나, 로마의 요청에만 국한시키지 않으며, 단지 그 요소들 가운데 하나, 교부들이나 스콜라학자들의 요소에만 국한하지도 않겠다. 왜냐하면, 교회는 사도적 신앙을 고백하는 모든 사람이 나누는 생생한 친교이기 때문이다.

* * *

이 작품의 전체적인 주제는 단순하지만, 그에 대한 분석과 이를 여러 장에 분배한 것은 저절로 이루어지지 않았다. 필자는 이러저러한 사안에 자리를 배치하는 것에 대해 망설였다. 예컨대, 그리스도론 안에서 성령론의 역할에 대한 장이 그렇다. 하지만, 다양한 장들에 대한 서열은 점차 제기되던 문제들과 더불어 정당한 듯이 보였다. 나는 집필 과정에서 우선적으로 신학적 차원을 따르고자 했다. 그러나 또한 이런 방식을 통해 현재 그리스도교 세계의 많은 현실적인 문제와 필요, 무엇보다도 소위 말하는 카리스마적 쇄신의 문제들도 건드렸다고 확신한다. 또한 이로 인해, 특히 바로 이것으로 인해(그리고 나는 이 점에 대해 잘 알고 있다), 체험된 성령론이 건전하려면 그리스도론 안에 자리해야 한다. 성령은 다른 몸이 아닌 그리스도의 몸(corps du Chris)을 형성하고 거기에 생기를 불어넣는다.

1983년 6월 24일
이브 콩가르

역자 서문

　본서는 이브 콩가르 추기경님의 역작인 『나는 성령을 믿나이다 1~3』을 보완하는 작품으로, 무엇보다 성령론과 그리스도론 간의 관계를 다양한 측면에서 밝힌 주옥 같은 책이다. 아직은 많이 부족하지만, 그래도 현재 한국 가톨릭 교회에는 교의 신학의 각 분야마다 기초 자료들이 차근차근 마련되고 있다. 교의 신학의 핵심 분야인 그리스도론에는 『예수 그리스도』(발터 카스퍼 저, 박상래 옮김, 분도출판사, 1977), 『예수 그리스도』(안젤로 아마토 저, 김관희 옮김, 수원가톨릭대학출판부, 2012), 『그리스도론』(올레가리오 곤잘레스 저, 윤주현 옮김, 가톨릭출판사, 근간), 성령론에는 『나는 성령을 믿나이다 1~3』(이브 콩가르 저, 백운철·윤주현·안영주 옮김, 가톨릭출판사, 2004, 2015, 2018), 삼위일체론에는 『삼위일체론』(마태오 세코 저, 윤주현 옮김, 가톨릭출판사)이 한국 교회에 출간되어 그나마 각 분야의 길잡이 역할을 해 주고 있다. 물론, 각 분야마다 여러 대가들의 다양한 교과서들이 좀 더 소개되어야 하지만, 이와 동시에 각 분야 간의 관계에 대해 성찰하는 기초 연구서들도 필요하다. 신학은 인류를 향한 하느님의 구원 역사를 '총체적으로' 성찰하는 학문으로, 삼위일체 하느님과 인간을 비롯해 그 둘을 잇는 그리스도, 그리고 그분에 의해 설립된 교회와 그 교회의 자기실현인 성사, 그 성사를 집전하는 주체인 사제 등 헤아릴 수 없이 많은 요소를 내포하고 있다. 그리고 이들은 서로 긴밀하게 연결되어 구원 역사라는 거대한 심포니를 이루고 있다. 이러한 구원의 심포니를 연주하는 지휘자는 삼위일체 하느님이시다. 삼위일체 하느님이야말로 이 거대한 구원의 심포니가 솟아나는 원천이며 이 아름답고 웅장하기 그지없는 화음을 이루는 모든 악기를 조율하고 각각의 독특한 음색을 전체 화음과 조화롭게 연주하는 지휘자이다.

본서는 구원의 심포니를 연주하는 지휘자인 삼위일체 하느님 가운데 성자와 성령 간의 관계를 다양한 측면에서 성찰하고 제시한 이브 콩가르 추기경님의 역작이다. 성부께서 인류 구원을 위해 원대한 계획을 세우셨다면, 성자와 성령은 성부로부터 파견되어 서로 협력하는 가운데 이 구원 역사를 실제로 구현하는 두 주역이시다. 성자께서는 공생활 중에 장차 성령을 보내서 당신의 업적을 완성하실 것을 약속하셨으며, 실제로 부활하신 후, 성령을 보내시어 당신의 재림 전까지 교회를 성화하고 인도할 사명을 위임하셨다. 현재 우리는 성령의 시대, 교회의 시대를 살아가고 있다. 한편, 성자께서는 승천하심으로써 물리적으로는 교회를 떠나셨지만, 성령을 통해 세상 종말까지 현존하며 우리와 함께 계신다. 또한 성령은 끊임없이 성자께서 하셨던 말씀과 행적 그리고 그분이 교회에 맡겨 주신 사명을 상기시키며, 우리로 하여금 끊임없이 성자와 더불어 사랑의 관계를 발전시키고 그분을 더욱 더 닮고 따르게 해 주신다. 그러므로 성자는 끊임없이 성령을 부르고, 성령은 성자를 부르는 가운데 우리의 구원과 성화를 이루며, 성부께서 인류 가족을 위해 영원으로부터 마련하신 원대한 예정 계획을 완성하신다. 따라서, 실제로 역사 안에서 우리의 구원을 이루시는 두 신적 위격인 성자와 성령은 어떤 분이시며, 두 분 사이에는 어떤 관계가 흐르는지 이해하는 것은 우리의 구원 역사를 이해하는 데 결정적인 열쇠가 아닐 수 없다. 콩가르 추기경님은 본서를 통해 이 점을 우리에게 다양하게 풀어헤치고 있다.

콩가르 추기경님은 1장에서 구약과 신약을 통해 계시된 성부 하느님의 말씀이신 성자에 대해 설명했다. 그리고 이를 바탕으로 2장에서 성경 전체를 통해 드러나는 성자와 성령 간의 관계를 심도 있게 파헤쳤다. 이를 위해 두 위격의 공통 원천이 되는 성부에 대한 언급에서부터 시작했으며, 다양한 성경 텍스트를 통해 두 위격 간의 관계성을 입증했다. 이어서 3장에서 콩가르 추기경님은 인류 구원을 향한 과정에서 드러나는 두 위격 간의 협력을 제시했다. 즉, 성자와 성령은 역사 속에서 다양하게 어우러지는 가운데 함께 성부 하느님의 업적을 이루신다. 4장은 진리이신 성령에 대해 다뤘다. '진리' 개념은 성령과 성자에게 공통된 개념으로서, 추기경님은 이 개념을 통해 두 위격 간의 깊은 관계를 설명했다. 반면, 콩가르 추기경님은 5장에서 성령과 관련된 다양한 주제를 건드렸다. 특히 여기서 눈여겨볼 부분은, 공적 계시가 그리스도를 통해 종결되었지만, 성령께서는 역사 안에서 끊임없이 작용하는 가운데 이 공적 계시를 해명하는 다양한 은사와 사적 계시를 촉진한다는 점이다. 추기경님은 이를 올바로 인도하기 위한 제도의 필요성에 대해 언급했다. 한편, 추기경님은 6장에서 그리스도론 안에서 성령의 자리는 어디에 위치하는지 성찰했으며, 7장에서는 동·서방 삼위일체 정식의 차이와 거기서 드러나는 성령의 위상에 대해 심도 있는 설명을 제시했다. 그리고 마지막으로 8장에서 추기경님은 종말론적인 완성을 향한 구원 역사의 과정에서 성령의 위치와 그 역할에 대해 언급했다.

지금까지 살펴본 바와 같이, 본서는 성자와 성령 간의 관계, 그리고 이 두 위격이 최종적인 인간 구원을 향한 역사에서 함께 이루는 다양한 업적과 관련된 풍부한 주제를 우리에게 전해 주고 있다. 현재 신학계에 그리스도론과 성령론을 하나로 아우르는 가운데 이 둘을 함께 거시적으로 성찰하면서 유기적인 체계 안에서 구원 역사를 제시하는 연구서는 흔치 않다. 본서는 이러한 공백을 메워 줄 좋은 작품이다. 그런 의미에서 본서는 콩가르 추기경님의 역작인 『나는 성령을 믿나이다 1~3』의 제4부에 속한다고 말할 수도 있을 것이다. 이 작품을 접하는 신학도들은 먼저 그리스도론과 성령론에 관한 기본 교과서를 충분히 공부한 다음, 이 작품을 읽기 바란다. 그럴 때, 콩가르 추기경님이 이 작품을 통해 풀어낸 수많은 이야기의 진가(眞價)를 발견할 수 있을 것이다.

마지막으로, 이브 콩가르 추기경님의 이 귀한 작품에 대한 번역을 맡겨 준 가톨릭출판사 김대영 사장 신부님과 출판사 가족 모두에게 진심으로 감사드린다. 이 책을 수원 신학대학교와 대전 신학대학교에서 역자의 강의를 듣는 제자 신학생들에게, 그리고 함께 수도 생활의 여정을 걷는 가르멜 수도회의 모든 수사님, 수녀님들, 재속회원들, 전교 가르멜 수녀님들, 그리고 가족과 여러 지인께 드린다. 무엇보다도 두 신학대학을 비롯해 전국의 모든 신학대학에서 사제가 되기 위해 신학을 공부하는 모든 신학생들에게 이 작품이 조금이나마 도움이 될 수 있다면 기쁘겠다. 길고도 고된 학문의 여정에 두 번이나 가톨릭 학술상의 영예를 선사해 주신 삼위일체 하느님께 그리고 성모님께 감사 드리며…

2021년 11월 14일 연중 제33주일에 인천 가르멜 수도원에서

윤주현 신부, O.C.D

일러두기

드물게 몇 가지 상반된 지침들을 제외하고 여기서는 『에큐메니칼 번역 성경』(TOB)을 따랐다. 그리고 'esprit'(靈)란 단어는 상황에 따라 대문자로도 소문자로도 표기했다.

제1장

하느님은 말씀이시다
하느님께서 인간의 말이 되시다

 이스라엘에서 말씀(Parole)의 역사는 예언자들과 함께 시작되었다. 이어서 즉시 계약과 연계된 율법이 선사된 사건에 관한 자료, 그리고 세상과 백성들의 기원에 관한 전망과 관련된 자료로 되돌아갔다. 여기서 우리의 탐구는 역사적-비판적인 것이 아니라 주제적인 것이다. 역사적으로 볼 때 영(Esprit)과 말씀(Parole) 간의 연결은 이사야, 에제키엘과 함께 시작되었다.
 말은 한 사람이 다양한 상징을 통해 자신의 생각 또는 느낌을 다른 사람에게 드러내는 행위이다. 그러므로 말은 다른 사람에게 대화를 건네기 위한 고유한 행위이다. 동물들은 언어를 갖고 있으며 이는 상당히 실질적이지만 거기에 말은 없다. 또 다른 표현 형태인 이미지에 대한 창조 역시 인간에게 고유하다. 인격적인 창조적 주체는 이를 통해 다른 사람들과 소통한다. '나'는 '너'와 함께 관계 안으로 들어간다. 이는 서로 다른 두 존재 사이의 유대로, 이들은 그렇게 머무르게 된다. 이들이 바로 인격체들이다. 현대 학자들은 인격적인 측면과 상호 인격적인 측면에 대해, 질문과 부름의 가치에 대해, 대답하게 하는 자극의 가치에 대해 주장한다.

인간에게 있어서 말은 다른 사람들뿐만 아니라 자기 자신에게 스스로를 표현하려는 필요에 부응하는 주된 방법이다. 물론, 이를 위한 다른 방법들도 있다. 위협, 분노, 애정, 수용을 드러내는 몸짓이 그것이다. 여기서 관건은 자신에 대한 자각으로, 그는 느낌과 더불어 시작하지만, 우리는 우리 자신에게 스스로를 표현하기 위해 내적인 말을 필요로 한다. 그것은 다른 사람과의 관계 안으로 온전히 들어가기 위해 발설된 말이 필요한 것과 같은 이치이다. 그렇다. 우리에게는 그것이 필요하다. 우리에게 있어서 말은 특별한 풍요로움이자 동시에 궁핍을 드러내는 표시이기도 하다. 말이 없다면 우리는 어떻게 될까? 우리는 말과 함께 소통하고 다른 사람의 생각과 감정 그리고 계획에 대한 표현을 받아들인다. 또한 말과 함께 우리의 생각과 감정과 계획을 다른 많은 사람들에게 전한다. 우리는 그에 대해 놀라지 않을 만큼 너무도 익숙해져 있다. 하지만 그에 대해 성찰해 보면, 이 얼마나 신비스러운지 모른다! 이는 우리에게 있어 우리 자신의 외부에 존재하기 위한 방법이다. 하나의 수단을 말하기로 하자. 왜냐하면,

다른 것은 행위이기 때문이다.

순수 객관적인 정보를 간직한 말들이 있다. 그러나 자신의 어떤 것 또는 자기 자신 전체를 선물로 내어 주는 말들, 타자(他者)로부터 똑같이 인격화된 말을 기대하는 말들도 있다. 표지(기호나 말이든)는 의미에 의존되어 있다. 의미는 표지를 측정하며, 표지에 자신의 질(質)을 통교한다. 만일 하느님의 말씀이 관건이라면, 우리는 하느님께서 당신을 드러내고 당신 밖에서 행동하는 데 사용되는 다양한 표지를 갖고 있다. 하지만, 행동하는 분은 바로 그분이시다! 그분께서 당신 밖에 제시하는 것은 당신 자신과 비교해 볼 때 질적으로 다른 관계를 갖는다. 신학은 흔적, 창조, 모상, 인간 사이를 구별한다. 성경은 우리와 관련된 하느님의 계획을 우리에게 계시해 준다. 그분의 계획은 우리의 육신에 당신의 말씀과 영을 파견하는 가운데 당신의 생명 자체를 통교하는 가운데 종결된다.

말은 우리가 하느님의 모상(image de Dieu)이라는 사실을 드러내는 특징 가운데 하나이다. 아담은 동물들뿐만 아니라 여인에게 이름을 부여했다(창세 2,19.23). 하느님 역시 말씀하신다. 그러나 그분의 말씀은, 내적 말씀이든 밖으로 표현된 말씀이든, a) 필요에 따라 발설되는 것이 아니라 당신의 관대함에 따라 발설된다. 말씀은 하느님께서 당신 자신으로부터 나오기 위한 수단이자(만일 이 표현이 의미를 지닌다면) 당신 밖에 존재자들을 두기 위한 수단이기도 하다. b) 또한 하느님에게서 말씀과 행동은 동일하다. 반면, 우리에게는 다른 사람들과 관계를 맺는 데 있어 독립적인 두 가지 수단이 있다. 우리는 말없이 행동할 수 있다. 하지만 우리의 말은 그 자체로 효과적이지 않다. 하느님께서 말씀하시면, 말씀하신 것은 존재하게 된다. 그분의 말씀은 효과적이다. 히브리어로 '다바르'(dabar)라는 용어는 신약 성경에 나오는 그리스어 '로고스'(logos) 또는 '레마'(rêma)로, 이는 행위를 내포한다.[1]

'하느님'(Dieu)은 아버지이자 시작이 없으신 시작이시고, 절대적인 근원이시다. 우리는 그분에 대해 '사랑'이자 '빛'이라고 말한다. 우리가 부르는 성가들은 이를 노래하고 있다. 그분이 아는 것과 사랑하는 것은 살아 있는 존재로서의 그분의 본성과 그분의 관대함으로부터 솟아난다. 이렇듯 그분은 말씀(Parole) 가운데 그리고 모상(Image) 안에서 당신 자신을 표현하신다. 바오로 사도든 콜로사이서와 히브리서의 저자든, 이들은 모두 구약 성경이 지혜에 대해 언급하고 있는 것을 그리스도에게 적용했다.[2] 요한 사도는 이 말씀을 '로고스'(Logos)라고 불렀다. 로고스는 하느님 곁에

---

1 예컨대, 이는 루카 1,65; 2,15; 19,51; 사도 5,32; 10,37에 나오며, 여기서 rêma는 사건으로 드러난다. 참조. 또한 다음을 보라: O. Procksh, in *ThWbNT*, *IV*, pp.91 이하.

2 B. Bottle, "La Sagesse et les origines de la christologie", in *Rev. Sc. Ph. Th.* 21 (1932), 54-67; A. Feuillet, *Le Christ Sagesse de Dieu d'après les épîtres pauliniennes*, Paris, 1966; P.E. Bonnard, *La Sagesse en personne annuncée et vecue en Jésus-Christ* (Lectio divina 44), Paris, 1966.

계셨으며 그분을 향해 계셨다. "Pros ton Theon"은 이 두 가지 의미를 모두 가질 수 있다. 하지만, 드 라 포테리(P. de la Potterie)가 설정한 것처럼³, 그 말은 기본적으로 "하느님을 향해 있다."는 역동적 의미를 갖는다. 말씀은, 친구가 다른 친구 곁에 있거나 어떤 사람이 다른 사람 곁에 있듯이 그렇게 하느님 곁에 있지 않고, 우리의 생각이 우리의 정신에 현재하듯이 그렇게 하느님 곁에 있다. 말씀은 하느님의 표현이자 모상이다. 우리는 우리 자신에게 말한다. 말씀은 하느님을 표현하는 가운데 자신의 모상을 그분에게 되돌리는 한에서, 동시에 성부를 '향해' 있다. 그러므로 하느님 안에 말씀이 존재한다. 이 말씀은 그분의 모상이며 동시에 그분의 절대적인 지혜이시다. 만일 하느님이 자신 밖에서, 즉 자신을 세상에서 표현한다면, 바로 여기서부터, 즉 말씀으로부터 출발해서 그렇게 하실 것이다. 바로 로고스이자 모상이며 지혜이신 이 말씀을 통해 모든 것이 만들어졌다(창조되었다).⁴ 이는 세상 자체가 하느님의 어떤 말씀(certaine parole de Dieu)일 수 있다는 가능성을 바탕 짓는다. 그러나 중세 학자들은 이 세상을 하나의 책이라고 보았으며, 유일한 책, 즉 성경만이 그 책의 의미를

---

3 참조. *Biblica* 43 (1962), 379-383 그리고 1요한 1-2와 병행구.
4 요한 1,3. *TOB*는 여기서 다음과 같이 주석을 달고 있다: 구약 성경은 이미 세상의 창조를 하느님의 말씀과(시편 33,6.9; 147,15-18; 이사 40,26; 48,3; 지혜 9,1; 참조. 창세 1,3) 또는 신적 지혜와(잠언 8,27-30; 지혜 7,12; 8,4; 9,9). 이와 관련해서 히브 1,3도 보라.

제1장 · 39

이해하게 할 수 있다고 말했다. 분명한 것은, 만일 하느님이 세상의 역사 안에서 당신 자신을 알게 해 주고 가시적으로 드러내신다면, 이는 그분의 말씀이자 지혜를 통해 그렇게 되리라는 것이다. 우리는 그분이 예수 그리스도 안에서 이루신 것을 알고 있다. 사실, 그리스도는 보이지 않는 하느님의 모상으로, 하느님은 바로 이분을 통해 창조(création)와 구원(rédemption) 안에서 자신을 자유로이 드러내셨다. 창조와 구원은 콜로 1,15-20에서 다시 취한 찬가에서 결합되어 소개되고 있다. 이는 분명 다시 읽어 볼 만한 가치가 있다. 또한 2코린 11,4-6은 하느님과 그분 영광의 드러나심을 창조, 그분의 얼굴, 그분의 복음, 우리 마음과 결합시키고 있다. 이런 구원 경륜에 있어서 하느님의 지혜는 십자가의 지혜로서, 생명은 죽음으로부터 온다. 또한 지혜는 하느님의 모상이기에, 이 둘은 모두 로고스, 성자이시다. 십자가의 신비는 하느님 안에 뿌리를 두고 있다. 이는 많은 신학자들이 성찰하려 했던 사실이다.[5] 아주 적은 주제들만이 이렇듯 난해하다. 그러나 하느님의 영원한 현재 가운데 계신 로고스는 "육화하신 분이자 많은 형제 가운데 맏이로 십자가에 못박히신 분으로…, 모든 피조물의 맏이로, 영광스럽게 되신 분으로"(incarnandus, primogenitus in multis fratribus, crucifigendus…, primogenitus omnis creaturae, glorificandus)

---

5 Jürgen Moltmann, Ebenhard Jüngel, Hans Urs von Balthasar (*Theodramatik*, Einsiedeln, 1980). 참조. S. Breton, *Le Verbe et la Croix*, 1981 (la croix comme parole et mise en question du logos).

이해되는 분이다.

성경에 따르면, 하느님의 말씀은 세상의 합리성에 대한 해설적 원리가 아니다. 그것은 하느님의 인격적인 의지적 결정에 뒤따르는 것으로, 인간에 관한 그분의 계획을 알려 주고 실현한다. 그분의 말씀은 효과적이다: "그분께서 말씀하시자 이루어졌고 그분께서 명령하시자 생겨났다"(시편 33,4; 참조. 9절). "난관에서 그들을 구하셨다. 당신 말씀을 보내시어 그들을 낫게 하시고 구렁에서 구해 내셨다"(시편 107,19-20). 그러므로 충실한 이스라엘 사람이 지녔던 자신감은 그분의 말씀에 대한 신뢰였다.[6] 하느님의 말씀으로 발설되고 받아들여진 사도적 말씀은 효과적으로 선포된다. 이에 대해서는 1테살 1,5; 2,13을 보라. 그 말씀은 하느님의 힘이다(로마 1,16; 1코린 1,18; 참조. 2코린 6,7; 사도 19,20). 그분의 말씀은 효과를 내며(히브 4,12) 구원적이다(야고 1,21). 화해의 말씀은(2코린 5,19) 화해를 이룬다. 구원의 말씀은(사도 13,26) 구원을 이룬다. 은총의 말씀은(사도 14,3; 20,32) 은총을 실현한다. 생명의 말씀(필리 2,16; 히브 4,12; 1베드 1,23) 또는 살아 있는 말씀은 생명을 통교한다.

이 사도적 말씀은 복음과 동일시된다.[7] 그분과 마찬가지로,

---

[6] 참조. 시편 56,5; 11-12; 106,12; 119,42.65; 130,5.

[7] G. 프리드리히의 *ThWbNT*의 '복음'이란 항목은 J. 알레망에 의해 다음과 같이 번역되었다: J. Allemand, *Labor et Fides*, Genève, 966. L.-M. Dewailly는 다음 작품의 제2판을 출간했다: *Jésus-Christ Parole de Dieu*, Paris, Cerf, 1969.

이 말씀의 내용은 예수 그리스도이며 그 주인공 역시 그분이다. 사실, 그것은 우리를 위해 예수 그리스도 안에서 실현된 하느님의 구원 계획으로, 이는 곧 그리스도의 신비를 말한다. 바오로 사도에게서 자주 드러나는 '그리스도의 복음'(또는 '우리 주님의 복음'이나 '성자의 복음')이란 표현에는 그리스도가 동시에 내용이자 창시자로, 대상이자 주체로 담겨 있다.[8] 복음은 절대적으로 순수하다. 그것은 예수 그리스도 자신의 진리와 거룩함 그리고 능력을 내포한다. 그것은 언제나 하느님의 활동이다. 하느님께서 인간에게 뭔가를 제안하실 때에는 이 형태 안에 담아서 하신다.

키텔(G. Kittel)은 자신이 주도한『Theol. Wörterbuch zum N.T.』에서 신약 성경과 관련된 '로고스'(Logos)라는 항목에 관해 쓴 바 있다.[9] 여기서 그는 신적인 특성들, 말하자면 생명의 말씀이 지닌 신화하는 특성들은 구체적이고 역사적인 그리스도에게 부여되고 있다. 이는 그분이 전한 여러 증언이 이해하고 보고 건드린 것이다. 하느님 안에 계셨던 로고스(말씀)는 하느님이셨으며, 당신 자신을 역사적으로 드러내셨다. 그분은 파견되셨고, 마침내 이 세상에 오셨다. "하느님의 오른편에 계시며" 영광스럽게 되신 분

---

8 그리스도의 복음: 로마 15,19; 1코린 9,12; 2코린 2,12; 9,13; 10,14; 갈라 1,7; 필리 1,27; 1테살 3,2. 우리 주님이신 예수 그리스도의 복음: 2테살 1,8. 성자의 복음: 로마 1,9. 대상이자 주체이신 그리스도에 대해서는 다음을 보라: R. Asting, *op. cit.*, pp.355 이하; G. Friedrich, *op. cit.*, p.65.

9 T. IV, pp.100-140.

은 성모님에게서 태어나신 분이며 수난하신 분이다. "모든 것은 그분을 통해 생겨났고 우리는 그분을 통해 (성부께) 나아간다."[10] 요한 사도와 바오로 사도는 구약 성경이 '그리스도'(메시아)라는 용어뿐만 아니라 창조의 그리스도께 부여한 효과들을 예수께 부여했다. 그러나 육(肉)으로 오신 하느님의 말씀인 그리스도는 새로운 창조의 시작이시다. 그분 안에서 그리고 이 새로운 창조 가운데 종말론이 시작된다.

베드로 사도는 예전에 이교도였던 사람들에게 다음과 같이 쓴 바 있다: "여러분은 진리에 순종함으로써 영혼이 깨끗해져 진실한 형제애를 실천하게 되었으니… 여러분은 썩어 없어지는 씨앗이 아니라 썩어 없어지지 않는 씨앗, 곧 살아 계시며 영원히 머물러 계시는 하느님의 말씀을 통하여 새로 태어났습니다. '모든 인간은 풀과 같고 그 모든 영광은 풀꽃과 같다. 풀은 마르고 꽃은 떨어지지만, 주님의 말씀은 영원히 머물러 계시다'(이사 40,6-8). 바로 이 말씀이 여러분에게 전해진 복음입니다"(1베드 1,22-25). 믿음으로 (진리에 대한 순명으로) 받아들인 말씀은 바로 이 하느님의 씨앗(sperma Theou)이다. 우리는 이 씨앗을 통해 하느님에게서 태어났다: 1요한 3,9. 참조. 야고 1,18: "하느님께서는 뜻을 정하시고 진리의 말씀으로 우리를 낳으셨습니다." 이 씨앗은 하느님

---

10 이는 1코린 8,5에 대한 *TOB*의 번역 표현이다. 이 구절을 콜로 1,13-20과 비교하기 바란다.

의 말씀이다: 마르 4,14; 루카 8,11(말씀은 '씨앗'[sporos]이다). 씨앗인 말씀은 믿음을 통해 믿음 가운데 받게 된다. 성 토마스를 비롯해 여러 신학자들은 '지속성'(continuatio)이나 연결, 접속, 연속성의 효과를 믿음에 부여했으며, 성사적 표지들의 견고함을 '의미'에 부여했음이 이해된다. 여기서 '의미'는 그러한 것들의 효과에 있어서 원리인 그리스도의 수난을 말한다.[11] 믿음은 영향을 미치며 동시에 영향을 미치게 한다. 군중들이 예수님을 짓누르는 동안, 어느 여인이 치유될 것을 굳게 믿는 가운데 그분의 옷깃을 만진 일이 있었다. 많은 군중이 예수님 주위로 모여들었지만, 오직 한 사람만 믿음과 더불어 참으로 그분을 만졌다.[12] 만일 이 믿음이 각각의 신자들의 믿음이라면 그것은 또한 교회의 믿음으로서, 성사들의 형태는 강생의 연장(延長)으로 드러난다.

그러므로 말씀은 믿음 안에서 그리고 그 말씀을 받아들이는 믿음을 통해 효과를 드러낸다. 바로 여기에 성령이 신학적으로 개입하신다. 필자의 선행 연구와 본서에서 한 연구는 이 점을 분명하게 보여 준다. 성 토마스는 요한 14,26("그분은 너희에게 모든

---

11 참조. S. Thomas, *Sent.*, III, d.13, q.2, a.2, sol.2; *Sent.*, IV, d.1, q.1, a.4, qc.3, sol. et ad3; d.4, q.3, a.2, sol.1: "성사들에서는 특히 믿음이 작용한다. 이런 성사들을 통해 어떤 의미에서 그 원인들은 주로 작용자들뿐만 아니라 수용자들에게 지속된다." 참조. 또한 다음을 보라: L. Villette, *Foi et sacrements. II. De S. Thomas à K. Barth*, Paris, 1962, pp.45-72; J. Gaillard, "Les sacrements de la foi", in *Rev. Thomiste*, 1959, pp.290-293.

12 마르 6,25-34; 루카 8,42b-48. 참조. 또한 다음을 보라: S. Augustin, *Sermo* 243,2 (*PL* 38,1144).

것을 가르치신다.")과 요한 14,6("나는 길이요 진리요 생명이다.")을 인용한 후, 다음과 같이 썼다: "성자께서는 하느님의 말씀으로서 우리에게 당신의 가르침을 전해 주신다. 반면, 성령께서는 우리가 이 가르침을 이해하게 해 주신다. 그래서 이렇게 말한다: '그분은 너희에게 모든 것을 가르치신다.'고 말한다. 인간은 원하는 것을 밖에서 배울 수 있다. 그러나 만일 성령께서 그에게 내면에서부터 통찰의 은사를 허락하지 않는다면, 그가 하는 일은 헛될 수밖에 없다."[13] 이는 내적 스승에 대한 고전적인 주제로, 우리는 이를 좀 더 뒤에서 다루게 될 것이다. 더욱이, 이 주제는 그리스도론화 된 주제이기도 하다. 이와 달리, 칼 바르트(Karl Barth)는 우리와 더 가까이서 하느님의 말씀에 대한 위대한 삼위일체적, 경륜적 신학에서 이러한 성령의 역할을 교의적으로 종합했다.

바르트는 언급하길[14], 성령은 우리 안에 계신 하느님이시다. 그분은 우리에게 하느님의 자기 계시(auto-révélation)를 선사하고 거기에 참여하게 함으로써, 우리가 말씀을 하느님의 말씀으로 믿고 받아들이게 해 준다. 또한 그분은 육(肉)이 되신 말씀인 그리스도에 대해 말할 수 있는 능력을 선사하신다. 이러한 전망은 그 수준에서 넘어설 수 없는 것이다. 그러므로 이는 바르트의 텍스트에 맡기기로 하자. 본서의 주제를 다루기 시작하면서, 우리

13　*Super Évang. Ioannis*, c.XVI, lect.6; éd. R. Cai n.1958.

14　K. Barth, *Dogmatique*, 1ᵉʳ vol. *La doctrine de la Parole de Dieu. Prolégomènes à la Dogmatique*, t.1er § 12, Genève, 1953, p.140.

는 성령과 말씀을 이어 주는 텍스트들을 강조하기 위해, 먼저 성경 전체를 훑어보았다. 그것은 무엇보다도 내용적인 면에서 측정한 것으로서, 여기서 있는 그대로 소박하게 제시하고자 한다.

제2장

말씀과 성령은 연결되어 있다.
성경의 증언 자료

말씀(Verbe)과 영(Esprit) 사이의 관계에 관한 연구를 시작하는 데 있어, 먼저 아버지(성부)에 대해 논하는 것이 적절하다. 성경에서 소개된 '하느님'은 무엇보다도 아버지이시다. 말씀은 하느님의 말씀, 즉 아버지의 말씀이시다. 영은 하느님의 영, 즉 아버지의 영이시다. 아버지는 보이지 않는 분이시며 접근할 수 없는 빛 속에 거하신다.[1] 말씀과 영은 아버지를 계시하며 우리를 그분께 인도한다. 말씀과 영 모두 우선적으로 그분의 입에서 흘러나왔다.

이러한 신인동형론적(神人同形論的) 사용에 대한 성경의 적용

---

1 마태 11,27; 요한 1,18; 6,46; 콜로 1,15; 1요한 4,12; 1티모 6,16.

은 우리에게 많은 것을 말하지 않는다. 구약 성경에서 하느님이 다뤄질 때, 대략 두 가지 경우를 제외하고, 입은 말을 하는 기관으로 드러난다.[2] 신약 성경에서 '입'은 종종 '말'을 위해 사용되곤 했다. 만일 그것이 하느님의 입이라면, 그 입은 말씀의 원천(마태 4,4)이며 불경한 자를 없애 버리는 숨의 원천이다(2테살 2,8; 이사 11,4). 숨과 말은 종종 검(劍)의 비유로 대체되곤 한다. 말씀은 결정한 것을 선포하며(이사 49,2), 충실한 사람들을 그밖에 다른 사람들과 구별하기도 한다(히브 4,12). 말씀은 승리하시는 주님의 입에서 나오며 역사를 심판하신다: "입에서는 날카로운 쌍날칼이 나왔습니다"(묵시 1,16; 19,15). 이 무시무시한 신탁(神託)은 독수리와 에돔의 파괴에 관한 것이다: "이것들 가운데 하나도 빠지지 않고… 그분의 입이 친히 명령하시고 그분의 영이 그것들을 모으셨기 때문이다"(이사 34,16). 이런 다양한 상징적인 표현 가운데 하나의 표현은 다른 표현에 반대되지 않는다. 특히, 그것이 완전히 다른 이미지 형태로부터 유래한다면 그렇다. 우리는 좀 더 뒤에서 '하느님의 두 손'이라고 하는 이레네우스의 놀라운 표현을 접하게 될 것이다. 그러나 이 표현은 어떠한 성경의 언급으로부터도 혜택을 받지 않았다.

---

2 K. Weiss, art. "Stoma", in *ThWbNT*, VII, 692-701: p.695. 두 가지 예외는 시편 18,9와 욥기 37,2이다. 『칠십인역 성경』에서 Stoma가 사용된 461번 가운데 109번이 하느님의 입과 예언자들 또는 지혜의 계시를 언급하고 있다. 여기서 지혜는 지극히 높으신 분의 입에서 나오는 것으로 언급된다: 집회 24,13.

이와 반대로, 성경은 종종 '말씀'(Parole)과 '숨'(Suffle)을 연결시키고 있다. 처음에 숨은 하느님께서 말씀을 통해 이루신 피조물 주위를 크게 선회하고 있었다(창세 1,2 이하). "주님의 말씀으로 하늘이, 그분의 입김으로 그 모든 군대가 만들어졌네"(시편 33,6). 하느님께서 선택된 당신의 백성을 대하실 때, 특히 계약이 문제가 될 때, 성경은 그렇게 언급하고 있다. 유배 당시 이사야는 다윗이 첫 번째 고리이자 첫 번째 전형이 되는 '왕적(王的) 메시아니즘'이란 주제를 다시 취했다(2사무 7장에 나오는 나탄 예언자의 예언을 보기 바란다). 그는 다음과 같이 선포했다: "이것이 그들과 맺은 나의 계약이다. 주님께서 말씀하신다. 네 위에 있는 나의 영과 내가 너의 입에 담아 준 나의 말이, 이제부터 영원히 네 입과 네 후손의 입, 그리고 네 자자손손의 입에서 떠나지 않을 것이다. 주님이 말한다"(이사 59,21).

영과 말씀은 분명 여러 예언적인 사건에서 특별한 방식으로 연결되어 드러난다. 이는 기이한 발라암에게 일어난 일이기도 했다: "발라암은 눈을 들어 지파별로 자리 잡은 이스라엘을 보았다. 그때에 하느님의 영이 그에게 내렸다. 그리하여 그는 신탁을 선포하였다"(민수 24,2). 이는 매일 아침 이스라엘 라디오에서 반복적으로 방송하는 구절들이다. 다음은 죽어가는 다윗의 입에서 나온 말이다: "주님의 영이 나를 통하여 말씀하시니 그분의 말씀이 내 혀에 담겨 있다"(2사무 23,2). 영께서는 에제키엘이 예언할 수 있도록 종종 이곳저곳으로 데려가신다. "주님의 영이 나에게 내려오시자, 그분께서 나에게 말씀하셨다: '너는 말하여라'"(에제 11,5). 가장 중요한 예는 37장에 나오는 예로서, 거기서 주님의 영은 에제키엘을 계곡 사이에 두고 뼈들에게 예언하게 하셨다. 이는 비할 데 없이 독특한 텍스트이다. 예언하는 것은 영의 활동이다. 다음은 오순절에 베드로 사도가 인용한 요엘 예언서의 텍스트로서, 일어난 일을 어떻게 선포하고 있는지 잘 보여 준다: "마지막 날에 나는 모든 사람에게 내 영을 부어 주리라. 그리하여 너희 아들딸들은 예언을 하게 될 것이다"(사도 2,16-21). 이와 같은 방식으로 기도 중에 있는 교회는, 메시아를 거슬러 일어난 대항(對抗)의 선포를 다윗의 입을 통해 전했다(사도 4,25 = 시편 2,1-2).

지혜(Sagesse)는 지극히 높으신 분의 입에서 나왔다: 집회 24,3. 잠언 8,22-31의 가장 오래된 텍스트에는 이 지혜가 하느님에 의해 출산된 것으로 드러난다. 그에 따르면, 지혜는 그분의 창조적인 활동의 첫 맏물이시다. 알렉산드리아의 유다이즘에서 그리스도교 시대와 근접하는 시기에 이루어진 성찰에서는 지혜가 영(Esprit)과 아주 비슷하게 등장한다(참조. 지혜 1,6-7; 7,22-8,1). 고대의 많은 그리스도교 저술가들은 이 두 실재를 동일시했다.[3] 반면, 일부 저술가들은 영을 하느님의 아드님과 동일시하기도 했

---

3 Théophile d'Antioche, Irénée, les Homélies clémentines.

다. 즉, '프네우마'(Pneuma)를 '로고스'(Logos)와 동일시한 것이다.[4] 이처럼 지혜는 성자-말씀이거나 이와 마찬가지로 영과 동일시되고 있다. 지혜는 하느님과 가까이 있으며, 이 세상과 사람들 사이에서 이루어지는 하느님의 활동이다. 그러나 지혜 문학서들은 영과 말씀이 일치한다는 점을 명시적으로 언급하지 않았다.

반면, 여러 복음서, 특히 공관 복음서의 많은 곳에서는 이 둘이 서로 일치하고 있다. 우리는 좀 더 뒤에서 예수님의 세례로 되돌아가서 이 점을 확인하게 될 것이다. 그분의 세례는 가장 중요한 사건으로서, 삼위일체의 신현(神顯)을 드러낸다. 성부로부터 음성이 전해졌다. 그리고 영이 내려와서 예수님 위에 머물렀다: "이는 내가 사랑하는 아들, 내 마음에 드는 아들이다"(마태 3,16-17; 마르 1,10-11: "너는 내가 사랑하는 아들, 내 마음에 드는 아들이다"; 루카 3,22). 영은 말씀들을 불어넣었다. 루카 복음서에서는 감탄으로 가득한 찬가의 말씀들이 등장한다(참조. 루카 1,41-42; 10,21). 반면, 공관 복음서에서는, 신자들이 자신들을 박해하는 이들에게 내맡겨지게 되는 순간에, 영께서 신자들이 하게 될 대답들을 발설하도록 부추기는 것으로 묘사되고 있다(마태 10,19-20; 마르 13,9-11; 루카 12,11-12). 여기서 루카는 마지막 텍스트에서 "고백해야 할 때에" 인자(Fils de l'homme)를 거슬러 언급

---

[4] 2세기 중반 무렵에 활동한 유스티누스 성인과 헤르마스가 그러하다. 또한 위 히폴리투스의 강론 『거룩한 파스카』에서도 이 점이 드러난다.

된 말에 대한 예수님의 가르침을 영의 도움에 대한 약속과 합치시켰다. 예수님에 따르면, 인자를 거슬러서 한 말들은 용서받을 수 있지만, 영, 즉 성령을 거슬러서 한 말은 그렇지 못하다.[5] 이와 관련해서 마태 12,31-32 텍스트를 인용하기로 하자: "성령을 모독하는 말은 용서받지 못할 것이다. 사람의 아들을 거슬러 말하는 자는 용서받을 것이다. 그러나 성령을 거슬러 말하는 자는 현세에서도 내세에서도 용서받지 못할 것이다." 이를 마르 3,29-30과 비교하기 바란다.

제4복음서(요한 복음서)는 말씀과 영 사이를 아주 긴밀히 결속시켜서 소개했다. 말씀은 이 결속으로 인해 아주 구체적인 실재가 된다. 벗들이 알아듣고, 보고, 관상하며 자신들의 손으로 직접 만진 것은 생명의 말씀이었다(1요한 1,1). 예수께서는 먼저 친히 세례자 요한에 의해 세례를 받으셨다. 그분은 하느님에게서 오신 분으로, 하느님에 의해 파견되셨다. "하느님께서 보내신 분께서는 하느님의 말씀을 하신다. 하느님께서 한량없이 성령을 주시기 때문이다"(요한 3,34). 여기서, 그분은 영의 충만함을 받아들이도록 말씀하는 분으로 드러난다. 우리는 이를 다음과 같이 표현할 수도 있다: "그리고 그분은 한량없이 영을 베풀어 주신

---

[5] 아마도 우리는 루카 복음서의 이 구절을, 마태오 복음서나 마르코 복음서의 해당 구절에 비해 선호하는 가운데, 왜곡해서 특권을 부여한 것 같다. 그 구절이 자리한 맥락은 예수께서 "성령을 거슬러서 모독하는" 마귀들을 쫓아내기 위해 권능을 사용하는 맥락이다: in *L'expérience de l'Esprit. Mélanges Schillebeeckx* (Le point théologique 18, Paris, 1976), 19-29.

다." 이 경우, 하느님의 말씀을 하시는 분은 또한 영을 선사해 주시는 분이기도 하다.[6] 모든 가정(假定)에 있어서 천상, 즉 '하느님'으로부터 오는 충만함은 영원한 생명을 보장한다. 이러한 충만함은 하느님의 말씀과 영을 수반한다. 이는 예수 안에 있는 것이자 그분 안에서 선사된 것이기도 하다.

우리는 요한 복음서의 이 중심 주제를 사마리아 여인의 에피소드에서 즉시 발견할 수 있다. 요한 4,10에 나오는 생명수는 계시하는 말씀과 영을 상징적으로 드러낸다.[7] 그것은 성부로부터 선사된 선물로서, 우리를 영원한 생명으로 데려갈 수 있다. 그리고 이 영원한 생명은 이미 실재한다. "진실한 예배자들이 영과 진리 안에서 아버지께 예배를 드릴 때가 온다"(요한 4,24). 이는 성부께 합당한 방식으로 그분을 흠숭하는 것을 의미한다. 즉 그분에게서 유래하는 진리 안에서 그리고 그분께 합치시키는 힘과 더불어 그분을 흠숭하는 것이다. 이 두 가지 선물은 서로 일치하는 가운데 언제나 성부를 가리키고 있다. 두 선물은 성부로부터 유래하며 성부께로 되돌아간다.

우리는 생명의 빵에 대한 담화가 시각적인 면에서 4장의 담

---

6 이 두 번째 해석은 라그랑주와 포쉬의 견해이다: M.-J. Lagrange – F. Porsch, *Pneuma und Wort. Ein Exegetischer Beitrag zur Pneumatologie des Johannesevangeliums* (Frankfurter Theol. Studien 16), Frankfurt/M., 1973, pp.103 이하. 이 책은 문법을 바탕으로 그리고 이어서 개념들의 일관성을 바탕으로 논거를 제시하고 있다.

7 Porsch, *op. cit.*, pp.139-145.

화(사마리아 여인에 대한 담화)와 비슷한 것을 잘 알고 있다. 거기에서 지상적인 실재와 혼동하는 모습 그리고 동일한 질문을 만나게 된다: "그 물을 저에게 주십시오. 그러면 제가 목마르지 않을 것입니다." 이제, 예수님은 생명의 빵에 대한 깊은 가르침을 끝맺는 가운데 다음과 같이 말씀하셨다: "영은 생명을 준다. 그러나 육은 아무 쓸모가 없다. 내가 너희에게 한 말은 영이며 생명이다"(요한 6,63). 왜냐하면, 영에 의해 사로잡힌 이 말씀들은 생명이자 생명을 통교하기 때문이다. 영은 말씀들에 하느님의 말씀이라는 충만한 성질을 부여하는 가운데, 말씀들과 생명 간의 연결고리로 개입하고 있다. 이에 대해 쉴리어(H. Schlier)는 다음과 같이 언급했다: "영과 말씀 간의 연결(연대)은 요한 14,26; 16,13-15; 16,8에서 영을 지칭하기 위해 lalein, anaggellein, marturein, didaskein, hupomimneskein, elegchein이 이미 사용되었다는 사실에서 드러난다."[8] 우리는 좀 더 뒤에서 '진리의 영'(Esprit de vérité)이란 표현에 대해 고찰하게 될 것이다. 다시 한번 언급하거니와, 모든 것은 하느님, 즉 성부로부터 유래한다. 그분에 대해 바오로 사도는 다음과 같이 말했다: 성부는 "우리에게 새 계약의 일꾼이 되는 자격을 주셨습니다. 이 계약은 문자가 아니라 성령으로 된 것입니다. 문자는 사람을 죽이고 성령은 사람을 살립니다"(2코린

---

8 H. Schlier, "Zum Begriff des Geistes nach dem Johannesevangelium", in *Besinnung auf das N.T.*², Herder, 1967, p.270. 이는 포쉬에 의해 다음 작품에서 인용되었다: Porsch, *op. cit.*, p.201.

3,6). 여기서 우리는 교회의 역사적인 삶 속에서 자리들을 발견하게 된다. 예수께서는 교회에 다음과 같이 약속하셨다: "보호자, 곧 아버지께서 내 이름으로 보내실 성령께서 너희에게 모든 것을 가르치시고 내가 너희에게 말한 모든 것을 기억하게 해 주실 것이다"(요한 14,26). 말씀들과 영 사이의 일치는 언제나 성부로부터 온다.

사실, 사도 직무에 대해 우리가 지닌 증언들은 영(Esprit)이 말씀을 동반한다는 사실을 우리에게 보여 준다. 그럼으로써 영께서는 말씀으로 하여금 믿음의 순종을 위해 효과적이 되게 하신다. 바오로 사도는 우리에게 전해진 가장 오래된 그리스도교 텍스트에서 이 점을 언급했다: "그것은 우리 복음이 말로만이 아니라 힘과 성령과 큰 확신으로 여러분에게 전해졌기 때문입니다."[9] 바오로 사도는 코린토에서 자신의 직무와 관련해서(1코린 2,4-5; 또한 2코린 3,3-5을 보기 바란다) 그리고 보다 일반적으로 이교도들 사이에서 수행하는 자신의 직무와 관련해서(로마 15,18-10) 비슷한 증언을 제시한 바 있다. 이 논거(論據)는 설교하는 이를 가리키고 있다. 영께서는 그의 말 가운데 활동하신다. 그러나 또한 말씀의 청자(聽者)들이 믿음 안에서 그 말씀을 받아들인다면, 약속의 대상인 성령을 받게 된다(참조. 갈라 3,2.5.14; 5,5; 에페 1,13).

---

[9] 1테살 1,5는 1테살 2,13에서 분명하게 드러난다. 반면, 말씀을 거부하는 것은 당신의 성령을 선사하시는 하느님을 거부하는 것과 같다: 1테살 4,8.

말씀은 "성령의 칼"(에페 6,17)이다.

베드로 사도 역시 복음의 설교가들이 천상에서 파견된 성령의 활동 아래 이교도들에게 전한 메시지에 대해 말했다(1베드 1,12). 요한 사도는 성령과 관련해서 구세주 예수의 선포와 신자들의 공동체 삶에 수반된 증언을 제시했다. 이에 대해서는 1요한 5,6과 4,13을 보기 바란다. 이는 설명이 필요한 텍스트들이다.

사도행전에 성령과 말씀 간의 연결에 대한 다양한 증언이 있음을 분명히 드러내기는 쉽다. 사실, 사도행전의 목적은 성령의 힘을 통해 교회에 그리고 교회 안에서 그리스도의 예언적 사명이 확장(擴張)되는 것을 보여 주는 데 있다(세례, 오순절): "성령께서 너희에게 내리시면 너희는 힘을 받아, 예루살렘과 온 유다와 사마리아, 그리고 땅 끝에 이르기까지 나의 증인이 될 것이다"(사도 1,8). 실제로, 사건이 일어난 때로부터 "그들은 모두 성령으로 가득 차, 성령께서 표현의 능력을 주시는 대로 다른 언어들로 말하기 시작하였다"(사도 2,4). 가장 오래되고 보편적인 방식으로 우리에게 입증된 성령의 특징 가운데 하나는, 그분이 "예언자들을 통해" 말씀하셨다는 것이다. 그분은 움직이실 때, 말씀을 간직하셨다. 이 말씀은 오직 그분 안에서 구원의 효과가 있다. 요한과 함께 붙잡힌 베드로는 "성령으로 가득 차 그들에게 말하였다"(사도 4,8). 그들이 풀려났을 때, 공동체는 다음과 같이 기도했다: "주님께서는 성령으로 주님의 종인 저희 조상 다윗의 입을 통하여 말씀하셨습니다"(사도 4,25). 이 기도의 마지막에 "그들은 모두 성령으로 가득 차, 하느님의 말씀을 담대히 전하였다"(사도 4,31). 사도들이 다시 붙잡혔을 때, 그들은 최고 의회 앞에서 다음과 같이 분명히 말했다: "우리는 이 일의 증인입니다. 하느님께서 당신께 순종하는 이들에게 주신 성령도 증인이십니다"(사도 5,32). 이 담화에 이어지는 것은 성령의 힘으로 인해 제자들의 말이 지닌 힘을 보여 준다: 스테파노(사도 6,10)와 사울, 즉 바오로(사도 13,9)의 말이 그렇다. 또는, 다른 제자들을 다루는 가운데 그들 위에 임해서 그들로 하여금 즉시 말하게 하는 성령을 보여 주기도 한다(사도 10,44 이하; 19,6).

요한 묵시록은 더 이상 우리에게 이야기가 아니라 다양한 현시(顯示)와 신탁(神託)을 제시하고 있다. 여기서 듣는 것과 보는 것이 서로 잘 부합하는 것을 보게 된다: "나는 나에게 말하는 것이 누구의 목소리인지 보려고 돌아섰습니다"(묵시 1,12). 이 목소리는 인자(人子)의 목소리이다. 요한 사도를 향한 이 목소리는 묵시 2~3장에 나오는 7개의 편지에 담긴 것으로, 이는 7개의 교회를 향하고 있다. 그러나 각각의 편지는 다음과 같은 표현과 함께 끝난다: "귀 있는 사람은 성령께서 여러 교회에 하시는 말씀을 들어라." 그 뒤로 상당히 밀도 깊으면서 아름다운 승리에 대한 간략한 약속 또는 종말론적 영광이 따라온다. 좀 더 뒤에서(묵시 14,13) 성령은 신자들의 삶에 있어 종말론적인 출구를 축성하는 말씀을 선포하신다. 성령은, 영광스러운 그리스도처럼 그분과 함께, 교회를 향한 말씀의 원작자로 드러나신다. 사실, 일

곱 영들은 — 그리고 성령께서는 — 그리스도와 함께 있다(묵시 1,4; 4,5; 5,4; 그리고 묵시 22,6과 비교해 보라). 또한 영은 우리의 극적인 역사에서 예수를 증언하거나 그분에 대한 증언을 지속하는 사람들과 함께 계신다. "왜냐하면, 예수의 증언은 예언의 영이기 때문이다."[10] 영은 교회와 함께 교회 안에 계신다. 그분은 교회에 약속하신 것의 충만한 실현과 그리스도의 영광스러운 귀환을 향한 강렬한 열망을 갖도록 교회에 영감을 불어넣는다: "성령과 신부가 '오십시오.'하고 말씀하신다"(묵시 22,17).[11]

---

10 신자들의 증언과 관련해서 제2차 바티칸 공의회의 문헌에 의해 인용된 텍스트이다: 「인류의 빛」 35항 § 1; 「사제품」 2항 § 1.
11 제2차 바티칸 공의회 문헌 「인류의 빛」 2항, 6항 § 5.

제3장

말씀과 성령은 함께 하느님의 업적을 이루신다

하느님의 말씀은 사람들에 의해 받아들여져야 한다. 그러나 그 말씀은 오직 이를 받아들일 역량(capacité)을 지닌 사람들만 수용할 수 있다. 이것은 우리와 관련되므로, 그 말씀을 받아들일 수 있는 가능성이 우리 안에 있어야 한다. 부이야르(H. Bouillard)는 바르트(K. Barth)를 비판하는 가운데 '초월적 조건'(condition transcendantale)에 대해 언급한 바 있다. 그것은 현실화하기 위해 개방되는 가능한 역량을 말한다. 그러나 이는 하느님 자신의 행위에 의해서가 아니라면 그렇게 될 수 없다. 에페소서는 이를 "지혜와 계시의 영"(에페 1,17)이라 불렀으며[1], 529년에 개최된 오랑주 공

---

1 1코린 2,10; 2코린 4,3-6; 필리 3,15; 마태 16,17을 비교해 보기 바란다. 참조. 또

의회는 "성령의 비추심과 감도(感導)"로 불렀다.² 만일 하느님의 선물에 힘입어서가 아니라면, 인간은 진실로 그분의 말씀을 받아들이고 수용할 수 있을 만큼 그 말씀을 "경청할 수" 없다. "하느님에게서 난 이는 하느님의 말씀을 듣는다"(요한 8,47; 103 이하; 18,37). 이는 이미 초기 신자들에게서(참조. 리디아: 사도 16,4) 그리고 우리 시대에까지 입증된 사실이다. 하느님께서는 인간의 마음이 당신의 말씀에 주의를 기울이고 이를 받아들일 수 있도록 그의 마음을 열어 주신다. 그래서 교회는 성금요일에 거행되는 장엄한 행렬 가운데 예비자들을 위해서 기도한다. 요한 크리소스토무스(Iohannes Chrysostomus)는 로마 교회의 기도와 비슷한 안티오키아 교회의 기도를 우리에게 알려 준 바 있다: "지극히 자비롭고 도움을 주시는 하느님께서 그들의 기도를 들어주시도록, 그들 마음의 귀를 열어 주시도록, 그리고 그들에게 진리의 말씀을 가르쳐 주시도록 기도합시다… 그분께서 그들에게 당신 정의의 복음을 계시해 주시길 기도합시다."³ 예비자 교리의 순간과 실제로 세례가 집전되는 순간 사이에 성령의 은총이 개입한다.⁴

한 다음을 보라: R. Latourelle, *Théologie de la Révélation*, Paris, 1963, pp.403 이하.

2 Can.7: 덴칭거 377; 제1차 바티칸 공의회 제1회기, 제3장(덴칭거 3010)에서 인용되었음. 참조. R. Aubert, *Le problème de l'acte de foi*, Louvain, 1945, pp.10 이하.

3 *Huit catéchèses baptismales inédites*. Intr. par A. Wenger: SChr.50, Paris, 1957, p.70.

4 참조. S. Cyrille de Jérusalem, *Procatéchèse*, 6 (*PG* 33, 344) et *Catech*. VI, 29 (col.589).

하느님 백성은 진정한 하느님 백성으로 세워지기 위해 그분의 말씀을 경청하도록 파견되었다. 사실, 하느님께서 당신 자신을 드러내고 통교하는 방식은 우선적으로 당신의 말씀이다: "그들에게 이런 명령을 내렸다: 내 말을 들어라. 나는 너희 하느님이 되고 너희는 내 백성이 될 것이다"(예레 7,23; 11,4; 이사 55,3과 비교해 보라). 에스 19,5에 따르면, 이는 계약의 바탕 또는 조건이다. 오히려, 그것은 계약 자체의 본질 또는 실재라고 말할 수 있다. 계약에 대한 충실함은 '신앙 고백' 속에서 실현되었으며 언제나 그 고백과 더불어 실현된다: "이스라엘아, 들어라! 주 우리 하느님은 한 분이신 주님이시다"(신명 6,4; 참조. 16,17). '듣는 것'과 '순명하는 것'은 같은 것이다. 바오로 사도 역시 '순명'(로마 16,19), '믿음의 순명'(로마 1,5; 16,26)에 대해 언급했다. 만일 이 모든 것이 발설(發說)된 말씀에 있어 유효하다면, 그것은 또한 글로 쓰인 말씀에도 유효하다고 덧붙여 말해야 한다. 왜냐하면, 앞으로 우리가 규정하게 될 방식의 의미에서 볼 때, 성경은 하느님의 말씀이기 때문이다.

하느님 말씀의 목적은 그 기원을 구성하듯이, 또한 그 질(質)을 규정한다. 만일 하느님의 말씀이 관건이라면, 그리고 이 말씀이 우리를 하느님께 향하게 하고 인도하며 그분과 함께 일치하는 것을 지향한다면, 그것은 다양한 실재에 대한 단순한 객관적

각주 7에 인용된 아우구스티누스 성인의 작품과 비교하기 바란다.

정보가 아니며, 바오로 사도의 말씀들을 사용하기 위해 "세상의 요소들"을 알게 해 주는 것과는 다른 수준에서 우리에게 영향을 미친다는 것을 의미한다.[5] 그제야 비로소 외적인 말씀과 내적인 말씀 간의 구별을 이해하게 된다. 여기서 내적인 말씀은 양심(성경에서 말하는 '마음') 안에 형성되고 알려 주는 접촉이자 준비 태세이다. 그것은 하느님을 향한 순명이라는 의미에서, 하느님이 우리 안에 기도를 일으키는 방식과 상당히 유사한 감도(感導)를 말한다. 결국, 그것은 안에서부터 형성되었지만, 외부에서 오는 것처럼 경청하거나 읽을 수 있는 것과 비슷한 말일 것이다.[6] 하지만, 전승은 그 말씀에 적게 멈춰서는 데 반해, 외적인 말씀들을 이해하게 해 주는 '내적 스승'(Maître intérieur)에 좀 더 많이 멈춘다.

이 주제는 아우구스티누스에게 있어서 소중하다. 이 주제가 신플라톤주의에서 유래했다는 사실이 그 심오함과 그리스도교적 진리의 특성을 없애진 못한다. 아우구스티누스는 이 점에 대해 설교한 바 있다. 그는 1요한 2,27을 인용했다: "여러분은 그분

---

5 콜로 2,8. 이 의미는 갈라 4,3.9; 콜로 2,20에서 다른 뉘앙스를 갖고 있다.

6 S. Thomas, *De Veritate*, q.18, a.3: "거기에는 내적인 말마디가 있는데, 하느님은 이와 더불어 내적 감도(感導)를 통해 우리에게 말씀하신다. 그런데 동일한 내적 감도는 외적인 말마디와 비슷하게 일정한 말마디이다. 사실, 어떤 외적인 말마디에서 경청하는 사람에게 우리가 통지하기를 바라는 것이 아니라 어떤 실재의 표지, 즉 의미 있는 것을 말하게 된다. 이처럼 하느님은 인간을 내적으로 감도하는 가운데 당신의 본질을 보게 하는 게 아니라 당신에 대한 어떤 표지를 보게 한다. 이는 당신의 지혜에 대한 일정한 영적 유사함을 말한다."

에게서 기름 부음을 받았고 지금도 그 상태를 보존하고 있으므로, 누가 여러분을 가르칠 필요가 없습니다. 그분께서 기름 부으심으로 여러분에게 모든 것을 가르치십니다. 기름 부음은 진실하고 거짓이 없습니다." 아우구스티누스에게 있어서 관건은 성령이었다. 다음은 그에 대한 연결점이다: "만일 기름 부음이 여러분에게 모든 것을 가르쳐 준다면, 우리는 아무 이유 없이 일하는 것입니다… 여기서 우리는 위대한 신비를 갖게 됩니다. 여러분들의 귀는 제 말소리에 의해 울렸습니다. 하지만 스승님께서는 우리 안에 계십니다. 우리는 우리 목소리의 소음으로 여러분들을 가르칠 수 있습니다. 그러나 우리가 일으키는 소음은 헛될 뿐입니다… 우리는 바깥에서 스승들과 강의들을 갖고 있습니다. 하지만 내면에서 가르치는 분의 강단은 하늘에 있습니다. 그래서 구세주 친히 복음서에서 다음과 같이 말씀하셨습니다: '너희는 스승이라고 불리지 않도록 주의하여라. 너희의 유일한 스승님은 그리스도이시다'(마태 23,8-9)."[7]

'내적 스승'이라는 이 탁월한 주제는 영성뿐만 아니라 가톨릭 신학에 있어서도 전승 자료이다.[8] 대(大) 그레고리우스 성인은

---

[7] *In epist. Ioannis ad Parthos* tr. III, 13 (*PL* 35, 2004). 아우구스티누스는 다음날 그리로 돌아갔다. tr. IV, 1 (col. 2005). 주목할 만한 다른 구절들로는 다음을 들 수 있다: *In Ev. Ioannis* tr. 96,3 마지막(예비자들과 세례받은 이들 간의 차이)과 4 전체, 성령과 애덕에 대하여(*PL* 35, 1875 et 1876); tr. 20,3(1557: "habemus enim intus magistrum Christum"); *Confess.* IX, 9 (32, 773); *Epist.* 120, 1, 2 et 3, 14 (33, 453, 459),

[8] 이와 관련해서 후안 알파로(J. Alfaro)는 교부 시대와 중세에 대해 언급한 바 있다:

분명하게 이를 제시했으며[9], 토마스 아퀴나스 역시 그러했다.[10] 『준주성범』은 이지적인 경향과는 다른 분위기에서 기도 가운데 스승을 향하고 있다.[11] 이 주제는 19세기로 들어와 그라트리(A. Gratry)에 의해 그의 열렬한 작품, 『원천들』(*Les Sources*)에서 다시 취해졌다.

영성 신학에서 내적인 말씀의 동기와 연결된 또 다른 주제로 매일 그리고 시간의 흐름 속에서 신자들 안에서 이루어지는 '그리스도의 영적인 방문'을 들 수 있다. 휴고 라너(Hugo Rahner)는 마이스터 에크하르트(Meister Ekhart)와 그의 전임자들이 그 표현에 적용한 용례를 분석하는 가운데 이러한 역사를 회상한 바 있다.[12] 알렉산드리아의 클레멘스(Clemens Alexandrianus)와 히폴리투스(Hypolitus)는 '마음'과 관련된 관념에 대한 철학적-문화적 바탕 위에서, 성모님에게서 그리고 동정녀이자 어머니인 교회에서 그리고 신자들의 마음에서 이루어지는 '말씀의 영적 탄생'이란 주제를 정식화했다. 오리게네스는 신자들의 마음에서 이루어

Gregorianum 44 (1963), 779; 780, n.357.

9 *Moralia V*, 28, 50 (PL 75, 704-705); XXVII, 41-43 (76, 422-424); 다음 작품에서 성령의 기름 부음에 적용했다: *Ev. hom. lib. II*, omelia 30,3 (76, 1222).

10 참조. *De Veritate*, q.11, a.1, c.fin; *S.Th.*, q.117, a.1, ad1; *In Ioan*. c.14, lect.6.

11 Lib.III, c.2.

12 "Die Gottesgeburt. Die Lehre Kirchenväter von der Geburt Christi aus dem Herzen der Kirche und der Gläubigen", in *Symbole der Kirche. Die Ekklesiologie der Väter*, Salzburg, 1964, pp.11-87(원본 텍스트는 1935년의 것이다).

지는 말씀의 방문과 일상적인 성장이란 개념으로 확장하는 가운데 이 개념을 다시 취했다. 이 모든 것은 그리스 신학자들과 라틴 신학자들에게서 모두 일어났다. 예컨대, 암브로시우스 성인(S. Ambrosius)과 베르나르두스 성인(S. Bernardus)이 그렇다. 그러나 그들에게서 성령의 역할은 상대적으로 덜 명료하게 드러난다. 가령, 휴고 라너의 연구에서 오리게네스, 알렉산드리아의 키릴루스, 고백자 막시무스, 스코투스 에류게나, 빅토르의 리카르두스 성인의 텍스트들은 간략하게 드러날 뿐이다. 다시 우리의 주제로 되돌아가기로 하자.

성령의 활동은, 쓰인 말씀이든 선포된 말씀이든, 말씀의 수용 가운데 풍부하게 입증되고 있다. 이는 로마 15,18-19에 드러난 바오로 사도의 증언이기도 하다. 그는 이렇게 증언했다: "그리스도 예수님 안에서 하느님을 위하여 일하는 것을 자랑으로 여깁니다. 사실 다른 민족들이 순종하게 하시려고 그리스도께서 나를 통하여 이룩하신 일 외에는, 내가 감히 더 말할 것이 없습니다." 여기서 우리는 말씀에 대한 믿음의 모든 요소들을 하나로 모으게 된다: 그리스도, 사도 직무, 성령이 그렇다. 우리는 이와 동일한 증언을 1베드 1,12과 히브리서의 저자(히브 2,3-4)에게서 발견하게 된다. 대(大) 그레고리우스 성인(Gregorius Magnus)은, 예수께서 귀머거리이자 벙어리인 사람의 귀에 당신의 손가락을 넣고 침으로 그의 혀를 만지며 치유한 이야기로, 마르 7,33에서 다시 취한 일화를 그렇게 주해했다. 여기서 손가락은 성령인 데 반해(마태 12,28, 이는 루카 11,20과 관련된다), 구세주의 입에서 나온 침은 신적 말씀 안에 내포된 지혜를 가리킨다.[13] 그러므로 영은 말씀과 함께 일치한다. 이런 의미에서 기름 부음에 대한 1요한 2,27 텍스트는 종종 설교가와 그 청중에게 적용된다. 곤프루아 드 에드몽(Godefroy d'Admont)이 그러했다: "이러한 기름 부음은 성령에 힘입어 비가시적이다. 성령은 우리가 하느님을 알도록 우리의 마음을 내적으로 비춰 주시고 설교할 수 있도록 가르쳐 주신다. 요한은 말하길, 그분의 기름 부음은 우리에게 모든 것을 가르치신다. 이는 설교가와 학자에게 반드시 필요하다. 이와 마찬가지로 그것은 청중에게도 필요하다…"[14] 그래서 모든 설교에는 성령에 대한 간청, 즉 '에피클레시스'(성령 청원 기도)가 선행되고 동반되어야 한다. 설교가들의 모델인 요한 크리소스토무스 성인(Iohannes Chrysostomus)은 이에 대해 다음과 같이 쓴 바 있다: "기도가 결합되지 않는다면, 강론은 무슨 소용이 있겠습니까? 사도들이 다음과 같이 말씀하셨듯이, 기도가 첫째 자리에 오고 그 다음에 말씀이 뒤따릅니다: '우리는 기도와 말씀 봉사에만 전념하겠습니다'(사도 6,4)."[15] 우리는 다른 곳에서 이런 노선에 있는 보나벤투라 성인(S. Bonaventura)의 탁월한 텍스트들을 비롯해

---

13 S. Gregorio, *In Ezech. lib. I*, hom. 10,20 (*PL* 76, 893-894).

14 *Homél. festiv.* VI: *PL* 174, 651 C suiv.

15 *Homélie 3 sur l'incompréhensibilité de Dieu*: *PG* 48, 725-726; SChr. 28bis, 1970, pp.219-221.

설교를 시작할 무렵에 청중들의 기도와 기도를 향한 관심을 촉구하는 관습에 대한 연구를 인용한 바 있다.[16] 이와 관련된 칼뱅의 진술은 전통적이다. 그는 말씀이 그리스도를 선포한다는 사실만으로 말씀 그 자체로 효력을 갖는다는 점에 대해 루터보다 덜 확신했다. 물론, 말씀은 그 자체로 신적인 힘을 소유한다. 그러나 거기에 더해 성령이 청자(聽者)들의 마음 안에서부터 가르치셔야 한다고 보았다.[17]

돔 드 푸니에(Dom de Puniet)는 로마에서 유래해서 동방으로 퍼진 주교들에 대한 서품 예식을 충분히 강조하지는 못할 것이라고 언급한 바 있다. 우리는 거기서 4세기부터 줄곧 시리아에서 행해진 예식에 대한 증언들을 발견할 수 있다.[18] 축성하는 주교들 편에서 안수를 하기 전에 먼저 지원자의 머리와 어깨 위에 복음서를 놓는다. 이 행위의 의미는 다양하다. 복음서는 그리스도를 말한다. 이어지는 안수(按手)는 그리스도께서 하늘로 오르시

---

16 참조. *Je crois en l'Esprit Saint. III*, Paris, 1980, pp.348-349.
17 참조. W. Kreck, "Parole et Esprit selon Calvin", in *Rev. Hist. Phil. Rel.* 40 (1960), 213-228. 칼뱅은 이러한 전망에 예정에 대한 자신의 견해를 섞었다. 그리고 여기에 더해 설교를 통한 일반적인 소명과 성령의 조명을 통한 특수한 소명을 구별했다. 이는 단순히 신자들이나 선택된 이들 안에서 확인되지 않는다.
18 P. de Puniet, *Le Pontifical Romain. Histoire et commentaire. II*, Paris et Louvain, 1931, pp.31 이하; P. Batiffol, "La liturgie du sacre des évêques dans son évolution historique", in *Rev. Hist. Phil. Eccl.* 23 (1927), 733-763; J. Lécuyer, "Note sur la liturgie du sacre des évêques", in *EphLit* 66 (1952), 389-417; J.-H. Crehan, "The Typology of Episcopal consécration", in *ThSt* 21 (1960), 250-255; Ch. Munier, *Les Statuta Ecclesiae Antiqua*, Paris, 1960, pp.177-181.

면서 제자들에게 하신 축복의 행위를 구현한다. 그것은 곧 성령을 보내신다는 것을 드러내는 표징이다. 사도적인 제정의 예식에서 축성하는 주교는 복음서를 올려놓는 동안 축복 기도를 드린다. 반면, 예식에 참석한 주교들과 사제들은 성령 강림을 간청하면서 침묵 가운데 기도한다. 400년경 가발라의 세베리아누스(Severianus Gabalae)는 지극히 아름다운 이 예식을 다음과 같이 설명한 바 있다: "그러므로 (사도들의) 머리 위에 혀들이 있는 것은 서품의 징표이다. 실제로, 우리가 사는 시대에 이르기까지 이 관습은 요청되었는데, 그것은 성령의 강림이 보이지 않기 때문이다. 그래서 대사제로 서품되어야 하는 사람의 머리 위에 복음서를 놓는 것이다. 이렇게 복음서를 머리 위에 놓을 때, 머리 위에 머무는 불의 혀를 보아야 한다. 그것은 복음에 대한 설교로 인해 드러나는 혀를 말한다. 또한 그것은 말씀들로 인해 일어나는 불의 혀이기도 하다. 그분은 말씀하셨다: 나는 이 땅에 불을 가져오기 위해 왔다."[19] 그러므로 이 아름다운 예식에는 그리스도와

---

19 이 텍스트는 일련의 행적에 보관되어 있다: *PG* 125, 533. 이는 레퀴예에 의해 인용되고 번역되었다: J. Lécuyer, *art. cités*. 또한 가발라의 세베리아누스에게 크리소스토무스의 작품 가운데(*PG* 56, 404) 예식의 또 다른 의미가 귀속된다: "왜냐하면, 대사제는 백성의 머리이며, 자신의 머리에 대한 권한을 갖는 것은 그에게 속하기 때문이다. 사실, 개인의 무한한 권한이 허용될 수 없는 것처럼, 자신 위에(자신에 대해) 자신의 규칙에 대한 상징을 갖는 것은 법 아래에 있다. 따라서, 성경은 대사제가 머리를 덮도록 명했다. 이는 백성의 지도자가 자신 위에 권력(권한)이 있음을 이해하게 하려는 것이다. 이러한 이유로 인해, 교회 역시 주교 서품식에서 그리스도의 복음을 주교들의 머리 위에 놓는다. 이는 미리 선택된 주교가 자신에게 복

성령, 거룩한 설교와 성령 간의 긴밀한 일치가 있다.

성령의 세례인 카타리파의 '위령 안수 예식'(consolamentum)은 서품에 관한 고전 예식을 안수, (복음서들의) 책의 안수와 더불어 이루어지는 전례적인 이전(移轉)을 수반한다.[20] 이는 사도 직무를 통한 서품이 아닌, 죄들에 대한 용서와 개인적인 구원을 통한 세례를 말한다.

그러나 우리는 주교들의 서품에 대한 가톨릭 전통 안에 머물기로 하자. 이는 이레네우스(Iraeneus)가 가장 권위 있는 전승의 의미로서 우리에게 가리킨 것을 탁월한 신경(信經)에서 표현하고 있다: "교회는 복음과 생명의 영(Esprit)을 기둥이자 지주(支柱)로 갖는다."[21] 이레네우스는 그리스도교 설교에 동반하며 이를 비옥하게 하는 성령의 활동에 대해 지극히 찬사했다. 그는 "그리스도를 믿는 많은 야만족들"에 대해 말했다. "그들은 종이도 잉크도 없이 성령이 자신들의 마음에 쓰신 구원을 소유한다."[22]

만일 종이와 잉크, 즉 성경이 관건이라면, 문제는 자신의 신적 저자께서 우리에게 원하시는 수준에 이르기 위해 텍스트의

음의 참된 왕관이 주어졌음을 알게 하기 위함이며, 이와 동시에 그가 비록 모든 이들의 머리(수장)이라고 해도, 복음의 법에 속해 있음을 알게 하려는 것이다."

20 참조. *Ritual cathare*. Introduction, texte critique, traduction et notes par Chr. Thouzellier (SChr 236), Paris, 1977: 텍스트, pp.256-257; 가톨릭 전례의 역사, pp.105-119.
21 *Adv. Haer*. III, 11,8; *PG* 885; SChr 211, p.161. 1티모 3,15에 대한 암시.
22 *Adv. Haer*. III, 4,2; col. 885C; SChr p.47. 2코린 3,3에 대한 인용.

질료성을 극복하는 데 있다. 말씀하시는 분은 누구일까? 그리고 그분은 우리에게 무엇을 말씀하실까? 교부들과 신학자들에 의해 지속적으로 상기되었으며 더욱이 그 자체로 충분히 분명한 원리는 성경이 그것을 만든 것과 같은 정신으로 읽혀야 한다는 것이다.[23] 그러나 대문자로 '영'(Esprit)을 써야 할 필요가 있다. 모세가 유다인들에게 보는 것을 금지하면서 자신의 얼굴을 가린 너울에 대해 말하는 다음과 같은 바오로 사도의 위대한 텍스트가 있다: "이스라엘 자손들은 생각이 완고해졌습니다. 그리하여 오늘날까지도 그들이 옛 계약을 읽을 때에 그 너울이 벗겨지지 않고 남아 있습니다. 그것은 그리스도 안에서만 사라지기 때문입니다… 그러나 주님께 돌아서기만 하면 그 너울은 치워집니다. 주님은 영이십니다. 그리고 주님의 영이 계신 곳에는 자유가 있습니다. 우리는 모두 너울을 벗은 얼굴로 주님의 영광을 거울로 보듯 어렴풋이 바라보면서, 더욱더 영광스럽게 그분과 같은 모습으로 바뀌어 갑니다. 이는 영이신 주님께서 이루시는 일입니다"(2코린 3,14-18). 성경, 그리스도, 영의 의미를 이보다 더 잘 규명할 수는 없다. 바오로는 이것들을 서로 혼동하지 않았다. 그는 주님의 영에 대해 언급했지만, 실존과 기능 또는 활동 영역에서 이것들을

---

[23] 본서에서 제시된 텍스트들과 인용구들은 다음과 같다: *La Tradition et les traditions. I. Essai historique*, Paris, 1960, pp.126 et 169, n.20; et *II. Essai théologique*, p.312, n.46; J. Gribomont, art. "Esprit Saint" del *Diction. de Spiritualité*, IV/2, col.1270.

보았다.[24] 영광스럽게 되신 주님과 영은 같은 업적을 이루신다. 영광스럽게 되신 그리스도와 영의 일치는 기능적, 즉 작용적이다. 두 분이 신자들 안에서 이루어야 할 일은 공통되다. 사랑이신 성부로부터 유래하는 '두 손'은 성부께서 이루기 원하시는 것을 함께 완수하신다. 그리스도인들이 그에 대해 말할 때에는, 말씀이나 내적 말씀 또는 지혜의 용어로 말하기도 하고, 성령의 용어로 말하기도 한다. 바오로 사도는 이 둘을 생명을 주시는 영이 되신 주님의 이름 아래 하나로 합쳤다(1코린 15,45). 영께서는 글로 쓰인 하느님의 증언에 대해 다루는 가운데, 성경 안에서 그리스도의 신비에 관한 심오한 의미를 읽게 해 주신다.[25] 교부들과 고대인들은 이런 류의 영적 독서를 실천했다. 그들은 텍스트들의 문자적 의미뿐만 아니라 그리스도에 관한 신학적 의미도 넘어섰다. 하지만 그들은 때때로 자신들의 재능이 명민한 정도에 따라 우의(allégorie)를 비롯해 세세한 것들을 널리 활용했다(오리게네스). 하지만, 설령 하느님과 예수 그리스도의 사랑에 의해 움직여진 영혼이 그러한 설명들로부터 유익을 끌어낼 수 있다고 해도, 구원에 대해 계시된 역사는 자신의 역사적 진실성을 소유한다. 그에 대한 기준인 그리스도는 유다 지방에서 육(肉)이 되어

---

24 참조. *Je crois en l'Esprit Saint*. I, Paris, 1979, pp.66-67.
25 파스카시우스 랏베르투스(+865)는 다음과 같이 쓴 바 있다: "Est autem sacramentum in Scripturis divinis ubicumque sacer Spiritus in eisdem interius aliquid efficaciter loquendo operatur": *De corpore et sanguine Domini*, PL 120, 1275-1276.

오신 분이다. "그러므로 성령의 증언은 언제나 역사적인 증언으로 옮겨진다."[26]

하느님의 말씀은, 그것이 쓰였든 또는 설교되었든, 일정한 성사적 구조를 갖춘 것으로 드러난다. 그것은 의미를 제공하며 효과를 만든다. 이런 것들은 쓰이거나 발설된 말씀들의 질료성을 넘어선다. 만일 성경이 문제라면, 말씀은 성찬례적인 방식으로 현존하신다. 즉, 그것은 말씀의 '실제적인 현존'인 것이다. 말씀은 성찬례와 마찬가지로 '영적인 식사'라고 불린다. 이는 참사랑의 개입을 보증한다. 따라서 성령의 개입도 보증한다. 제정(制定)은 사건을 부른다. 만일 설교된 말씀이 관건이라면, 일정한 성사적 조건을 거기에 인정해야 한다. 거기에 영적인 사건이 있다는 것은 덜 확실하다.[27] 그것은 확실한 원인보다는 우연

---

26 B.D. Dupuy, in *Ecriture et Tradition. Journées œcuméniques de 1968*, Chevetogne, 1970, p.96.
27 참조. 이에 대한 필자의 아티클은 다음과 같다: "Valeur sacramentelle de la parole", in *Vie Spirituelle*, n.644-645, mai-août 1981, pp.179-189. 오토 셈멜로드(Otto Semmelroth)는 말씀의 인과율에 대한 규칙을 정확해 했다: *Wirkendes Wort*, Frankfurt, 1961; traduction par B. Fraigneau-Julien, *Parole efficace. Pour une théologie de la prédication*, Paris, 1963. 셈멜로드는 성사들의 인과율을 은총의 인과율을 위한 모델로 취했다. 그러나 그는 말씀과 성사가 하느님에 의해 위임된 은총 작용을 구성하는 불가분리적인 두 가지 계기라는 점을 입증했다: "비록 그것들의 완성이 연속적이라고 해도, 설교와 성사들은, 인과적 행위의 단일함과 마찬가지로, 총체적인 재현의 단일함에서도 서로 보완된다."(p.233); "말씀에 대한 설교와 성사들에 대한 분배는 두 개의 부분적인 국면으로 드러나지만, 그 둘 사이에 대화의 형태 안에서 총체적인 하나의 실재로 연결되어 있다. 그러므로 성사와 더불어 훨씬 더 긴밀할 뿐만 아니라 훨씬 더 가시적으로 연결되는 가운데 이루어지는 하느님의 말씀에

을 구성한다. 여기서 개혁의 '장소와 때'는 합당하게 드러나고 있음을 보게 된다. 하느님은 그 장소와 때에 진정 개인적으로 말씀하길 원하신다. 이것은 설교가나 청중 또는 양편에서 이루어지는 말씀과 영의 은밀한 '파견'에 달려 있다. 하느님은 어느 날 발라암의 노새를 통해 말씀하셨다. 포르루아얄 수녀원의 개혁은 1608년 있었던 어느 설교에 의해 폭발적으로 일어났다. 라신(Racine)은 이와 관련해서 다음과 같은 용어로 그 정황에 대해 언급했다:

"방탕을 위해 수도원에서 나온 어느 카푸친 프란치스코회 수사가 외국에서 배교자가 되었다. 그는 우연히 포르루아얄 수녀원을 지나다가 그 수녀원의 여아빠스와 수녀들로부터 그들의 성당에서 설교를 하도록 부탁받았다. 이에 그는 그렇게 설교를 했다. 오히려, 가련한 그는 수도 생활의 행복에 대해, 베네딕토 성인의 수도 규칙이 지닌 유익과 거룩함에 대해 힘껏 말했다. 그러자 젊은 여아빠스는 그에 대해 감동에 젖었으며 규칙이 지닌 엄격함뿐만 아니라 수녀들이 이 규칙을 지키게 했다."[28]

대한 설교는 더 많을수록 훨씬 더 큰 은총의 효과를 소유한다"(p.242). 셈멜로드는, 이 두 요소들을 구별함과 동시에 긴밀히 연결하는 가운데, 강생과 구원적 수난과의 상대적인 관계 안에서 이 두 요소를 제시했다. 그는 성령과 관련된 몇 가지 암시를 상당히 빈약하고 단순하게 제시했다. 그의 접근은 전적으로 그리스도론적이며 동시에 교회론적이다.

28 Jean Racine, *Abrégé de l'Histoire de Port-Royal*, ed. Gazier, p.3.

하느님은 이처럼 의심스러운 설교를 통해 일하셨다. 그러나 여아빠스 역시 수도 생활에 대한 가르침을 수호하고 이를 실천에 옮기게 했다. 신약 성경에서는 다양한 용어와 더불어 자신의 고유한 뉘앙스에 따라 종종 다음과 같은 의무를 표현한다. 즉, 말씀이 열매를 맺을 수 있도록(katechousin: 루카 8,15; phylassein: 루카 11,28) 그 말씀을 믿거니 수호해야 한다는 것이다. 요한 사도는 특히 충실하게 수호한다는 의미를 지닌 terein 동사를 선호했다.[29] 더할 나위 없이 영적인 밀도를 지닌 다음의 두 구절에서 루카 복음사가는 접두사와 함께 이 동사를 사용했다. 여기서 관건은 마리아였다: "마리아는 이 모든 일(말씀들)을 마음속에 간직하고(synterein) 곰곰이 되새겼다"(루카 2,19); "그의 어머니는 이 모든 일을 마음속에 간직하였다(diaterein)"(루카 2,51). 이는 기억에 대한 단순한 사실을 말한다. 또한 보고 들은 것에 대해 성찰하는 정신뿐만 아니라, 오히려 그로부터 결과를 도출해 내고 이를 수용하는 의식이 수반된 살아 있는 충실성을 말한다. 다시 말해, 그것은 결정적으로 깊이 묵상하고 통찰하는 '마음'을 가리킨다. 삶은 받아서 수호하는 진리와 더불어 양육되며, 동일한 움직임의 선상에서, 감지된 진리는 자신의 삶과 더불어 양육된다. 충실한 그리스도인은 이러한 체험을 한다. 이는 일종의 교환(交換), 축제이다. 즉, 체험한 충실성이 진리를 위한 양식이 되며, 진

---

29 요한 8,51 이하; 14,23; 15,20; 17,6; 1요한 2,5; 묵시 1,3. 또한 마태 28,30을 보라.

리가 체험된 충실함을 위해 양식이 되는 것이다. 이러한 이미지는 베르나르두스 성인(S. Bernardus)의 것으로, 이는 후에 타울러(Tauler)와 시에나의 가타리나 성녀(St. Catharina da Siena) 그리고 루터(M. Luther)에 의해 다시 취해졌다.[30] 그리스도는 이 잔치의 빵이자 포도주이시다. 그러나 우리는 오직 성령을 통해서만 비로소 함께 식탁에서 음식을 먹을 수 있다.

이처럼 비유에서 또 다른 비유로 넘어가는 것을 보게 된다. 우리는 루터에게서 이에 관한 또 다른 비유를 발견할 수 있다. 새로운 신학자인 시메온 성인(+1022)은 위대한 그리스도교 신비가들 가운데 한 사람으로, 빛과 성령에 대해 상당히 심오한 경험을 하고 이를 주제화했다. 그는 자신들도 들어가지 못하면서 다른 사람들도 들어가지 못하게 막는(루카 11,52), 잘못된 인식의 열쇠를 갖고 있는 나쁜 사목자들을 비난했다. 그는 이에 대해 다음과 같이 썼다:

"사실상, 만일 믿음을 통해 우리에게 주어진 성령의 은총이 아니라

---

30 다음은 그에 대한 루터의 텍스트이다: "우리는 그리스도와 진리를 마신다. 그리스도와 진리는 우리의 음료에 반대된다. 우리는 주님과 함께 아주 기름진 상호 간의 연회에서, 그분은 우리와 함께 그리고 우리는 그분과 함께 먹는다. 그럼으로써 서로 한 몸이 된다": *Dictata super Psalterium* (Ps 68; *WA* 3, 434, 20-22). Taulero, *Predigten*, ed. Vetter, n.60, pp.292-298; p.294에서 베르나르두스 성인에게 다시 적용되고 있다. 참조. *In Cant.* sermo 71,5 (*PL* 184, 1123). 루터는 가타리나 성녀를 알지 못했다. 반면, 가타리나 성녀는 덜 명료했다. 성녀는 그리스도에게 자신을 내어 주는 가운데 마실 것을 드렸다(*Lettre* 22,8 à fr. Giusto, prieur du Mont Olivet).

면, 인식의 열쇠는 무엇이란 말인가? 성령께서는 비추임과 더불어 인식, 충만한 인식을 실제로 산출하신다… 나는 이 점을 다시 한번 더 반복해서 말하고자 한다: 성자야말로 문(門)이시다: '예수님께서 다시 이르셨다. 나는 문이다'(요한 10,7.9); 문의 열쇠는 성령이시다: '이렇게 이르시고 나서 그들에게 숨을 불어넣으며 말씀하셨다: 성령을 받아라. 너희가 누구의 죄든지 용서해 주면 그가 용서를 받을 것이고, 그대로 두면 그대로 남아 있을 것이다'(요한 20,22-23)… 그런데, 성령은 처음으로 우리의 정신을 열어 주셨으며(루카 24,25) 성부, 성자와 관련된 것에 대해 우리에게 가르쳐 주셨다. 또한 그분은 그것을 우리에게 말씀해 주셨다."[31]

우리는 말씀의 작용과 하나 된 이러한 성령의 활동을 있는 그대로 교회 안에서 이해하게 된다. 교회는 믿는 이들의 모임(Congregatio fidelium)이다. 이러한 정식 또는 이와 비슷한 다른 정식들은, 유사한 정의가 교회에 주어질 수 있는 한에서, 교회에 대한 고전적인 정의로 간주될 수 있다. 특히, 우리는 이를 토마스 아퀴나스에게서 발견할 수 있다.[32] 여기서 관건은 믿음이 우

---

31 *Catéchèse*, XXXIII, trad. J. Paramelle, SChr 113, 255이하. 성령 강림 8부 축제에 관한 로마 전례에서 요한 10장의 복음은 금요일을 제시된 데 반해, 봉헌예식은 다음과 같이 노래했다는 점에 주목하기로 하자: "주님께서 하늘의 문을 열어 주셨네" (Portas caeli aperuit Dominus). 루터와 관련해서는 다음을 보라: 참조. *Kirchenpostille* 에 제시된 그의 서문: *WA* 10/1, p.16.
32 언젠가 이 점을 그리고 그 정식의 고전적 특징을 입증할 수 있기를 희망한다. 또

리 안에 신적 실재들, 언젠가 충만하게 향유하게 될 실재를 존재하게 한다는 데 있다(히브 11,1). 믿음은 우리와 그리스도 간의 접촉을 설정한다(위의 p.23을 보라). 바오로 사도는 교회를 구성하는 직무들을 열거하면서 믿음에 의해 촉발된 몇 가지 말씀의 직무들과 그러한 방식으로 구원의 원천을 거명했다: 참조. 로마 10,8b-15; 1코린 12,28; 에페 4,11-12. 교회의 기원과 성장은 말씀과 믿음에 대한 수용과 진보에 상응해서 이루어진다.[33] 이런 의미에서 우리는 자주 회자되는 루터의 언명들을 이해할 수 있다. 즉, 교회는 말씀에 의해 이루어진 '말씀의 피조물'(creatura verbi)로서, 그 존재 또는 실체는 하느님의 말씀에 있다.[34] 말씀은 스스로 작용하며 신자들의 공동체와 그리스도의 양떼를 이룬다. 이것이 교회이다. 여기에 다음과 같은 루터의 또 다른 금언이 상응한다: "오직 듣는 것이 그리스도인의 기관이다"(Solae aures sunt organa christiani hominis). 시각은 종말론적인 미래를 위한 것이다.[35] 하느님께서 교회를 이루기 위해 사용하시는 은총의 선물

한 다음을 보기 바란다: C. Spico, "L'exégèse de Hebr. XI, 1 par S. Thomas", in *Rev. Sc. ph. th.* 31 (1947), 229-236.

33 참조. 사도 2,41; 6,7; 12,24; 19,20; 1베드 1,23-25; R. Schnackenburg, *L'Église dans le Nouveau Testament*…, tr. franc. R.L. Oechslin (Unam Sanctam 47), Paris, 1964, pp.39-44.

34 필자의 다음 작품에 관련 구절들이 있다: *Vraie et fausse réforme*, Paris, 1950, pp.422-423, 424 n.32, 504-505; 2ᵉéd. 1969, pp.344 et 367.

35 *Luthers Vorlesung über den Hebräerbrief*, hg. v. E. Hirsch u. H. Rückert, Berlin-Leipzig, 1929, p.250. 그리스도는 '시각을 통해'(per visum) 드러나실 것이다. 하지

들을 하나의 말씀으로 축소하지 않는다면, 우리는 그와 비슷한 관념을 공유할 수 있다. 아우구스티누스 성인은 사도들에 대해 다음과 같이 말했다: "그들은 진리의 말씀을 설교했으며 교회를 낳았다"(Praedicaverunt verbum veritatis et genuerunt ecclesias).[36]

'하느님의 씨앗'(semen Dei)[37]인 말씀을 통해 이루어지는 교회의 이러한 출산은 단지 시작의 행위만 구성하지 않는다. 교회는 말씀에 대한 믿음의 순명을 향해 끊임없이 불렸다. 그러므로 교회 안에는 그리스도, 말씀을 향한 두 가지 관계의 측면이 있다. 믿음은 그 관계들에 있어 규범이다. 동일성의 관계와 직접 대면하는 관계가 그것이다. 교회는 첫 번째 관계를 살아간다. 왜냐하면, 교회는 그리스도의 몸이기 때문이다. 바오로 사도는 교회가 마치 그리스도인 것처럼 그에 대해 말했다: 1코린 12,12와 다마스쿠스를 향해 가는 길에서 체험한 예수님의 발현에 대한 이야기가 그것이다. 아우구스티누스 성인은 "사울아, 사울아, 왜 나를 박해하느냐?"라는 구절을 끊임없이 언급했다. 또한 그는 다음과 같이 말했다: "만일 두 사람이 하나의 육신 안에 있다면, 어

만 여기 이 세상에서는 '청각을 통해'(per auditum)을 통해 드러나신다: *Dict. super Psalt.*, *WA* 3, 628, 1-13; 4, 8, 3235 et 403, 14-26.

36 *En. in Ps.* 44, 23 (*PL* 36, 508). 이는 제2차 바티칸 공의회의 문헌 「만민에게」 1항에서 인용되었다.

37 루카 8,12; 1베드 1,23-25; 1요한 3,9. 몇몇 저자들은(C.H. Dodd, F. Porsch) 이를 말씀에 대한 언급으로 해석하는 데 반해, 다른 저자들은 이를 성령에 대한 언급으로 해석한다(Raymond Brown, R. Schnackenburg).

찌 두 사람이 유일한 하나의 목소리 안에 있지 않겠습니까?"[38] 특히 아우구스티누스는 시편에 대한 자신의 주해에서 다음과 같은 점을 강조하기를 좋아했다: "말하는 교회는 그리스도 안에 있으며 그리스도는 교회 안에 계십니다."[39] 여기서 특히 관건은 하느님을 향해 발설된 말이다. 그러나 교회가 살아 내고 있는 말씀을 자신 안에 온전히 간직하고 있다고도 이해할 수 있을 듯싶다. 이는 움직임의 시작이라고 할 수 있는데, 우리는 이미 이에 대해 그 역사를 되짚어 본 바 있다. 이로 인해 강조점은 소위 수동적 전승(전수되는 것)에서 능동적 전승(전수의 수단으로, 이는 현실적으로 '교도권'을 말한다)로 옮아간다.[40] 이 사실은 "교회는 그것을 믿는다. 왜냐하면, 계시되었기 때문이다."라는 원리를 "계시되었다. 왜냐하면, 교회가 그것을 믿기 때문이다."라는 원리나 "왜냐하면 교도권이 그것을 말하기 때문이다."라는 원리로 거의 대체하는 데 이르렀다. 이는 일부 학자들이 다음과 같이 언급하는 것과 같다: "하느님의 명령에 의해 성경의 해석자요 수호자이며 그 안에 살아 있는 거룩한 전승의 보지자(保持者)인 교회는 구원을 얻기 위한 문(門)이다. 교회는 성령의 수호와 인도 아래 그 자체로 진리의 원천이 된다"(sub tutela ductuque Spiritus Sancti sibi fons est

---

38 *En. in Ps.* 40,1: PL 36,453.
39 *En. in Ps.* 30,4: PL 36,232.
40 참조. *La Tradition et les traditions. I. Essai historique*, Paris, 1960, pp.252-257.

veritatis).[41]

또한 성령이 교회 안에서 전승의 초월적 원리라는 관념은 전통적이다. 우리는 이 점을 다른 기회에 강조한 바 있다. 교회는 아주 중요한 행위들과 더불어, 특히 여러 공의회에서 고유한 신앙의 전승을 정확히 규정한다. 우리는 이렇듯 아주 중요한 여러 행위에서 이루어지는 성령의 오심에 대한 전체적인 증언들을 다시 제시한 바 있다.[42] 공의회들은 우리가 주교들의 서품에서 감탄한 바 있는 것과 비슷한 상징을 구현한다. 그것은 다름 아닌 '준비된 왕좌'(etimasia)이다. 복음서가 왕좌 위에 장엄하게 놓이는 것이다.[43] 제2차 바티칸 공의회 동안, 회중 모두에게 가장 강렬하고 감동적인 순간은 바로 그때였다. 공의회를 주재하시는 분은 그리스도이시다. 바로 그곳에서 그분의 영께서 (최종적으로) "정의를 내리기 위해" 교부들과 함께 공의회를 거행하신다. 사도들

41　Pio XII, 1953년 10월 17일, 그레고리아눔 설립 100주년 기념을 위한 훈화 「animus noster」: AAS 45 (1953), 685. "Sibi est fons"라는 정식은 다음에서 찾아볼 수 있다: F. Dieckmann, *De Ecclesia*, Freiburg, 1925, II, n.670 et in A. Deneffe, *Der Traditionsprinzip. Studie zur Theologie*, Münster, 1931, pp.147-148. 우리의 반론은 다음에서 찾아볼 수 있다: *op. cit.*, n. préc., p.257.

42　참조. *La Tradition et les traditions, II. Essai théologiques*, Paris, 1963, pp.101-109 et les notes pp.299-301. 참조. 또한 다음을 보라: *op. cit.*, n.40, pp.151 이하.

43　이에 대한 역사적, 이콘화와 관련된 문서화는 다음을 보라: Romeo de Maio, *Le Livre des Évangiles dans les Conciles œcuméniques*, Vatican, 1963. 이 책은 내용이 풍부하고 교육적이다. 1982년 성령 강림 대축일 전날 저녁에 요한 바오로 2세 교황과 룬시 대주교가 함께 웨스트민스터 성당에서 거행한 잊을 수 없는 전례는 성 아우구스티누스의 자리에 놓인 복음서에 의해 주재(主宰)되었다.

과 고대인들은 교회 전체와 조화를 이루는 가운데(사도 15,28) 다음과 같이 언급했다: "성령과 우리는 다음과 같이 결정한다…" 종종 공의회의 준비된 왕좌에 대한 묘사에서 비둘기가 복음서 위에 등장하곤 한다. 성령을 보내시는 분은 그리스도이시다. 그리고 두 분은 교회를 대표하는 회중을 비춰 주신다. 이는 신약성경이 가르치는 것에 대한 설명이다. 성령께서는 예수 그리스도가 성부로부터 파견된 분이자 주님이심을 인정하고 고백하게 해 주신다.[44] 그분은 이를 역사 안에서, 즉 세대가 이어지는 가운데, 사상들의 갈등 속에서, 사건들의 재혼합 속에서, 새로운 탐색과 새로운 문제들 그리고 오류들뿐만 아니라 탁월한 은총들과 겸손한 충실함의 탄생 속에서 이 일을 이루신다. 따라서, 예수는 '파라클리토'를 약속하셨으며, 주님께서는 그분을 보내셨다. '파라클리토'(Paraclito, 보호자)는 번역하기 어려운 용어이다. 이 이름은 번역되기 어렵다. 왜냐하면, 그렇게 하기 위해 다음과 같은 다양한 용어들을 동시적으로 사용해야 하기 때문이다: 변호자, 보호자, 고백자, 위로자, 보조자.

성령은 사도들에게 영원히 약속된 것으로(요한 14,16), 마태 28,20의 진술들과 연결할 수 있다: "내가 세상 끝날까지 언제나 너희와 함께 있겠다: eôs tès sunteleias tou aiônos." 그러므로 여기서 쟁점은 사도들의 각 개별 인격이 아닌, 그리스도와 성령으로

---

44 1코린 12,3; 1요한 4,1-2; 묵시 19,10.

부터 분출된 교회가 그들의 직무를 통해 역사적으로 지속하는 것이다.[45] 이러한 역사적인 지속을 위해 파라클리토에게 부여된 활동들은 놀랍도록 충만하다. 그분은 모든 것을 가르쳐 주실 것이며 그리스도께서 말씀하신 모든 것을 상기시켜 주실 것이다(요한 14,26). 이는 단순한 질료적인 상기를 의미하지 않는다. 성령이신 파라클리토는 상기시키는 가운데 가르치신다. 또한 그분은 상기되는 것의 심오함을 알아채게 하신다. 뉴먼(Newman)은 루카가 마리아에 대해 말하는 것(루카 2,19. 51), 즉 그분이 보고 들은 것을 자기 마음에서 묵상하는 가운데 간직하셨음을 언급하는 가운데, 그분 안에서 다음과 같은 사실을 보여 주었다:

"마리아는 믿음을 받아들임에 있어서 그리고 믿음을 고찰함에 있어서 우리의 모델이 되신다. 그분에게는 믿음을 받아들이는 것만으로 충분하지 않았다. 그분은 그 믿음에 확고히 뿌리내렸다. 그분은 믿음을 소유했을 뿐만 아니라 동시에 이를 위해 봉사했다. 그분은 믿음에 동의했을 뿐만 아니라 그 믿음을 발전시켰다. 거기에 이성을 복종시켰을 뿐만 아니라 자신의 믿음에 대해 추론했다. 그분은 먼저 추론하고 그 다음에 믿었던 즈카르야와 같지 않았다. 오히려 그

---

45 *La tradition et les traditions*. *II*, p.299, n.117에 있는 이러한 결론의 지지 아래 주어진 많은 구절에 다음을 추가하기 바란다: A. Feuillet, "De munere doctrinali a Paraclito in Ecclesia expleto iuxta Evangelium S. Ioannis", in *De Scriptura et Traditione*, Rome 1963, pp.115-136. 또한 다음을 보라: *Je crois en l'Esprit Saint*. *I*, Paris, 1979, pp.86-91, et *II*, 1980, pp.36-71.

분은 먼저 믿고, 그 다음에 자신이 믿은 것을 사랑과 존경의 마음으로 추론했다. 이렇게 해서 마리아는 단순한 이들의 믿음을 위해서나, 교회 박사들의 믿음을 위해서, 우리 모두를 위한 상징이 되신다. 교회 박사들은 복음을 어떻게 고백해야 할지 탐구하고 압축하며 규정해야 하고, 진리를 이단으로부터 구별해야 하며, 믿음의 갑옷을 입고 교만과 경솔함을 거슬러 싸워야 한다. 그럼으로써 궤변가들과 혁신가들에 맞서 승리할 수 있다."[46]

이는 교회가 오랜 역사의 흐름 가운데 했던 것이다. 휴고 라너는 이와 관련해서 성모님을 이렇게 불렀다: "세상의 역사의 마리아" 이는 교회 전승의 일로서, 성령은 그에 대한 초월적인 주체이시다. 성령은 그리스도와 사도들이 자신의 말을 하도록 움직이셨다. 성령은 구조화된 하느님의 백성인 교회로 하여금 그 말씀들을 수호하고 묵상하도록 움직이신다. 이는 언제나 그리스도에 관한 것, 그분의 말씀과 행동이 우리를 위해 보여 주는 것과 연관된다. 이는 파라클리토의 파견과 관련된 두 번째 약속에도 유효하다(요한 16,12-15): "내가 너희에게 할 말이 아직도 많지만 너희가 지금은 그것을 감당하지 못한다. 그러나 그분 곧 진리의 영께서 오시면 너희를 모든 진리 안으로 이끌어 주실 것이다

---

[46] Newman, Sermon XV, § 3 (1843년 2월 2일): *Sermons universitaires*, trad. P. Renaudiin (Textes newmaniens 1), Paris, 1955, p.328.

(hodêgêsei hymas eis tên alêtheian pasan). 그분께서는 스스로 이야기하지 않으시고(lalêsei) 듣는 것만 이야기하시며(osa akousei lalêsei), 또 앞으로 올 일들을 너희에게 알려 주실 것이다(anaggelei). 그분께서 나를 영광스럽게 하실 것이다. 나에게서 받아 너희에게 알려 주실 것이기(anaggelei) 때문이다. 아버지께서 가지고 계신 것은 모두 나의 것이다. 그렇기 때문에 성령께서 나에게서 받아(ek tou emou lambanei) 너희에게 알려 주실 것이라고(anaggelei) 내가 말하였다. 조금 있으면 너희는 나를 더 이상 보지 못할 것이다. 그러나 다시 조금 더 있으면 나를 보게 될 것이다."

성령께서는 말씀하실 것이다. 그분은 진리의 영이시다. 그분은 그리스도로부터 취하거나 받는 가운데(lêmpsetai) 그렇게 하실 것이다. 그리스도 역시 스스로 말하지 않고 성부로부터 본 것과 들은 것을 바탕으로 말씀하셨다.[47] "진리 안에서 온전히" 인도된다는 것은 길이요 진리 안으로 들어간다는 것(hodêgêsei)을 의미한다. 그런데 길이요 진리는 다름 아닌 예수이시다: "나는 길이요 진리이다"(egô eimi hê hodos kai hê aletheia)(요한 14,6). 성령의 과제는 통교하고 선포하는 데 있다. 조금 전에는 그 과제가 기억이 현재화하는 것을 깊이 있게 꿰뚫어 보게 한다고 말했다. 그러나 이 과제는 기억을 넘어선다. 왜냐하면, "도래하게 될 것"(ta ercho-

---

47 이와 관련된 구절들을 제시해야 하는가? 그렇다면 요한 복음서 전체를 인용해야 하지 싶다: 요한 1,18; 3,11-13 et 31-36; 5,19-23; 7,17; 8,26.28.38; 12,49-50; 14,10.

mena)도 전하기 때문이다. 성령은 이해하게 될 것을 그리스도로부터 받는 가운데, 그것을 전하면서 그렇게 일하신다. 그분은 영광스럽게 되신 그리스도이지만, 그분이 육(肉) 안에서 말씀하신 것은 영광스럽게 되셔서 말씀하신 것과 동일하다(eme doxasei, ek tou emou lêmpsetai). "도래하게 될 것"은 그리스도의 미래이다. 그것은 역사의 시간 속에서 그리스도와 관련해서 일어나야 할 것이다. 따라서, 그분의 통교는 그리스도께서 영광스럽게 되시는 것을 구성한다. 한편, 그리스도 편에서는 성부를 영광스럽게 하신다. 말씀을 향한 성령의 관계는 총체적이다. 그러나 성부의 주권에 대한 진술 역시 총체적이다.

이와 동일한 것이 증언의 용어들을 통해 요한 15,26-27에서 표현되었다: "내가 아버지에게서(para tou Patros) 너희에게로 보낼 보호자, 곧 아버지에게서 나오시는(para tou Patros ekporeuetai) 진리의 영이 오시면, 그분께서 나를 증언하실 것이다. 그리고 너희도 처음부터 나와 함께 있었으므로 나를 증언할 것이다." 성부에게서 오며 성령에 의해 선사된 이러한 '증언'의 업적의 단일함에 대해 온전히 언급되었다. 이는 예수와 관련된 것이며 사도들을 통해 교회 안에서 지속된다. 성령은 진리의 영으로서 성부로부터 발출한다. 그리고 영광스럽게 되신 그리스도는 성부 곁에서 성령을 파견하신다. 이는 성령으로 하여금 교회 안에서 교회를 통해 예수에 대해 증언하게 하기 위함이다. 진리이신 성령을 통해 "예수께서 가져오신 진리가 교회 안에서 현재하고 활성화된다"

(*TOB*). 요한은 아마도 에페소에서 믿음과 교회가 이미 일정하게 확장된 상황을 알고 있던 시대에 자신의 책을 썼을 것으로 추정한다. 사도행전은 이러한 역사가 무엇으로 구성되었는지 우리에게 말해 준다. 이와 관련해서 사도들은 다음과 같이 말한다: "우리는 이 일(rêmatôn: 말씀들)의 증인입니다. 하느님께서 당신께 순종하는 이들에게 주신 성령도 증인이십니다"(사도 5,32). 요한은 이 증언의 내용을 정확하게 설명했다. 그것은 다름 아닌 성부께서 구세주로 파견하신 그리스도이시다(참조. 1요한 4,13b-14. 이는 그의 복음에 있어 결론인 요한 20,31에 상응한다). 또한 요한은 진리이신 성령에 대한 이러한 증언이 처음부터 교회를 구성하는 것들과 연관되어 있음을 정확히 설명했다. 그것은 하느님의 아들이신 예수 그리스도에 대한 믿음, 세례, 성체(참조. 1요한 5,5-8)를 말한다.[48] 이처럼 요한 사도은, 비록 그렇게 선언된 것들과 더불어 개인주의에 대해 침묵할 수 있었다고 해도, 우리를 교회의 삶과 역사로 인도한다. 여기서 관건은 무엇보다도 내면성에 있다.

위격적인 내적 기출(氣出)과 하느님의 자기 계시에 대한 외적이고 공통된 수단들 간의 일치에 관한 이 문제는, 루터가 '열정주의자들'(Schwärmer)을 대면해서 다룬 것이기도 하다. 그들은 니콜라스 슈토르흐(Nicolas Storch), 토마스 뮌처(Thomas Müntzer), 카를

---

[48] I. de la Potterie, "La notion de témoignage dans saint Jean", in *Sacra Pagina. II*, Paris-Gembloux, 1959, pp.193-208: "성령은 그리스도의 진리를 알게 해 주며 이와 함께 믿음이 생겨나게 한다."

슈타트(Karlstadt), 재세례파 교도들(1522년과 그 이후)이다. 루터는 하느님의 말씀을 이해하기 위해 성령의 내적 활동에 대한 그들의 필요성에 대해 깊이 확신했다. 예컨대, 그는 이 점을 마니피캇에 대한 자신의 주해(1521)에서 언급했다:

"이 거룩한 노래를 제대로 이해하려면, 성령께서 동정 마리아를 비추고 가르치신 데 대한 개인적인 체험을 하고 난 후, 비로소 동정 마리아께서 말씀하셨다는 점에 주목해야 한다. 성령의 활동을 체험하고 맛보고 느낄 수 있어야 한다. 우리는 이러한 경험을 하는 가운데 성령의 학교에서 그분의 말씀을 귀 기울여 듣게 된다. 만일 이 학교를 거치지 않았다면, 말씀들은 그저 단순한 말씀들로 남게 된다. 우리는 그분께서 우리 안에서 이루시는 업적을 통해, 그분께서 우리로 하여금 맛보고 경험하게 하는 것을 통해 하느님을 알 수 있다."[49]

그러나 루터는 성령의 내적 활동을 말씀(Parole)에 대한 경청과 연결시켰다. 그에게 있어서 말씀은 믿음을 일으키는 은총의 통교 수단이다: "오직 말씀만이 은총의 운반 수단이다"(Solum

---

49 *WA* 7, 546. Tr. H. Strohl. 개인적으로 체험의 동기는 분명하다. 텍스트는 다음과 같이 계속해서 언급한다: "그곳에서 당신으로부터 더 멀리 떨어져 있는 이들을 향해 눈길을 돌리며, 결코 별 볼 일 없는 사람들이 아닌 가난한 이들, 천대받는 이들, 비참한 이들을 돕는 하느님에 대한 체험을 하게 된다."

verbum est vehiculum gratiae).⁵⁰ 이로 인해 그는 말씀과는 독립적으로 성령에게 호소하는 잘못된 영감을 받은 사람들을 비난했다. 그리고 마찬가지로 교황주의자들도 비난했다. 그들에 따르면, 교황은 "자기 가슴의 보관함에서"(in scrinio pectoris sui), 즉 자신의 고유한 판단의 보관함에서 말씀에 복종하지 않는다고 한다. 이는 또한 슈말칼덴의 여러 조항에서도 정식화된 것이다. 거기에서는 당시 바오로 3세 교황에 의해 만토바에서 소집된 공의회에 직면한 그의 파(派)가 견지한 입장이 표현되었다:

"구술된 외적인 말씀과 관련된 것들 중에서, 사전적(事前的)인 외적 말씀을 통해서나 그 말씀과 함께하지 않는다면, 하느님은 당신의 영이나 은총을 그 누구에게도 선사하지 않으신다는 점을 확고히 견지하는 게 중요하다. 이는 광신자들, 즉 말씀과는 독립적으로 그리고 말씀 이전에 성령을 소유한다고 뽐내는 영성주의자들에 대항한 우리의 방어이다. 이로 인해 그들은 성경이나 구술된 말씀을 그들의 취향에 따라 판단하고 해석하며 확장한다. 이것이 다름 아닌 뮌

---

50 *Commentaire de Galates*, 1519: WA 2, 509, 14-15. 다른 곳에서, 특히 직무의 대상에 대해 질문할 때, 성사들이 말씀에 첨가되었음을 무시해서는 안 된다. 이는 「아우구스부르크 신앙 고백」 5조와 7조에서 잘 드러난다. 루터는 교회가 말씀에 의해 이루어졌다고 수없이 말했다. 그는 말씀이 모든 것을 하신다고 말했다. 이와 관련해서 필자의 다음 연구를 보기 바란다: "Les deux formes du Pain de vie dans l'Evangile et dans la Tradition", in *Parole de Dieu et Sacerdoce*, Paris, 1962, pp.21-58 (pp.36 이하).

처(Müntzer)가 했던 일이다. 이는 오늘날 영과 문자 간의 식별에 대한 재판관이 되려는 많은 사람들이 하고 있는 것이기도 하다. 하지만, 그들 가운데 그 누구도 자신이 말하고 가르치는 것을 알지 못한다. 교황주의 역시 단순한 광신주의이다. 교황은 '자기 마음의 보관함에 모든 권리를 갖고 있다.'고 주장하기 때문이다. 그가 자신의 교회와 함께 결정하고 명하는 모든 것은 영이며, 성경이나 구술된 말씀을 넘어서며 그것들과는 상반된다고 해도, 당연히 견지되어야 한다… 따라서 우리는 하느님께서 당신의 외적 말씀과 성사들을 통해서 하지 않는다면, 우리와 함께 긴밀한 관계 안으로 들어가길 원치 않는다는 점을 견지해야 할 의무를 가지며 또 그렇게 해야 한다. 이 말씀과 성사들로부터 독립적으로, 성령에 대해 언급되는 모든 것은 악마이다!"[51]

칼뱅은 성령에 대한 내적 증언의 신학을 보다 더 체계적으로 만들었다.[52] 또한 그는 다른 이들에 의해 영감을 받은 책들을 식별하게 해 주는, 마치 "어두움에서 빛을, 검은 것에서 흰 것을,

---

51 슈말칼덴 조항들, 1537, III, 8: *Bekenntnisschriften*, ed. Göttingen, 1952, pp.453-454; *WA* 50, 245 이하. (tr. P. Jundt). 참조. 또한 다음을 보라: P. Fraenkel, "Le Saint Esprit dans l'enseignement et la prédication de Luther, 1538-1546", in F.J. Leenhardt et al., *Le Saint Esprit*, Genève, 1963, pp.59-84.

52 필자의 다음 작품 구절들을 참조하라: *Je crois en l'Esprit Saint. I*, Paris, 1979, p.191. 텍스트들, pp.196 이하. 여기서 다음 작품을 인용하기로 하자: Théo Preiss, *Le témoignage intérieur du Saint-Esprit* (Cahiers théolog. 13), Neuchâtel-Paris, 1946; 참조. 또한 다음을 보라: W. Kreck, 앞서 인용했음.

달콤한 것에서 흰 것을" 식별하듯이, 이러한 증언에 분명함의 효과를 부여했다. 루터는 그리스도에 대해 말하며 그분으로 데려가는 것에 대한 기준(이는 일종의 정경 중에 정경이다)을 가리켰다. 칼뱅은 동일한 적수들, 재세례파 신자들을 만났다. 그는 이들을 '환상가들'이라 불렀다. 그는 이들에 맞서서 "하느님이 우리 안에서 이중적으로 일하신다. 안에서는 당신의 영과 함께, 밖에서는 당신의 말씀과 함께 일하신다."는 건전한 입장을 취했다. 그리고 "상호 결속의 관계", 즉 "~의 도구", "~에 연결된"이라는 용어들을 통해 두 가지 실재 간의 관계를 표현했다.

우리는 말씀과 숨, 말씀과 영 사이의 관계에 관해 탐구하는 과정에서 자연스레 위대한 두 종교 개혁가들의 입장에 관심을 갖게 된다. 앞서 우리가 인용한 텍스트들에 머물기 위해서는 일종의 개인주의적인 위험이 도사리고 있다. 역사는 우리에게 그것이 비현실적인 위험은 아님을 보여 준다. 따라서 교회 일치 운동의 결합된 영향과 교회라는 실재를 위한 쇄신된 관심은 테오 프라이스(Théo Preiss)의 탁월한 텍스트와 관련해서 각 개별 신자만이 아니라 교회 안에서 성령에 대한 증언을 찾도록 해 주었다.[53]

"성령이 교회에 주는 증언에 대해 할 일은 많다. 이 작업은, 우리가

---

53 *Op. cit.*, n. préc, p.36, n.2.

아직 우리의 개신교적 개인주의의 옷을 벗어 던지지 않은 한에서, 상당히 긴급하다. 만일 성령께서 그리스도교적인 증언이 하느님의 말씀이며 그가 예수 그리스도 안에서 구원되었다는 확신을 각 신자에게 전해 준다면, 만일 그가 교회와의 친교 안에서 살지 않는다면, 이 증언과 확신은 그에게 쇄신된 것으로 주어진 것이 아니다. 각자가 경험하는 사실은 성령이 단지 성경의 몇몇 페이지들을 동시적으로 보게 해 주며 우리는 언제나 다른 사람들을 새롭게 발견해야 한다는 점을 상기시켜 준다는 데 있다. 또한 신학은 그리스도의 몸의 모든 지체들이 해야 할 과제이다."

이는 충분히 좋은 진술로서, 우리는 이를 전승(traditio)이라 부른다. 이 전승의 교의적 본질은 성경에 대한 올바른 해석, 성경이 증언하는 하느님의 업적에 대한 정확하고도 심오한 전망에 있다. 또한 그것은 교회 그리고 교회의 삶을 상기하는 데 있다. 결국, 여기서 관건은 동일한 것이다. 제2차 바티칸 공의회는, 교회가 사도들로부터 전해 받은 전승을 통교하는 가운데 "그 자신의 모든 것과 그리고 그 자신이 믿는 모든 것(omne quod ipsa est, omne quod credit)을 영속시키며 모든 세대의 사람들에게 전달한다."[54]고 말하지 않는가? 해석학적 문제에 관한 전문가인 마를레(R. Marlé) 신부는 다음과 같이 적절하게 언급했다: "가톨릭 교회

---

54 계시 헌장, 「하느님의 말씀」 8항.

는 성령의 선물이 성경의 의미에 대한 역사적 표명과는 독립적인 빛에 있지 않다. 그리고 이러한 역사적 표명은 교회의 존재 자체와 혼동된다. 이처럼 성경의 이러한 의미에 대한 발견, 그리고 성경 자체는 그것이 실현되는 이러한 역사의 총체성으로부터, 그리고 그에 대한 신빙성을 재는 교계 제도로부터 독립적으로 이루어지지 않는다."⁵⁵

이 마지막 글은 문제가 된다. 물론 개신교에서 전승과 교회에 대한 재발견이 있었다. 1963년에 했던 필자의 연구는, 몬트리올에서 있었던, 그러한 일련의 과정을 성취한 「신앙과 헌장」회의의 전날에, 그에 대한 총결산과 더불어 아주 본질적인 부분을 기술한 바 있다.⁵⁶ 그러나 여전히 서품된 직무들의 역할이 문제가

---

55 *Le problème théologique de l'herméneutique*, Paris, 1963, p.122.
56 *La Tradition et les traditions. II. Essai théologique*, Paris, 1963, cap.VII, pp.215-243 et les notes pp.329-341. 그 후로 몬트리올 회의록들이 등장했다: *Quatrième Conférence mondiale de Foi et Constitution*, Montréal, 1963. 전승과 전승들(제2회기에 대한 보고서)에 관한 불어 텍스트는 *Foi et Vie* 63 (1964), 18-26에 나온다. 아메리카 회기와 유럽 회기의 예비 보고서들로 거슬러 올라가는 것은 흥미로운 일이다. 이는 다음에 포함되어 있다: *Verbum caro* XVII, n.68, 1963, pp.371-442. 이 사안에 대한 연구는 다음을 보라: B. Grybba, *The Tradition. An Ecumenical Breakthrough? A Study of Faith and Order Study*, Rome, 1971. 뒤피(B.D. Dupuy)의 지도 아래 출간된 「Dei Verbum」에 대한 탁월한 주해서(Unam Sanctam [n.70a et b])(Paris, 1968)는 pp.475-497에서 로이바(J.-L. Leuba)의 이름으로 이 헌장의 제2장과 몬트리올 텍스트 간의 비교를 전해 주고 있다. 또한 다음의 작품은 교부들뿐만 아니라 몬트리올 텍스트 그리고 현대 개신교 신학자들과 더불어 공의회의 가르침을 비교해서 제시하고 있다. 이는 상당히 긍정적이다: G.G. Blum, *Offenbarung und Ueberlieferung. Die dogmatische Konstitution Dei Verbum des II. Vatikanums im Lichte altkirchlicher und moderner Theologie*, Göttingen, 1971.

된다. 더욱이, 이러한 직무들은 모든 에큐메니즘 운동에 있어서 가장 예민한 문제가 아닌가? 그렇다고 이것이 개신교가 전승 행위(actus tradendi)라 불리는 것에 있어서 각 직무들의 역할을 거부하거나 부인하는 것은 아니다. 이 점과 관련해서 칼뱅은 몇 가지 긍정적인 진술을 제시한 바 있다. 불행히도 오늘날 그의 제자들은 이러한 진술의 이면에 자주 남아 있다.[57] 그럼에도 불구하고, 종교 개혁에 대한 근본적인 물음은 그대로 남아 있다: 가톨릭 교회는, 자신의 규범을 자기 자신에게 제시하는 가운데, 그 규범과 동일시되는가? 교회는 더 이상 얼굴을 마주 보지 않고 주님을 소유하고 있다는 결과로 인해 단지 자기 자신과 대화할 뿐이다. 그리고 모든 교회적인 카리스마를 개인적으로 교황에게 귀속시키는 가운데, 이와 더불어 최고의 자주적인 규칙이 지닌 과도한 가

---

[57] 이 텍스트들은 다음과 같은 가녹치의 탁월한 작품에 담겨 있다: Al. Ganoczy, *Calvin, théologien de L'Église et du ministère* (Unam Sanctam, 48), Paris, 1964. 특히 에페 4,11-12에 대해 칼뱅이 남긴 주해를 보기 바란다: *Commentaire du Nouveau Testament*, ed. de la Société Calviniste de France, Genève, VI, 1965, pp.193-194, 196-197: "그러므로 이러한 수단 없이 그리스도 안에서 완전한 자들이 될 수 있다고 여기는 사람들이 얼마나 분노했는지 분명하게 볼 수 있다. 성령의 비밀스러운 천상 계시가 드러났다고 믿는 변덕쟁이들이 그러하며, 특히 성경을 읽기 때문에 모든 것이 괜찮아 보여서 교회의 공통 직무가 전혀 필요하지 않다고 여기는 거만한 이들 역시 그러하다. 사실, 교회를 건설하는 것은 오직 그리스도에게 속하며, 교회를 건설하는 방식과 관련해서 당신이 원하는 대로 배치하는 것 역시 오직 그분에게 속한다. 그런데 바오로 사도는, 우리가 다른 사람들에 의해 통치되고 훈련되는 것을 받아들일 때, 그리스도께서 거기에 두신 질서에 따라, 우리는 제대로 완전한 이들이 아니며 외적인 설교를 통한 것 이외에 다른 방식으로는 모일 수도 없다고 공개적으로 증언한다."

치를 그에게 인정하고 있지 않은가? 우리는 "(교회가) 자기 자신에게 원천이다."(Sibi ipsi est fons)라고 말하는 것을 듣지 않았는가?

첫째, 전체 하느님의 백성 안에서 '교도권', 특히 영적 은사들의 충만함을 대변하는 '교황의 교도권'을 자리매김하는 것은 유익하다. 이는 우리가 '소보르노스트'(sobornost: 영적 공동체)에 대한 동방 정교회 신학에서 감탄해야 하는 것이다. 이는 일정한 인간학과 성령론을 수반한다.[58] 이는 지역 교회들 또는 개별 교회들 그리고 직무들과 관련해서 충분히 입증되었다. 이는 우리가 전반적으로 다루고 있는 주제 밖에 있지 않다. 거기서 우리는 모든 이들에게 퍼져 있으며, 있는 그대로의 공동체를 보증하는 성령과 육화된 말씀의 업적에서 나온 구조 사이에 존재하는 다양한 관계의 경우를 엿볼 수 있다. 그러나 우리는 거기서 소위 수동적 전승, 즉 '전수된 것'(traditum), 특히 하느님의 자기 계시의 최고 증언인 성경에서 일어나는 필요 속에서도 이러한 관계들의 경우를 간파할 수 있다. 이 문제는 실제적이다. 이는 원칙적으로 아무런 어려움도 제기하지 않는다. 왜냐하면, 가톨릭 교회

---

58   이에 관한 몇 가지 참고 문헌을 보기 바란다(그러나 그 창고는 상당히 광범위하다!): B. Zenkowski, "La 'sobornost' dans la nature de l'homme", in *Dieu Vivant*, n.27 (1956), 91-94; Y. Congar, "La personne et la liberté humaines dans l'anthropologie orientale", in *Chrétiens en dialogue* (Unam Sanctam 50), Paris, 1964, pp.273-288 (1952년 텍스트); Id., "Une pneumatologie ecclésiologique", in *Initiation à la pratique de la théologie*, II, Paris, 1982, pp.483-516; Carlo Molari, "La communauté ecclésiale, sujet herméneutique de la Tradition née de l'expérience judéo-chrétienne", in *Concilium* n.133 (1978), 115-129.

는 이러한 의무를 갖고 있기 때문이다. 제2차 바티칸 공의회는 이와 관련된 법을 쇄신했다.[59] 그러나 전체적으로 그에 대한 실천은 만족스러운가?[60] 혹여 우리는 여전히 종교 개혁이 우리에게 묻고 우리를 불안하게 해야 한다고 여기는 것은 아닐까? 우리는 그렇다고 생각한다. 또한 개신교는 자신들 편에서 가톨릭 교회와 동방 정교회가 자신에게 말하는 것을 귀 기울여 들어야 한다는 점을 반복해서 말하고자 한다. 사실, 다음 세 가지 실재는 동시에 연결되어야 한다: 규범적인 문서들, 하느님 백성의 신앙 감각, 서품된 직무자들의 은사. 이 세 요소는 서로 보완되며 어떤 의미에서 서로를 조건 짓는다. 이 요소들은 함께 작용해야 한다. 만일 각각의 요소가 다른 것들과 구별된 채 홀로 취해진다면, 그것은 너 이상 하느님이 존재하도록 예정한 것이 아니다.

또한 성사와 전례 분야는 생생한 말씀의 분야와 마찬가지로 하느님의 두 손에 의존되어 있다. 더욱이, 그것은 우선적으로 분명 말씀이다. 또한 아우구스티누스 성인은 성사를 '가시적 말씀'(verbum visibile, 가시화되는 말씀)이라 불렀다. 이는 16세기 종교 개혁가들에게 있어 소중한 정식이다. 칼 라너(K. Rahner)는 성사들

---

59 참조.「하느님의 말씀」10항, § 2.
60 과거의 한 가지 예를 들기 위해, 계시된 것으로서의 마리아의 원죄 없는 잉태에 대한 규정 가능성을 정초하기 위해 사용된 기준들은 현재 우리의 요청들의 편에서 제기되는 것처럼 보인다. 이에 대해서는 다음을 보라: G. Thils, "La définition de l'Immaculée Conception et l'idée de Révélation", in *Ephem. Theol. Lovan.* 31 (1955), pp.34-45; Ed. Schillebeeckx, *La Révélation et la Théologie*, Bruxelles, 1965, p.161.

이 인간의 삶에 있어 가장 결정적인 여러 행위에 적용된 최고 수준의 말씀이라는 개념을 발전시켰다. 필자가 보기에, 여기서 '말씀'이란 개념은 불충분하며 성사 행위가 거기에 자신의 독창적 가치, 즉 예수님의 인성(人性)을 드러내는 연장(延長)으로서의 감각적인 물리적 접촉의 가치를 첨가한다.[61] 이는 고전적인 사상이다. 성사들은 하느님의 강생, 하느님 은총의 성사가 연장(延長)된 것이다. 13세기의 어느 학자는 성사들을 일컬어 "강생의 거룩한 유해"(Reliquiae incarnationis)라고 말한 바 있다.

그러나 성령의 활동 역시 필요하다. 성사들은 자기 표지들의 구조 안에 객관적으로 봉헌된 실재들로 존재한다. 그것들은 인격적인 사용이나 적용을 목표로 한다: "나는 너에게(te) 세례를 베푼다", "나는 너를(te) 용서한다", "우리 주님이신 예수 그리스도의 몸이 영원한 생명을 위해 너의(ton) 영혼을 지켜 주기를 기원한다." 동방 전례에 있어서 탄원적인 정식들이 덜 인격적인 것은 아니다. 성사는 인격에 있어서 영적인 효과를 지향한다. 또한 이러한 효과는 개별화되는 것으로, 본질적으로는 '친교적'(親交的)이다. 그것은 그리스도의 교회적인 몸 전체, 그리고 그리스도 자체와 일치한다. 이는 유일하며 언제나 같은 성령의 업적으로, 그분은 예수 안에 그리고 그 지체들 안에 있는 거룩한 삶의 원리

---

61 참조. 필자의 다음 작품을 참조하라: *Un peuple messianique. L'Église, sacrement du salut. Salut et libération* (Cogitatio fidei 85), Paris, 1975, pp.70 이하. P.34, n.16에 강생의 연장(延長)인 성사들에 대한 참고 문헌들이 소개되어 있다.

이다. 말씀들 안에서 하느님의 말씀을 이해하게 해 주는 성령께서는 그분을 상징적으로 드러내는 다양한 표지 가운데, 또한 성찬례적인 빵과 포도주에 의해 구성된 '표지-실재' 가운데 그리스도의 파스카와 더불어 통교하신다. 중세에는 다음과 같이 외적으로 보기에 아무런 쓸모도 없는 질문이 제기된 바 있다: "쥐는 무엇을 취하는가?"(Quid sumit mus?) 즉, 축성된 성체를 갉아먹는 쥐는 무엇을 취하거나 받는가? 루터 역시 성체에 대한 자신의 현실 감각을 바탕으로 다음과 같이 대답했다: "쥐는 그리스도의 몸을 갉아 먹는다." 그러나 다음과 같이 덧붙였다. 즉, 그럼에도 불구하고, 그 쥐는 구세주 그리스도의 진리에 참여하지 못한다. 왜냐하면, 이를 위해서는 믿음이 필요하기 때문이다. 또한 우리가 다른 곳에서 설명하려고 시도했듯이[62], 그는 성령도 필요하다고 말한다. 성령은 생생한 믿음과 사랑 속으로 개입해 들어오시며, 우리는 이 믿음과 사랑을 통해 우리가 받은 것과 더불어 참으로 친교를 나눈다.

성령의 활동이 인정되어야 하는 성사가 있다면, 그것은 분명 성품성사이다. 법률적인 사명 위에 바탕을 둔 실제적인 연속성은 성령의 선물을 요청한다. 성령께서는 단지 안수를 통해 통교될 뿐만 아니라 공동체 전체가 참여하는 '에피클레시스'(성령 청원 기도) 가운데 탄원된다. 공동체는 이미 소명에 대한 각성과 성

---

62 *Je crois en l'Esprit Saint. III*, Paris, 1980, pp.331-341.

숙 가운데, 주체에 대한 임명 또는 그 선출에 대해 승인하게 된다. 성품성사는 교회와 마찬가지로 삼위일체적인 구조를 갖고 있다. 성령은 완전히 그리스도론적인 구조 속에서 모든 것에 생기를 불어넣어 주어야 한다.

마지막으로, 성령은 모든 전례에 생기를 불어넣는다. 비오 12세가 1947년 11월 20일 공포한 교의적인 회칙인 「하느님의 중개자」(Mediator Dei)와 1963년 12월 4일에 공포된 공의회 헌장인 「거룩한 공의회」(Sacrosanctum Concilium, 이는 갑작스럽게 만들어진 것으로, 그 회칙을 인용하지 않았다)는 전례를 아주 심오하게 그리스도 그리고 그분의 몸인 교회의 친교 활동으로 정의했다: "전례는 당연히 예수 그리스도의 사제직을 수행하는 것이다. 전례 안에서 인간의 성화가 감각적인 표징들을 통하여 드러나고 각기 그 고유한 방법으로 실현되며, 그리스도의 신비체, 곧 머리와 그 지체들이 완전한 공적 예배를 드린다."[63] 이는 지극히 심오할 뿐만 아니라 정확한 그리스도론적 개념이지만, 거기에는 성령의 활동이 분명히 드러나지 않는다. 그런데, 성령은 교회 그리고 교회가 주님의 영광을 찬미하는 바로 그때, 그리스도의 업적을 현재화한다. 성령은 오늘 그리스도의 업적을 실현하기 위해 우리와 함께 축제를 거행한다. 그분은 시간을 포괄하며 지배하신다. 그분은 시간을 '성사적 시간'이 되게 하는 고유한 성질을 시간에

---

63 「거룩한 공의회」 7항 § 2.

부여하신다. 과거에 대한 기념은 이 성사적 시간에서 절대적인 미래를 향한 효과와 더불어 그리스도를 현재화하고 활동적이게 한다. 이렇게 해서, 장 코르봉의 작품(Jean Corbon, *Liturgie de source*, Paris, Cerf, 1980)의 노선 안에서 전례의 그리스도론적인 전망은 성령론적 전망과 더불어 완성된다.

성령의 현존과 활동은 종종 인상적인 형태를 취한다. 오순절에 숨(souffle)은 "갑자기 하늘에서 거센 바람이 부는 듯한 소리를 냈다"(사도 2,2). 일반적으로 성령은 내적 속삭임이자 또한 침묵이다. 말씀(Verbe)은 표현이다. 반면, 성령은 영감(inspiration)이다.

이러한 숨은 '다른 곳'에서, 성부 곁에서 온다. 따라서, 숨은 '말씀-성자'와 일치하는 가운데 성부 곁에 계신 분을 다른 곳으로 인도한다. 기록한 전례는 '영원한 생명'의 장소이다.

제4장

성령과 진리
성령은 진리이시다

파라클리토 또는 성령은 '진리의 영'(요한 14,17; 15,26; 16,13; 1요한 4,6)으로 불린다. 또한 "영은 진리이시다"(1요한 5,6)라고 언급되기도 한다. 많은 학자들은 요한 사도의 배경을 내포한 텍스트들을 따르는 '진리' 개념을 정확히 규정했다. 그들은 진리에 관한 '그리스적' 개념과 '성서적' 개념 사이를 구별했을 뿐만 아니라 심지어 대립시키기까지 했다. 그리스적 개념은 사물들 자체와의 관계 안에서 취해진 것으로, 이에 따르면 진리는 그것들의 본질이 드러나는 데 있다. Alètheia는 탈취적 접두사인 'a'와 숨겨져 있음을 의미하는 어근인 lèth로 구성되어 있다. 그것은 어떤 것에 대해 갖는 참된 인식으로, 이러한 인식을 표현하는 정식이다.

성경이 이러한 의미를 모르는 것은 아니다.[1] 그리고 이를 무시하려 드는 것은 사안을 너무 단순하게 생각하는 것이다. 진리를 가리키는 히브리 단어인 '에멧'(émet)은 '견고하다', '신뢰할 만하다', '굳건하다', '확실하다'를 의미하는 '아만'('âman)이라는 동사에서 유래한다. 구약 성경에서 132번 이루어지는 이 단어의 사용 가운데 절반 이상이 하느님을 가리키고 있다. 몇몇 학자들은 진리에 대한 성경 개념과 관련해서 내적인 필요로 인해 하느님과 그분의 속성들에 대해 언급하기에 이른다.[2] 성경으로부터 전수된 진리 개념과 그 '특질'의 결과들에 있어서 이 사실은 결정적이다. 한편으로, 하느님은 제1진리이시다. 왜냐하면, 그분은 첫째로 견고한 분이자 첫째로 굳센 분이며 첫째로 충실한 분이자 첫째로 신뢰할 만한 분이기 때문이다: "너희는 주 너희 하느님께서 참('âman) 하느님이시며, 당신을 사랑하고 당신의 계명을 지키는 이들에게는, 천대에 이르기까지 계약과 자애를 지키시는 진실하신 하느님이심을 알아야 한다"(신명 7,9). 요한 묵시록에서 승전하신 그리스도는 "충실하고 진실하신 분"(묵시 19,12. 참조. 1.5; 3,7.14)

---

[1] 그래서, 예컨대 1열왕 10,6이 그렇다. 사바의 여왕에 관해 언급된 것은 사실이다. 1열왕 22,16에서 미카는 진리를 말해야 했다. 다음을 보라: 예레 9,4; 즈카 8,16. 요한 5,33에서 그 의미는 특히 법적으로 드러난다. 성경의 '에멧'(émet)에서 실재와 조화를 이루는 가치에 대해서는 다음을 보라: D. Méhel, "Amät Untersuchungen über 'Wahrheit' in Hebräischen", in *Archiv f. Begriffsgech. XII/1*, Bonn, 1968, pp.30-57.

[2] 예컨대, 다음 아티클들 같은 경우가 그러하다: E.T. Ramsdell, in *Journal of Religion* 31 (1951), 264-273; K. Alanen, "Das Wahrheitsproblem in der Bibel und in der Griechischen Philosophie", in *Kerigma und Dogma 3* (1957), 230-239.

으로 불린다. 하느님은 이 모든 것이시다. 왜냐하면, 그분은 존재하는 분이기 때문이다. 모세에게 이루어진 그분의 이름에 대한 계시(탈출 3,14)는 시간이 지나면서 『칠십인역 성경』과 『불가타 성경』을 통해 번역되었다. "나는 있는 자 그로다." 그러나 오늘날에는 TOB(에큐메니칼 번역 성경)와 더불어 다음과 같이 충분히 인정되고 있다. 즉, 다음과 같이 번역하는 것이 더 낫다는 것이다: "나는 있을 자 그로다." 이처럼, 그분의 충실함, 그분의 '진실함', 그분의 견고함은 그분이 있다는 것에 바탕을 두고 있다. 그분의 충실함은 그분의 존재와 동일하다. 그런데 그분의 존재됨은 자기 통교와 구원 계획을 자유롭게 이루시는 "살아 계신 하느님"의 존재됨이다.[3] 그분은 요한 묵시록이 "지금도 계시고 전에도 계셨으며 또 앞으로 오실 분"(묵시 1,4.8; 4,8. 다음 구절들과 비교하라: 묵시 11,17; 16,5)으로 부르는 바로 그분이다.

다른 한편, 이 모든 것과의 일관성 안에서, 하느님 안에 정초된 진리, 그리고 그분이 특질로서 자신의 말씀(Verb)에 통교하는 진리, 그리고 내용으로서 자신의 말씀에 대한 자기 계시 가운데 통교하는 진리는 당신의 은총 계획에 대한 진리이자 그 계획에 대한 충실함을 말한다. 따라서 제2차 바티칸 공의회의 교의 헌장

---

[3] 성서적인 표현에 대한 사용들은 특히 하느님의 권능, 그분이 시작하신 것이 내포한 불멸적인 특징을 상기시킨다. 참조. J. Guillet, "Le titre biblique Le Dieu vivant", in *L'homme devant Dieu, Mélanges offerts au Père H. de Lubac I* (Théologie 56), Aubier, 1963, pp.11-23. 신약 성경에서 살아 계신 하느님은 (자신의) 생명을 통교하는 분으로 드러난다.

인 「하느님의 말씀」(Dei Verbum)은 "성경은 하느님께서 우리의 구원을 위하여 성경에 기록되기를 원하신 진리를 확고하고 성실하게 그르침이 없이 가르친다."(11항, § 2)고 선언한다. 여기서 강조된 단어들은 검토되고 주해된 것들이다.[4] 성경이 우리에게 전하는 진리는 우리에게 위탁된 사실들과 말씀들에 부여된 은총 계획의 진리이다. 창세기는 천문학적 진리나 고생물학적 진리를 제시하는 책이 아니다. 그것은 구원 역사의 제1장이다. 우리는 그에 대한 칼 바르트(K. Barth)의 사상을 기꺼이 받아들일 수 있다. 그에 따르면, 모든 것은 마지막에서부터, 즉 창조 자체를 포함해서 모든 것을 내포한 선택의 결정 가운데 이해된 우리와 그리스도 사이의 친교로부터 출발해서 봐야 한다. 결국, 요한 묵시록의 마지막 2개 장은 창세기의 첫 2개 상의 근거를 제시한다. 목적의 의미에서 볼 때 마지막은 형식을 결정한다. 하느님의 계획은 바로 그 목적을 향하고 있으며, 성경은 우리에게 이를 계시한다. "성경의 사상은 본질들 이상으로 운명들을 향해 있다"(Dupuy, Chenu). 성서적인 용어는 종말론적이다. 그것은 제반 사물과 사람들이 하느

---

4 참조. I. de La Potterie, "La vérité de la Sainte Écriture et l'Histoire du salut d'après la constitution dogmatique Dei Verbum", in *NRTh.* 88 (1966), 151-169. 코팡(J. Coppens)의 비판(*Acta Cong. Intern. de Theologia Concilii Vatican II*, Vatican, 1968, pp.545 이하)은 포테리의 해석을 논란에 부치지 않게 한다. 참조. 또한 다음을 보라: B.D. Dupuy, in *Vatican II. La Révélation divine*, Unam Sanctam 70b, Paris, 1968, pp.563-566. 다음과 같은 쉐뉘의 글은 시사적이다: M.-D. Chenu, "Vérité évangélique et métaphysique wolffienne à Vatican II", in *Rev. Sc. ph. th.* 57 (1975), pp.632-640.

님의 계획에 따라 존재하도록 부름을 받았다는 사실을 표현한다.

따라서, 하느님의 뜻을 표현하는 말씀(Parole)은 인간 안에서 양심, '마음'을 향한다. 말씀을 경청하는 데 방해가 되는 것은 지성의 나약함이 아니라 마음의 완고함, 이성의 교만함이다. "아버지, 하늘과 땅의 주님, 지혜롭다는 자들과 슬기롭다는 자들에게는 이것을 감추시고 철부지들에게는 드러내 보이시니, 아버지께 감사드립니다"(마태 11,25). 안티오키아의 테오필로(Theophilus Antiochensis) 순교자는 자신의 하느님을 보여 달라고 요청한 이방인에게 다음과 같이 대답했다: "당신의 사람을 내게 보여 주시오. 그러면 나는 당신에게 나의 하느님을 보여 드리겠소. 그러므로, 당신 영혼의 눈이 보고, 당신 마음의 귀가 경청할 수 있도록 제시하시오."[5]

따라서, 이러한 전망에서, (그리스적인 환경에서는 의미가 없을 것 같은) 다음과 같은 예수님의 말씀을 이해해야 한다: "진리를 실천하는 이는 빛으로 나아간다"(요한 3,21). 우리는 이미 히브리어 성경에 "진리 안에서 걷는다."[6]와 "진리를 이루다."[7]라는 표현들을 갖고 있다. 종종 "진리 안에서"라는 표현에 "자비 안에서"

---

[5] *Ad Autolycum* I, 2 (SChr 20, 1948, pp.60-63; *PG* 6, 1025). 이와 유사한 텍스트들은 다음을 보라: *La Tradition et les traditions, II*, p.271, n.79.

[6] 이에 대해서는 다음을 보라: 이사 38,3; 시편 26,3; 86,11; 1열왕 2,4; 3,6; 2열왕 20,3(*TOB*는 '충실함'으로 언급한다): 토빗 3,5.

[7] 이에 대해서는 다음을 보라: 토빗 4,6; 13,6; 2코린 31,20; 집회 27,9.

라는 표현이 추가되기도 한다. 만일 계약의 하느님에 대한 충실함과 더불어 조화를 이룬다면, 이는 이해할 만하다. 충실한 사람에 대해 언급된 것은 교회 전체에도 유효하다. 여기서 교의 헌장인 「하느님의 말씀」이 제1차 바티칸 공의회에서 불편함을 발견한 놀라운 구절들을 접하게 된다: "교회는 자신 안에서 하느님의 말씀이 완성될 때까지 세기에 걸쳐 하느님 진리의 충만을 향하여 꾸준히 나아간다(Ecclesia, volventibus saeculis, ad plenitudinem divinae veritatis tendit, donec in ipsa consummentur verba Dei)"(8항, § 2). 충만한 진리는 종말론적이다. 또한 이 헌장이 "구원의 역사 안에서 하느님께서 이루신 업적들은 가르침과 그리고 말씀들로 표현된 사실들(doctrinam et res verbis significatas)을 드러내고 확인하며…"(2항)라고 언급하는 부분에서 보고 담당자인 스물더스(P. Smulders)는 여기서 'res'(사실들)라는 말이 성사들과 관련된 'res'에 대해 언급하는 의미로, 즉 성사들이 방향 지어져 있는 최종적인 영적 결실로서 특별히 취해졌음을 정확히 지적했다.[8]

이 헌장에서 두드러진 논술은 그리스도론에 집중되어 있다. 예수 그리스도는 하느님 말씀의 충만함이시다. 히브리서의 첫 여러 구절은 이 점을 충분히 표현하고 있다. 하지만, 우리는 예수가 "육(肉)이 되신" 하느님의 말씀임을 요한 사도를 통해 알

---

[8] 다음 작품에서 인용했음: H. de Lubac, in *Vatican II. La Révélation divine, I.* (Unam Sanctam 70a), Paris, 1968, p.179 n.13 (참조. Chenu, *op. cit.*, p.638).

고 있다. 따라서 하느님의 '진리-견고함-충실함'은 예수에게 통교된다. 그래서 그분은 다음과 같이 말할 수 있었다: "나는 길이요 진리요 생명이다. 나를 통하지 않고서는 아무도 아버지께 갈 수 없다"(요한 14,6). 7번 등장하는 "나다"(ego eimi)라는 표현 중에 하나인, 예수님의 정체성에 관한 이 진술은 드 라 포테리(Ignace de la Potterie)에 의해 연구되고 설명된 바 있다.[9] 그는 이 세 가지 용어 가운데 '길'(hodos)을 으뜸으로 보았다. 진리와 생명은 그것을 더 명확히 해 주며 어떤 의미에서 그런지 그리고 왜 예수께서 길이신지 이해하게 해 준다. 이 표현이 담긴 맥락이 가리켜 보여 주듯이, 예수님은 진리이자 생명인 한에서 성부를 향한 길이시다. 즉, 그분은 진리이시며 따라서 생명이시다. 그리고 그분은 이 모든 것이다. 왜냐하면, 성부로부터 오셨으며 성부로부터 파견되셨기 때문이다. 사람들은 그분을 통해 (그분 안에서) 성부께 거슬러 올라갈 수 있다. 왜냐하면, 그분은 성부로부터 그들에게 오셨기 때문이다. 그러므로 강생하신 그분은 진리이시다. 즉, 총체적이고 결정적이며 최종적이고 종말론적인 진리이시다. "진실한 예배자들이 영과 진리 안에서 아버지께 예배를 드릴 때가 온다. 지금이 바로 그때다"(요한 4,23). 진리 안에서 걷는 것은 옛 상태 아래서 심리적이고 도덕적인 특징을 지니고 있었다. 그러

---

9 *NRTh* 88 (1966), 907-942. 이는 다음 작품에서 다시 취해졌다: *La vérité selon S. Jean*, Rome, 1976.

나 예수, 그리고 그분 영의 오심과 더불어 아주 분명한 방식으로 하느님, 즉 성부의 진리와 견실함에 대한 참여가 표현되고 있다. 예수님은[10] 성부께서 자신에게 가르쳐 준 것(요한 8,28), 성부로부터 들은 것을 계시하신다(요한 8,26). 그분은 자신이 성부 곁에서 본 것에 대해 말한다(요한 3,11; 8,38). 또한 성부께서 하시는 것을 본 것에 대해 말하며(요한 5,19) 자신이 보고 들은 것에 대해 증언한다(요한 3,32).

성령은 온전히 예수님과 연관된다. 성령의 오심은 예수님의 출발 그리고 그분의 부재(不在)와 연결되어 있다. 그래서 심지어 예수께서 가시는 것이 더 낫다고 할 수 있다(요한 16,7). 그러므로 그분의 활동은 진리와 온전히 연관되어 있다. 그 진리란 다음 아닌 예수였으며 지금도 그분이 진리이시다. 성령은 그분이 말씀하신 것을 상기시켜 주실 것이며(요한 14,26) 그분에 대해 증언할 것이고(요한 15,26) 진리 안에서 모든 것을 가져다주실 것이다(요한 16.13). 'Hodègesei', 즉 성령은 예수 자신과 그분의 말씀에 의해 진리와 생명으로 이루어진 길(hodos)을 취하게 할 것이다. 왜냐하면, 그분의 말씀은 "영과 생명"(요한 6,63)이기 때문이다. 이런 방식으로, 성령 또한 진리이시다. 물론, 이는 강생하신 말씀

---

10 요한 14,16-17. *TOB*는 현재 시점을 내포한 표현들을 제시했다: "왜냐하면, 그분은 여러분 곁에, 여러분 안에 거하시기 때문이다." 포쉬(F. Porsch, *Pneuma und Wort. Ein exegetischer Beitrag zur Pneumatologie des Johannesevangeliums*, Frankfurt/M., 1974, pp.244 이하) 역시 "교회의 시간"을 위해 현재를 따르기 위한 자신의 근거들을 제시했다.

과의 관계 안에서 성령이 그렇다는 것이다. 그러나 그뿐만 아니라 성령 또한 성부로부터 오시며, 예수께서 성부 편에서 성부 곁에서 성령을 파견하시기 때문에 그렇다(요한 15,26).

성령은 어떤 방식으로 역사 안에서, 즉 예수께서 육체적으로 부재(不在)하는 시간에 존재하시며 이 모든 일을 하실까? 이는 신약 성경에서 특히 나음과 같은 세 가지 방식으로 우리에게 제시된다:

1. 성령은 제자들과 함께, 제자들 안에 계실 것이다. 여기서 말하는 'eis ton aiôna'는 '영원히'를 의미한다. 그분은 분명 그들과 함께 그리스도에 대해 그리고 그분의 업적에 대해 증언하기 위해 진리의 영으로 현존하실 것이다(요한 15,26-27). 더 놀라운 것은 요한이 성령의 증언에 대해 말하는 텍스트이다. 요한은 이렇게 말한다: "성령은 곧 진리이십니다." 그리고 계속해서 다음과 같이 말한다: "증언하는 것이 셋입니다. 성령과 물과 피인데, 이 셋은 하나로 모아집니다"(1요한 5,7-8). 물은 세례를, 피는 성찬례를 가리킨다. 비록 그 맥락은 그리스도론적이라고 해도, 이는 적어도 가능한 해석이다.[11] 여기서 성령이 먼저 언급되고 있다. 왜냐하면, 그분은 믿음을 일으키는 분으로, 믿음에 전제되는 분이

---

11 참조. A. Feuillet, *op. cit.*; F.M. Braun; Porsch, *op. cit.*, pp.336-337, 요한 19,34에 대한 언급을 포함한다.

기 때문이다. 교회가 베푸는 세례와 성찬례는 온전히 그리스도와 연관되며 그분을 제시한다. 그리스도는 세상 한가운데서 생명의 원리가 되신다.

2. 사도행전은 우리에게 구성적이고 도식적인 방식으로 사도 교회의 삶에 대해 알려 준다. 즉, 사도 교회의 삶을 예수께서 선포하신 것이 현실화된 것으로 보여 준다는 것이다. "내가 아버지에게서 너희에게로 보낼 보호자, 곧 아버지에게서 나오시는 진리의 영이 오시면, 그분께서 나를 증언하실 것이다. 그리고 너희도 처음부터 나와 함께 있었으므로 나를 증언할 것이다"(요한 15,20-27). 베드로와 사도들은, 산헤드린 앞에서 다음과 같이 진술하면서, 이 약속에 대한 반향을 전했다: "우리는 이 일(rêmatôn)의 증인입니다. 하느님께서 당신께 순종하는 이들에게 주신 성령도 증인이십니다"(사도 5,32).

사실, 사도직은 성령과 함께 참되고 적극적인 '공동 거행'(concélébration)을 구성한다.[12] 사도 교회의 미래를 분명히 보여 주는 요한 묵시록은 다음과 같이 확신한다: "예수님의 증언은 곧 예언의 영이다"(묵시 19,10). 그리고 종말론적인 그리스도를 향한

---

12 바오로 6세 교황에 의해 자주 인용된 필자의 다음 연구를 보기 바란다: "Le Saint-Esprit et le Corps apostolique, réalisateurs de l'œuvre du Christ", in *Rev. Sc. ph. th.* 36 (1952), 613-625 et 37 (1953), 24-28. 이는 다음의 작품에서 다시 취해졌다: *Esquisses du mystère de L'Église*, 2ᵉéd., Paris, 1953, pp.129-179.

다음과 같은 청원과 함께 증언한다: "성령과 신부가 '오십시오.' 하고 말씀하신다"(묵시 22,17).

3. 요한 묵시록은 미래 교회의 역사적인 삶을 우리에게 짐승(하느님 나라에 반대되는 세력)에 대항한, 그리고 거짓 예언자(결국, 하느님 백성을 구성하는 지체들 편에서 그리스도의 복음을 타락시키는 자)에 대항한 싸움으로 보여 준다. 파라클리토에 관한 제4복음서(요한 복음서)의 구절들은 이와 동일한 상황을 우리에게 알려 준다. 즉, 세상은 진리의 영을 받아들일 능력이 되지 못한다는 것이다(요한 14,17). 세상은 하느님의 적대자, 거짓의 영, 악마에 의해 사로잡혀 있고 그로 인해 고통 받는다(참조. 요한 8,44). 오랜 역사의 흐름 속에서 예수님을 향한 또는 예수님을 반대하는 거대한 과정이 진행되었다. 예수님의 편에 섰던 하느님은, 그분을 부활시키는 가운데, 제자들을 위로하기 위해 파라클리토 성령을 그들에게 보내 주셨다. 그리고 이와 함께 그들에게 세상은 틀렸으며, 이미 세상의 고무자(鼓舞者)가 고발되고 단죄되었음을 확신시켜 주셨다(요한 16,8-11).[13] 그리스도인의 증언은 세상을 향한 반대로 인해 고발되신 예수 그리스도와 함께 하나 된 실재를 이루는 데 있다. 그리고 결국에는 파라클리토의 도움이 보장된 싸

---

13 참조. M.-F. Berrouard, "Le Paraclet, défenseur du Christ devant la conscience du croyant", in *Rev. Sc. ph. th.* 33 (1949), 361-389. 또한 *BJ*와 *TOB*의 각주들을 보라.

움을 통해 그분께서 거두신 승리와 온전히 하나 되는 데 있다.

요한 사도의 매력적인 종합에서 진리는 하느님에게서 오고 강생하신 말씀과 신자들의 백성을 거치는 가운데 하느님을 향하는 것으로 드러난다. 성부 하느님은 참되고 확실하며 견고하고 자기 존재와 일치한다. 그분의 영원한 말씀은 그분에게 속하므로 참되다. 그 말씀은 예수 그리스도 안에서 육(肉)이 되셨으며 그분과 성령을 통해 사람들에게 통교되었다. 우리도 이 말씀과 성령을 받아들이고 수호함으로써 진리 가운데 또는 진리 안에서 걸을 수 있으며(1요한 4; 3요한 3; 4), 은총과 평화를 지닐 수 있고(2요한 1-3), 사랑할 수 있으며(1요한 3,18), 축성될 수 있고(요한 17,17.19), 흠숭할 수 있으며(요한 4,23), 해방될 수 있다(요한 8,31). 결국, 그럼으로써 우리는 참으로 존재할 수 있게 된다. 이렇게 해서 두 가지 수준에서 존재가 영위된다. 하나는 이 세상에 따라 살아가는 순전히 생물적이고 심리적인 '육적' 존재이다. 그리고 다른 하나는 아우구스티누스 성인이 말하는 '참된 존재'(vere esse)로서, 방금 언급한 종말론적 존재이다. 계시는 우리에게 이 진리에 대해 말한다. 그러나 우리는 오직 성령에 힘입어 이 진리를 얻을 수 있다. 왜냐하면, 오직 그분만이 "하느님의 깊은 비밀"(1코린 2,9-16)을 알고 계시기 때문이다.

제5장

성령의 자주성?

    가톨릭적 교회론, 특히 트리엔트 공의회의 가르침이 표방하는 교회론은 그리스도께서 교회, 바로 당신의 교회를 설립하셨으며, 그 교회는 구원을 통교하는 자신의 사명에 필요한 모든 수단을 갖춘 교계적인 사회라는 확신에 바탕을 두고 있다.
    이는 제2차 바티칸 공의회에 의해 이룩된 쇄신에 이르기까지 지배적이던 틀이었다. 1943년 6월 29일에 공포된 회칙「신비체」(Mystici Corporis)는 이러한 틀에 몇 가지 중요한 요소를 보완했다. 그러나 그것이 기존의 것을 대체하지는 않았다. 그리스도는 언제나 그리고 우선적으로 교회의 설립자이기 때문이다.
    이러한 틀은 제도 안에서, 따라서 단지 성직자의 손에서 실현되기만 하면 되는 은총의 수단들에 대한 준비된 유보의 태도를 견지했다. 1823년 뮐러(Mühler)가 자신에게 제시된 교회론을 종합하는데 사용한 다음과 같은 말을 인용하지 않을 수 없다: "하느님은 교계를 설립하셨다. 그럼으로써 시간의 마지막에 이르기까지 필요한 모든 것을 마련해 두셨다."

우리는 이 점을 자주 반복해서 언급한 바 있다. 11세기 초부터 많아지기 시작한 반(反)교계적, 반(反)성사적, 반(反)성직 지배적이고 반(反)군주적인 영성 운동들의 중요성을 최소화해서는 안 된다.[1] 이런 다양한 계기들과 공통된 경향은, 비록 그들 간에 상당히 많은 차이가 있다고 해도, 성직자의 중개 없이 원천들로부터 직접 복음적인 생명을 퍼 올리기 위해 권력 제도로부터 벗어나려는 의지에 그 뿌리를 두고 있다.

이러한 요청들은 16세기 종교 개혁에 뿌리를 두고 있다. 이 종교 개혁은 그리스도 편에서 교회의 설립, 말씀의 중개, 성사들의 중개, 직무의 중개를 배제하지 않았다. 그러나 종교 개혁은 근본적으로 의화에 있어서 그리고 구원의 전체적인 과정에서 하느님의 실제적인 활동을 더 강조했다. 반면, 실행되는 것만으로 충분한 일종의 '은총의 유보'(réserve de grâce)는 이루어지지 않았다. 하느님은 친히 당신의 교회를 만드셨다. 그분은 먼저 당신

---

[1] 필자의 다음 작품에 수록된 지침들과 참고 문헌들을 보기 바란다: *L'Église de S. Augustin à l'époque moderne* (Hist. des dogmes III/3), Paris, 1970, pp.198-209. 녹스(R.A. Knox)는 가까이서 비슷한 역사를 제시하고자 한 바 있다. 그러나 그의 작품은 다양한 흥미로운 부분들을 제시함에도 불구하고, 종종 실망스럽다: *Enthusiasm. A Chapter in the history of Religion*, Oxford, 1950.

의 말씀, 그리고 영혼들 안에서 일으켜지는 활기찬 믿음과 더불어 그렇게 교회를 만드셨다. 다양한 직무와 성사가 갖춰진 교회에는 하느님의 말씀에 부여된 믿음의 종교적 관계에 대한 즉각성이 있다. '자유로운 검토'(libre examen)라는 용어는 상당히 논란이 되며, 더욱이 때늦은 말이기도 하다. 여하튼, 이 용어는 즉각성의 상태와 인격적 관계의 상태를 나쁜 방식으로 가리킨다.

이처럼, 16세기의 다양한 종교 개혁에서 솟아난 그리스도교는 4세기가 흐르는 동안 주도적 계획, 새로운 형태, 마침내 새로운 '교회들'에 대한 환상적인 확산을 가져왔다. 만일 이 모든 것을 트리엔트 공의회의 사상이라는 관점에서 평가한다면, '다양화의 역사'로 평가할 수 있다. 그러나 또한 우리는 이 역사를 다른 방식으로 바라볼 수 있다. 적어도 처음에는 단순히 무슨 일이 일어났는지 보기 위해 교회론적 기준들에 대한 적용을 멈추기로 하자.

언제나 다양한 삶 속에서 실제적이고 수직적인 하느님의 많은 개입이 있었고 이러한 그분의 개입은 지금도 여전히 이루어지고 있다. 그에 대한 역사를 만들려 하는 것은 어떤 면에서 오만일 수도 있다. 우리의 목적을 이루기 위해서는 단지 몇 가지 지침만을 제시하는 것으로 충분하지 않을까 싶다.[2]

---

[2] 우리는 뒤이어 오는 것을 통해 샤를 엘링거의 지도 아래 불어로 편집된 다음 작품을 활용한 바 있다: Charles Ehlinger (dir.), *Guide illustré de l'histoire du christianisme*, Paris, Centurion, 1983.

조지 폭스(George Fox, 1624-1691)는 모든 성사와 모든 교회 기구를 되돌릴 정도로 분명한 내적 빛에 의해 사로잡혔다. 그는 이렇게 말했다: "그리스도는 너무 많은 시간 동안 미사와 성경에 갇혀 있었습니다. 그분은 여러분의 예언자이며 여러분의 사제이고 여러분의 임금이십니다. 그분에게 순종하십시오." 이는 놀랍기 그지없는 "종교 친우회"(퀘이커派)를 만들어 냈다.

다음으로, 경건주의 운동(mouvement piétiste)이 있다. 이는 자신의 정식들과 권위에 대해 지나치게 확신했던 루터적인 정통주의에 대항해 일어난 반발이다. 이 운동은 새로운 탄생, 개인적인 믿음, 영적인 경험을 강조했다. 필립 야콥 스페너(P.J. Spener)의 경건한 원의들은 1675년으로 거슬러 올라간다. 그는 자신의 집을 비롯해 다른 여러 집에 '경건 동료회'(collegia pietatis, 이는 일종의 '기초 공동체'이다)를 만들었다. 그리고 그 공동체를 위한 '생활 헌장'으로 바오로 사도의 권고를 반복해서 언급했다: "그리스도의 말씀이 여러분 가운데에 풍성히 머무르게 하십시오. 지혜를 다하여 서로 가르치고 타이르십시오. 감사하는 마음으로 하느님께 시편과 찬미가와 영가를 불러 드리십시오."(콜로 3,16) 새로운 주도적 계획에 영감을 불어넣는 가운데 확장해 가는 이런 영성 운동들의 비옥함을 주의 깊게 관찰하는 것은 유익하다.

좀 더 결정적인 것 가운데 친첸도르프(Zinzendorf, 1700-1760)의 공동체를 들 수 있다. 그는 젊은 시절부터 경건주의에 의해 양성받았으며 헤른후트의 자신의 땅에서 모라비아 형제들의 공동체를 설립하고 이를 후원했다(1722). 아르비드 그라빈(Arvid Gravin)의 증언에 따르면, 1727년 8월 13일 거룩한 만찬이 거행되는 동안, 다음과 같은 일이 일어났다: "그들은 상당히 감동했다. 그들의 마음은 새로운 사랑과 커다란 믿음 그리고 서로를 향한 열렬한 사랑으로 불타올랐다. 이는 그들로 하여금 눈물을 흘리며 서로서로 자신을 품에 내맡길 정도로 어우러지게 했다. 그럼으로써 모라비아 형제들의 옛 일치가 자신들의 재로부터 부활되듯이, 그들 간의 일치를 증진했다." 비록 적은 수에 불과했지만, 모라비아 형제들은 많은 사명을 수행하기 시작했다. 그러나, 처음에는 조지아에서 그리고 나중에는 영국에서 있었던 모라비아 형제들과의 만남은 존 웨슬리의 성소에서도 중요한 역할을 했다. 그 역시 자신의 감정을 검증하기 위해 헤른후트로 갔다.

존 웨슬리(J. Wesley)는 감리교의 위대한 모험을 대변하는 인물이다. 우리는 언제나 비슷한 성소들의 원천에서 하느님에 대한 '열렬하고도' 즉각적인 체험을 발견하게 된다(1738년 5월 24일). 1739년 1월 1일, 언제나 그랬듯이, 그는 거룩한 만찬 이후 런던에서 다음과 같이 썼다: "새벽 3시경에, 기도하는 도중, 하느님의 현존이 그런 힘과 함께 우리 위에 내렸다. 많은 이들이 큰 기쁨에 넘쳐 외쳤다. 어떤 이들은 쓰러지기도 했다. 주님의 현존에 대한 두려움과 경이로움에 사로잡혀, 우리는 다음과 같이 외쳤다: 오, 하느님, 당신을 찬미하나이다. 저희는 당신은 주님이심을 압니다!" 그 후, 감리교는 많은 사람의 삶을 양육했다. 미국의 성성(聖性) 운동들은 비록 서로 분리된 세 가지 흐름으로 이루어져 있지만, 이들은 서로 연결되어 있다.

각성운동주의자들(Réveils)은 특히 앵글로색슨과 아메리카 세계에, 물론 거기서 독점적이진 않았지만, 흔적을 남겼다. 일정한 사건으로 인해 성숙한 것처럼 보이는 계기들이 있었다. 그러나 모든 것은 하느님에 의해 사로잡히고 그분의 주권에 대한 절대적인 봉사에 온전히 전념한 한 영혼으로부터 시작했다. 조나단 에드워즈(Jonathan Edwards, 1703-1758)는 1740년 조지 화이트필드(G. Whitefield, 1714-1770)와 함께 뉴잉글랜드로 갔다. 그는 노샘프턴(매사추체츠주)의 '대각성 운동'의 창시자였다.[3] 이 모든 것은 1733년에 시작되었다: "하느님의 영이 특별한 방식으로 일하기 시작하셨다." 하느님의 쇄도는 무엇보다도 1723년 1월 12일 에드워즈의 삶에서 입증되었다. "장차 더 이상 내가 나 자신에게 속하지 않으리라는 것을 서면으로 약속하는 가운데, 내가 소유한 모든 것과 함께 나 자신을 하느님께 장엄하게 선물로 드렸다…"

여기서 대각성 운동에 대한 모종의 결산을 하려는 것은 아니다. 1738-1742년, 하웰 해리스(Howell Harris, 1714-1773) 그리고 거룩한 만찬 거행 이후에("마음은 하느님에 대한 사랑으로 불타올랐다.") 있었던 성령 강림 체험(1735)과 더불어 웨일즈 지방에서 있

---

3 J. Edwards, *Faithful Narrative of the Surprising Works of God*, 1735.

었던 운동에 대해 언급하지 않을 수 없다. 미국에 대해 뭐라고 말해야 할까? 미국은 개인의 주도권이 허용된 나라이다. 특히 성령 안에서 쇄신 운동에 대한 첫 번째 원천들을 언급하는 한에서 하나의 사실에 주목하기로 하자. 이는 캔자스주의 토페카(Topeka) 성경 학교에서 검증된다. 거기서 1900년부터 사도행전을 공부하기 시작했다. 왜 그들이 보고하는 일은 더 이상 일어나지 않았을까? 다음은 1901년 1월 1일에 대해 언급한 아녜스 오스망(Agnès Ozment)의 이야기이다:

"1901년의 첫날, 주님은 그들이 더욱 위대한 것들에 대해 열망하도록 우리의 마음을 위로하는 가운데, 눈에 띄게 우리와 함께 계셨다. 기도의 영은 우리 위에 계셨다. 성령의 선물을 받을 수 있도록 내게 안수해 주시길 청하는 원의가 내게 일어났을 때는 거의 11시였다. 손이 내 머리 위에 얹힌 바로 그 순간, 성령께서는 내 위에 내려오셨으며, 나는 하느님의 영광을 찬미하는 가운데 말하기 시작했다. 그것은 내 존재의 가장 깊은 곳에서부터 솟아나는 생명수가 강물처럼 흐르는 것과 같았다."

이는, 오순절 운동처럼, 1906년에 탄생해서 퍼져나갔다. 즉, 위대한 고전 교회들에 비해 주변부에 남았던 이후, 그런 교회들에 침투했다. 개신교도들은 1956년부터, 가톨릭 신자들은 1967년 1월부터 그랬다. 일반적인 특징들에 관한 몇 가지 소견을 강조하기 위해 다시 한번 몇 가지 의미심장한 예들을 다시 제시하고자 한다. 우리는 가톨릭 신자들의 삶으로부터 다양한 예를 수집할 수 있었다. 쇄신 운동의 실제적인 역사는 그러한 예로 가득 차 있다. 그러나 그것으로 충분하다. 충만한 팽창 속에서 한 가지 예만 덧붙이고자 한다. 그것은 아프리카의 예이다.

이 대륙은 수많은 종파와 교회의 고장이다. 대략 8,600개의 종파를 헤아린다. 어떤 그룹들은 고대 교회로부터 분리됨으로써 형성되었으며, 어떤 그룹들은 이따금 식민지주의의 악을 전파한 것으로 의심되는 고전 교회로부터 분리되는 가운데 형성되기도 했다. 또 다른 그룹들은, 성경에 대한 개인적인 경험 또는 개인적인 이해의 이름으로 말하는, 카리스마적인 영감을 받은 사람을 중심으로 형성되기도 했다. 클리브 들롱 말로네(C. Dillon-Malone)는 이 그룹을 '영의 교회'로 언급했다.[4]

그는 천상 그리스도교의 교회의 설립자인 사무엘 빌레우 조셉 오스코파(S.B. Joseph Oschoffa)에 대한 역사를 통해 설립자의 소명과 관련하여 우리에게 정확한 틀을 제시했으며, 우리는 이를 검증할 수 있었다.[5] 그에 따르면, 무엇보다도 난해하고 이상한 생명의 세계, 그러나 강렬한 기도의 분위기에서 사라지는 것

---

[4] 그 주제에 관해 전문가이다. 그의 연구들이 제시하는 결론들에 대한 압축은 다음을 보라: "Religions nouvelles en Afrique", *Concilium*, n.181 (1983), 105-113.

[5] 다음을 언급하고자 한다: Michel Guéry S.J., *Christianisme céleste. Notes de travail. L'Église, la vie spirituelle*. In fol. ronéoté. 148p., 3ᵉtrimestre 1973.

이 있다. 이어서 마치 반대를 촉발하게 될 개별 성소에 대한 계시에 수반되는 전망과 함께 생명으로 되돌아온 것처럼, 그것은 다시 등장하기도 한다. 치유와 설교의 선물이 그러하다. 마지막으로, '교회'의 설립이 오는데, 그 교회의 영웅은 '예언자-목자-설립자'로 불린다. 이러한 노선은 성경에 상당한 공간을 할애하고 있는데, 그중에서도 구약 성경과 신약 성경의 다양한 구절들을 상기하고 있다. 이 노선에 있는 이들은 강력한 기도 생활을 영위한다. 그리고 교회의 삶과 예배로 이루어진, 세밀하게 구성된 조직이 있다. 이 모든 것은 전혀 경멸스럽지 않다. 오히려, 그것은 성찬례적인 실재가 부족하며, 심지어 우리의 시각에서 볼 때 배반하는 것처럼 보일지라도, 영성적인 면에서 볼 때는 본질적인 면을 간직하고 있다.

하지만, 다음과 같이 질문해 보기로 하자: 영감으로 가득한 이 상황에서 도대체 어디에 그리스도의 교회의 단일함이 있겠는가? 이런 사실들로부터 몇 가지 일반적인 소견을 끌어낼 수 있다. 비록 각각의 경우가 독특하다고 해도, 종종 하나의 경우에서 다른 경우를 향한 예형의 관계와 격려의 관계가 이루어진다는 것이다. 또한 감응(感應) 현상도 존재한다. 오늘날 이는 쇄신 운동에 있어서 분명한 것처럼 보인다. 그러므로 우리는 역사적인 맥락의 차원에서 공통된 특징을 발견할 수 있음을 믿기로 하자. 합리주의에 대항한 반발이나 반란의 행위도 있다. 종교는 세상의 원의에 부합하는 합리적인 실재로 변하고 말았다. 그런 종교에는 존경할만한 교회들에 대한 냉담함이 자리하고 있다. 이는 18세기 영국이나 뉴잉글랜드에서 드러난 현상이었다. 또한 아프리카에서 선교에 의해 탄생한 그리스도교 역시 외적인 것에 의해 조절된 것으로, 서양의 합리주의에서 유래한 형태들에 의해 설립된 것으로 받아들여졌다.

우리가 몇 가지 예를 제시한 바 있는 사실들은 하느님의 업적에서 중개 활동과 직접 활동이라는 두 가지 활동 노선을 인정하게 해 준다. 하느님은 언제나 당신의 일을 이루시며 당신의 교회를 세우고 생기를 불어넣어 주신다. 그러나 그분은 강생하신 말씀의 업적을 지속하는 가운데, 이를 제도적인 수단들만으로 이루지는 않으신다.

우리는 이를 이미 여러 복음서와 사도행전에서 찾아볼 수 있다. 중개에 관한 텍스트는 다음과 같다: "너희를 받아들이는 이는 나를 받아들이는 사람이고, 나를 받아들이는 이는 나를 보내신 분을 받아들이는 사람이다"(마태 10,40). 열쇠의 권한에 대한 텍스트들은 다음과 같다: 마태 16,19; 18,17-18; 요한 20,22-23. "네가 해야 할 일을 누가 일러 줄 것이다"(사도 9,6). "모든 백성에게 나타나신 것이 아니라, 하느님께서 미리 증인으로 선택하신 우리에게 나타나셨습니다. 그분께서는… 백성에게 선포하고 증언하라고 우리에게 분부하셨습니다"(사도 10,41-42). "(바오로와 바르나바는) 교회마다 제자들을 위하여 원로들을 임명했다"(사도 14,23). 또한 다음 구절들에서도 찾아볼 수 있다: 에페 4,16; 티토 1,5; 야고 5,14.16 등. 이는 단지 몇 가지 예에 불과하다. 그러나 또한 직접성과 관련된 텍스트들과 사실들도 있다. 아나니아가 바오로에게 세례를 주어야 했던 데 반해, 그리스도는 이미 그에게 나타나신 바 있다. 이와 비슷하게, 코르넬리우스의 삶에서 성령은 베드로로부터 주어진 세례에 선행한다(사도 10,44-48). 사도 시대는 천상에서 직접 유래하는 구원의 신비에 대한 계시들을 알고 있었다(갈라 1,11.16; 에페 3,3.5). 다른 한편, 중개와 직접성 간에는 어떠한 대립도 있을 수 없다. 종종 하나가 다른 하나에 끼어들기도 하고 의존하기도 한다. 하느님은 존재하는 구조에 그리고 가시적인 직무에 직접 개입하신다. 예컨대 다음을 보라: 사도 1,15-26; 1티모 4,14; 2티모 1,6; 1베드 4,10-11.

우리가 몇 가지 예를 제시한 주도적 계획들이 은총을 중개하는 제도적 수단들에 전적으로 이질적인 것은 아니다. 내적 조명에 대한 수많은 경험은 거룩한 만찬을 거행한 다음에 이어지는 기도에서 일어났다. 그리고 성경은 도처에서 결정적인 역할을 수행한다. 우리는 분명 제도적인 요소로 환원될 수 없는 인격적인 요소의 개입에 관한 다양한 예들을 알고 있다. 그러나 그것이 그리스도론적이지 않다고는 말할 수 없다. 그리고 만일 그렇다면, 그것은 성령론적-그리스도론적이거나 그리스도론적-성령론적이라고 할 수 있다. 이렇게 해서 우리는 바오로 사도의 몇 가지 진술에 도달하게 된다: "주님은 영이십니다. 그리고 주님의 영이 계신 곳에는 자유가 있습니다"(2코린 3,17). 그리스도는 살아 계시며 일하신다! 그분은 우리의 삶 속에 개입해 들어오신다. 바오로의 인용구에서 영이신 주님의 이런 자유로운 활동은 성경에 대한 그리스도론적 해석과 연관되어 있다. 그러나 역사에서 그리스도의 업적은 성서적인 계시와 강생을 구성하는 역사 가운데 제도화된 것으로 축소될 수 없다. 이는 다양한 문제로 분화되는 거대한 문제이다.

주도적 계획에 대한 개인적인 원리를 무시해서는 안 된다. 조직화와 순수한 순명에 대한 가톨릭 사상은 이처럼 논란의 여지가 없는 실재를 덮어줄 수 없다. 그렇다면, 어떤 의미에서 계시는 이제 종결되었으며, 만일 그렇지 않다면, 그것은 어떤 의미에서 그렇지 않은 것일까? 성령은 원하는 곳에서 불어온다. 예수께서는 이를 바람에 비유하셨다. 우리는 바람과 관련해서, 어디서 와서 어디로 가는지 알지 못한다. 계시되고 제도화된 경륜과 관련해서 완전히 해방된 자유는 있을까? 성령과 그 자유의 측면을 넘어서, 또한 성령론적 그리스도론의 측면을 넘어서 찾을 필요는 없을까?

어떤 의미에서 영이 그리스도의 영인가? 이 의미는 경륜 가운데 유보되거나 '신학'의 수준에, 즉 영원한 삼위일체 신비의 수준에 이르는 것일까? 우리는 분명히 불평등한 발전들을 요구하는 이러한 문제들을 점진적으로 대면해야 한다.

주도권의 인격적 원리

주제화된 것과 체험된 것이 있다. 그리고 공식적이며 공통된 텍스트들과 현실이 있다. 이 현실은 주도권의 축적과 추상적 규칙들에 대한 저항, 결국 개인적 생명력이 축적되는 것을 알았고 또 알고 있다. 그러나, 조금 먼 과거에 이르기까지 유일한 덕, 즉 순명의 덕과 유일한 죄, 즉 '육'(肉)의 죄만 있는 것 같았다.[6] 루터가 일으킨 반란의 폭발과 그것이 초래한 결과로 인해 옛 교회에서는 권위에 대한 순명과 관련하여 강한 주장을 펼치게 되었다. 이는 이미 레오 10세 교황이 1520년 6월 15일자로 공포한 칙서 「Exsurge Domine」에서 잘 드러난다: "교회 규율의 신경, 즉 모든 덕의 근원이자 원천인 순명을…"(Nervum ecclesiasticae disciplinae, oboedientiam scilicet quae fons est et origo omnium virtutum…).[7] 순명의 신비는 바오로 3세 교황의 통치 아래 카라파(Caraffa) 추기경의 활동을 통해 효과적으로 드러났다. 이 활동은 후에 바오로 5세 교황이 된 카라파 추기경 자신과 비오 4세 교황, 비오 5세 교황에 의해 지속되었다. 이 모든 것은 알베리고(G. Alberigo)가 특징을 부여한 '트리엔트 공의회 사상'의 일부가 되었으며, 또는 모리스 블롱델(M. Blondel)이 묘사하고 정의했듯이, '단일형태론'(mono-

---

6 도로시 세이어(Dorothy Sayers)는 『The other deadly Sins』를 출간함으로써, 어떤 면에서 다른 이들의 자리에 대한 권리를 요구하길 원했다.

7 *Mansi*, 32, 1053.

phorisme)의 일부가 되었다.[8] 권위에 대한 협소한 순명, 실제적으로 교황과 로마의 요청에 대한 순명으로 되돌아갈 수 없는 모든 것은 자유로운 검토와 합리주의에 대해 침묵했다. 이와 관련해서 탁월한 신학자인 쉐벤(M.J. Scheeben)의 글은 더할 나위 없이 설득력을 갖는다. 그는 여러 교회의 편에서 옛 증언들을 통해 입증하고 수용한, 전승에 대한 갈리아주의적-얀세니즘적 개념을 비판했다. 모든 것은 합리주의와 자유로운 검토 이외에 다른 것이 아니었다! 또한 그것은 종교 개혁의 정신과 자연주의의 정신이기도 했다![9] '아메리카주의'로 불리는 것은 사람들 편에서 주도권을 위한 취향을 드러내는 한에서, 그렇게 인식되고 수용된 '근대적' 세계의 상황에서, 이러한 맥락에 그 기원을 갖는다.

수동적 복종의 분위기에 대해 고발한 증언 중에서 다음과 같은 베르나노스(G. Bernanos)의 고발만을 인용하기로 하자: "판단이라고 하는 영혼의 숭고하고 필수적인 기관의 태업은 파국으로 흘러나올 수 있다… 맹목적으로 순명하도록 방향 지어진 사람들은 갑작스레 맹목적으로 불순명하는 사람들과 같다. 어떠한 논의도 없이 순명하는 것은 아무 이해도 없이 순명하는 것과 같은

---

8 그에 대해서는 '테스티스'(Testis)라는 가명과 예상치 못한 제목으로 다음 작품이 출간되었다: Testis, "La Semaine sociale de Bordeaux et le Monophorisme", in *Annales de Philos. Chrét*, 1910.

9 다음을 보라: M.J. Scheeben, *Mysterium des Christentums* (1865), § 80; *Dogmatik* § 80; *Dogmatik*, § 7, n.57; § 8, nn.69 et 72; § 10, n.126; § 22, n.317; § 23, nn.335 이하; § 32, n.502.

의미가 아니다. 온전히 유순한 태도는, 우리가 생각하는 것처럼, 철저히 배반하는 태도에서 그리 멀리 떨어져 있지 않다."[10] 두 번 반복해서 제시한 이 마지막 견해는 이미 다른 곳에서 인용한 바 있는 아미엘(Amiel)의 견해를 상기시킨다: "가톨릭 사상은 자신의 주인이자 자신을 의식하는 자로 인간을 이해할 수 없다. 그의 대담함과 나약함은 동일한 원인으로부터 유래한다. 그것은 무책임함, 오직 노예됨이나 혼란만을 아는 의식, 법을 선포하지만 그 법에 순종하지 않는 의식이 보여 주는 비굴한 복종에서 유래한다. 왜냐하면, 그러한 인간은 법 밖에 있기 때문이다."[11] 과장된 것을 배제한 상태에서 이 텍스트를 비판적으로 읽어 보기로 하자. 이는 계몽적인 것에 대한 선언의 중요함을 더할 나위 없이 소중하게 평가하게 해 준다. 내면화되지도 않고 개인적으로 취해진 것도 아닌 한에서, 규범은 외적으로만 순응하도록 부추기는 수동적 태도나 배반 또는 혼란을 초래할 뿐이다. 우리 조국의 역사는 라틴 가톨릭의 영향 아래 이 점을 입증할 수 있지 않은가?

진정한 문제는 규범들이, 사람들에게 생명은 되지 않은 채, 사람들에게 덮어씌울 정도로 그 자체로 잘 구조화되고 잘 만들어진 칼(역자 주: 죄인의 몸에 씌우는 칼)은 아니라는 것이다. 만일 규범들이 사람들에게 무분별하게 덮어 씌워진다면, "사람이 안

---

10 *Le chemin de la croix des âmes*, p.463. 다음 작품에서 다른 텍스트들도 보기 바란다: H.U. von Balthasar, *Le chrétien Bernanos*, pp.73 이하; 540 이하.

11 Amiel, *Journal*, Genève, 1905, I, p.87.

식일을 위해 있고 말 것이다." 행동은 누군가의 활동을 표현해야 한다. 뿐만 아니라 사람은 개인적인 확신을 통해 참으로 주체가 되어야 한다. '자유로운 검토'의 선상에서 위험을 감추는 것은 가능하다. 하지만, 너무도 쉽게 사용된 '자유로운 검토'는 비판적으로 고려되어야 한다. 또한 우리의 호교론이 단번에 우리에게 제시한 것에 상응하지 않는 실재에 대해서도 눈을 뜰 필요가 있다. 그 해결책은 사회적으로 구조화된 영적 친교로서의 교회에 대한 전망에 있다. '친교'는 누군가의 신념 또는 활동을 동시에 말해 준다. 문제는 교회의 삶에 참여하는 데 있다. 그러나 이러한 교회는 관리되는 기계나 지배되는 사람들과 함께 하는 권력과는 전혀 다르다. 교회는 자유와 신뢰의 분위기에서 자신의 생명력을 더 잘 펼칠 수 있다. 새로운 요청과 사상들은 이러한 분위기에서 아무 외상(外傷) 없이 신비체 안에서 찬사받으며 올바로 확장될 수 있다. 만일 이런 분위기가 없다면, 만일 흥분하기 쉬운 권위자가 관습적인 것에 철저히 순응하도록 요구하기 위해 즉시 개입한다면, 그러한 운동에 있어서 비옥하고 새로운 것은 교회에 유익으로 돌아오지 못하거나 아주 늦게야 유익이 될 뿐이다… 그도 아니면, 평가절하된 요청들은 나쁘게 발효되어 교회를 파괴하는 방향으로 흘러간다.

교회는 과거의 형태들로 구성된 음악 학교가 아니다. 교회는 전승에 바탕을 두고 있다. 그러나 참된 전승은 같은 것과 보존된 것을 전수하는 만큼, 그와 함께 비판적이고 창조적이다. 어떤 가톨릭 사상의 형태는 희망의 차원을 표현함에 있어 부족했다. "표현함에 있어"라고 했는데, 그것은 가톨릭 사상이 이러한 차원을 내포하고 있기 때문이다. 그러나 그러한 차원이 역사의 차원처럼 주제화되지는 않았다. 희망의 차원은 단지 '최종 목적들' 또는 각 개별 신자들의 영성 생활을 위해서만 유보되어 왔다. 역사의 의미도 부족하나. 마치 모든 것이 과거, 그것도 영원히 유지해야 할 질서만을 고정한 과거에 향해 있는 것처럼 보인다. 미래는 불확실하다. 미래를 향한 또는 적어도 그렇게 되고자 주장하는 주도권들은 지나치게 자주 차이를 일으켰다.

계시는 종결되었는가?

1907년 7월 3일자로 교령 「Lamentabili」가 반포된 이후, '계시에 대한' 가톨릭 논술들은 마지막 사도의 죽음과 함께 계시가 종결되었음을 인정했다. 그러나 이 명제는 비난받았으며 다음과 같은 정식을 내포하게 되었다: "존재하는 가톨릭 신앙의 대상인 계시는 사도들과 함께 완결되지 않았다"(Revelatio, obiectum fidei catholicae constituens, non fuit cum Apostolis completa).[12] 루아지

---

12   N.21: 덴칭거 3421. 이 문제는 계시된 교의로서의 성모 승천에 대한 선포 이후에 신학자들 사이에 다시금 현재화되었다. 이에 대해서는 다음을 보라: R. Spiazzi, "Rivelazione compiuta con la morte degli Apostoli", in *Gregorianum* 33 (1952), 24-57; F. Malmberg, "De afsluiting van het 'depositum fidei'"in *Bijdragen* 13 (1952), 31-44. 계속해서 다음을 보라: A. Michel, "L'enseignement du Magistère et l'époque où fut close la Révélation", in *Divinitas*. V (1961), 849-864; J. Schumacher, 각주 29에서 인

(Loisy)처럼 계시 개념을 지향한 경우, 계시를 인류의 종교적 직관에, 하느님과 미지의 하느님 간의 관계에 대한 확장과 완성에 두었다.[13] 또는, 티렐(Tyrrel)의 전망이 작동하기도 했다. 그에게 있어서 계시는 부르심이 수반된 내적 요소 또는 종교적 의식에 지속적으로 제기되는 예언적 메시지에 호소한다.[14] 그러나 티렐 또한 다음과 같은 점을 허용했다: "장래의 모든 신학적 성찰로부터 독립적으로, 그리스도와 사도들로부터 주어진 계시는 이미 믿음, 희망, 사랑의 삶의 충만함을 위해 필요한 모든 것을 내포하고 있었다. 마지막 사도의 죽음과 함께 그리스도교적인 영감(靈感)의 고전적이고 규정적인 시기는 종결되었다. 이는 계시가 거칠게 중단되었다는 의미가 아니라 장래의 모든 계시가, 영(esprit) 안에서 사도직 계시와 더불어 조화를 이루는 가운데, 조절되고 검증되는 것을 요청한다는 것을 의미한다."[15] 이는 드 뤼박(H. de Lubac), 스힐레벡스(E. Schillebeeckx), 라너(K. Rahner), 루아지(Loisy)에서 볼 수 있는 올바른 입장에 상당히 근접한다. 루아시는 자신

용됨.

13 참조. A. Loisy, *Autour d'un petit livre*, pp.196 이하, 207; art. de la *RMetMor* (1931), pp.531-533; *Mémoires, III* (1931), p.339; *Simples réflexions sur le décret du Saint Office "Lamentabili"…*, 1908, pp.58 et 139.

14 참조. 레브레통(P. Lebreton)에 대한 그의 대답은 다음을 보라: *RApol.* 4 (1907/2), 508 이하, 519; *Suis-je catholique?*, pp.23-24; 151; 171-194; 217-218.

15 "Through Scylla and Charybdis…", 1907, p.324, tr. L. da Veiga Coutinho, in *Tradition et Histoire dans la Controverse moderniste* (1898-1910), Rome, 1954, p.58.

의 명제와 관련해서 그에 대한 차이를 잘 인지한 바 있다.[16]

역사는 근대주의의 맥락과는 상당히 다른 맥락에서 사도시대 이후의 '지속적인 계시'에 관한 다양한 명제를 알고 있었다. 이러한 역사에서 피오레의 요아킴을 염두에 두어야 할까? 그의 작품 『영원한 복음』은 구약 성경과 신약 성경에 대한 '영적 이해'를 담고 있다. 그러므로 그것은 새로운 계시 이상으로, 유일한 계시에 대한 새로운 이해와 그 계시를 살기 위한 새로운 방식을 표현한다. 그러나 드 뤼박(De Lubac)은 "요아킴의 영적 후손"이라는 전체적인 타이틀 아래 지속적인 계시를 지지하는 많은 인물을 소개한 바 있다.[17] 야콥 뵈메(Jacob Böhme)에게서는 성령에 귀속되는 빛의 체험이 드러난다. 이는 교회나 성경과 관련해서 전적으로 자주적인 체험이다. 이러한 사적 계시는 그 자체로 말씀이다.[18]

창조적이고 새로운 미래의 관념을 향한 개방은 특히 독일 관념론에서 인간 이성이나 자연의 이익을 위해서 변경되었다. 예

16　*Rev. d'Hist. et Littér. relig.* 1911, p.609 (da Veiga Coutinho, p.61).

17　H. de Lubac, *La postérité spirituelle de Joachim de Flore. I. De Joachim à Schelling. II. De Saint-Simon à nos jours*, Coll. Le Sycomore, Paris, 1979 et 1981.

18　Böhme, *Mysterium Magnum*: "당신 자녀들에게 있어서 그리스도의 영은 어떤 결정된 형태와 전혀 연결되어 있지 않다. 그로 인해, 이미 여러 사도 서간에 있지 않다고 말해서는 안 된다. 성령이 사도들에게 있어서 자유롭듯이, 오늘날 그리스도의 영은 당신 자녀들의 입을 통해 여전히 말씀하신다. 그러므로 이전에 조합된 또는 결정된 문학 정식에서 추출한 어떠한 정식도 필요 없다." 드 뤼박의 I, p.220에서 인용되었다.

컨대, 헤르더(Herder)에게서 자연을 구성하는 영속적인 계시는 그리스도교를 증발시키는 방향으로 이어졌다.[19]

교부들 편에서 그리고 중세 시기 동안, 광범위한 의미에서 're velare', 'revelatio', 'inspirare' 같은 용어들에 대한 풍부한 사용과 사실들을 수용될 수 없는 이런 입장들과 동일시할 수 없다. 우리는 다른 곳에서 그와 관련된 다양한 연구를 언급하는 가운데 풍부한 예를 인용한 바 있다.[20] 병자들에 대한 도유(塗油)나 견진성사와 같은 성사들에 관한 결정에서든, 삶의 방향이나 결정 또는 공적인 직무를 위한 임명에서든, 통상 다음과 같이 말한다: 하느님께서 그것을 계시하셨다. 아우구스티누스적인 조명의 색채가 있든 없든, 이 문장은 다음과 같은 의미를 내포한다: "하느님께서 그것을 이해하고 알고 발견하게 해 준다." 고대에는 이것이 성경의 충분함에 대한 일정한 관념과 더불어 조율되었다. 이러한 관념은 어떤 식으로든 구원을 위한 모든 필수적인 진리를 내포한다.[21] 또한 우리는 다음과 같은 이유로 언제나 더욱 더 성 토마스

---

19 H. de Lubac, I, p.283.
20 *La Tradition et les traditions. I. Essai historique*, Paris, 1960, pp.151-166 et 178-182.
21 본서의 다음 부분을 보라: pp.184-202. J. Beumer, "Das katholische Schriftprinzip in der theologischen Literatur der Scholastik bis zur Reformation", in *Scholastik* 16 (1941), 24-52; B. Decker, "'Sola Scriptura' bei Thomas von Aquin", in *Festschr. f. Bischof A. Stohr*, Mainz, 1960, pp.117-129; B. Tierney, "'Sola Scriptura' and the Canonists", in *Studia Gratiana XI*, 1967, pp.347-366; H. Schlüsser, *Der Primat der Hl. Schrift als theologisches und kanonistisches Problem im Spätmittelalter*, Wiesbaden, 1977. 또한 H. de Lubac, *L'Exégèse médiévale*.

에게 존경을 드린다: a) 그는 영(esprit)의 조명이란 의미가 아니라 계시된 것에 대한 객관적 의미에서 '계시'(revelatio)를 취했다. b) 그는 이 용어를 공적이고 구성적인 초자연적 계시를 위해 유보했다. 이는 지배적으로 드러나는 용례이다. 그렇다고 해도, 오늘날 우리는 옛 용례를 기꺼이 간직한 것에 좀 더 예민해졌다. 사실, 그분의 교회를 건설함에 있어서 하느님의 현실에 대한 감각을 표현해왔다. 그리고 성령 또는 영광스럽게 되신 영화(靈化)된 그리스도는 강생하신 말씀의 교회에 있어 실제적인 공동-설립자이시다. 만일, 계시라는 말이 교회 편에서 하느님의 말씀이 담고 있는 모든 내용에 대한 인식을 내포한다면, 계시는 결코 닫힌 것이 아니다. 비오 12세가 마리아의 육체적 승천은 "하느님에 의해 계시된 교의"(divinitus revelatum dogma)라고 언급했을 때, 이는 그러한 '계시' 용어의 의미를 다룬 것이다. 즉, 계시는 전승과 교회의 삶에서 완성된다. 말름베르크(Malmberg, n.1)는 그와 비슷한 교도권의 행사들과 관련해서, 성경에 대한 설명을 통해 사도들의 설교에 의해 교회에 행해진 "외적으로 중개된 계시"에 대해 언급했다. 이 경우, 전승과 교회의 실천은 여기서 결정적인 역할을 수행한다.

 몇몇 현대 신학자들은 마지막 사도의 죽음과 더불어, 즉 바로 그 순간에 그리스도에 의해 초래된 증언이 획득됐고 마감되었다는 의미에서, 계시가 종결됐다고 하는 관념을 발전시켰다

(드 뤼박[22], 라너[23], 스힐레벡스[24]). 그리스도에 의해 초래된 증언을 통해 그리고 이 증언 안에서 하느님의 계획과 그분의 신비에 대한 계시는 완성되었다. 바로 이런 의미에서 제2차 바티칸 공의회의 교의 헌장인「하느님의 말씀」4항이 언급하고 있다. 이 텍스트는 상당히 밀도 깊다. 텍스트는 덧붙여서 다음과 같이 말한다. 따라서, "우리 주 예수 그리스도께서 영광스럽게 나타나시기 전에는 어떠한 새로운 공적 계시도 바라지 말아야 한다."[25] 이는 사도적 신앙의 구성적 조항들이 아닌, 교회의 역사적인 삶에 관심을 갖는 '사적 계시들'의 가능성을 열어놓았다.[26] 강한 의미에서 취해진 '사적 계시들'의 내부에서 신심에 대한 은사가 바오로 사도가 '예언'이라고 부른 것과 같을 수 있다. 최근에, 성령에 대한 깊은 신심으로 고무된 엘레나 게라(Elena Guerra)라는 수녀에게서 그에 대한 예가 제시된 바 있다. 레오 13세에 대한 이 수녀의 개

---

22 "Le problème du développement du dogme", in *Rech. Sc. Rel.* 35 (1948), pp.130-160.
23 "Zur Frage der Dogmenentwicklung", in *Schriften zur Theologie. I*, Einsielden, 1954; 59 이하: tr. frse. in *Ecrits théologiques I*, Paris, 1959.
24 *Approches théologiques. I. Révélation et Théologie*, Bruxelles, 1965, pp.14, 15, 28, n.2, 55 이하.
25 드 뤼박의 다음 해설을 보라: H. de Lubac, in *Vatican II. La Révélation divine II* (Unam Sanctam 70a), Paris, 1968, pp.215-240(정식에 대한 거부: p.252).
26 Y. Congar, "La crédibilité des révélations privées", art. de 1937 rist. in *Sainte Église* (Unam Sanctam 41), Paris, 1963, pp.375-392. 라너(K. Rahner, *Visionen und Prophezeiungen*, Freiburg, 1958)는 몇몇 사적 계시들이 전체 교회에 대해 관심을 갖고 있으며, 이따금 교회의 삶에 어떤 새로운 것을 가져온다고 주장한 바 있다.

입은 레오 13세로 하여금 성령에 대한 자신의 서한들을 집필하고 반포하는 데 결정적인 역할을 했다.[27] 그러므로 공의회는 종결된 계시 개념을 근본적으로 인준했다. 그러나 관할 위원회는 루피니(Ruffini) 추기경과 몇몇 주교들의 요청에 대한 동의를 거부했다. 그들은 "사도들의 죽음과 더불어 종결된"이란 정식을 다시 취하길 바랐다.

여하튼, 주석들에 뒤이어, 신학자들은 신약 성경에서 '사도'라는 용어가 열두 사도만이 아니라 다른 사람들에게도 적용되었다는 점에 주목했다.[28] 또한 많은 사람은 신약 성경의 여러 책이 사도들의 죽음 이후, 아마도 2세기에 집필되었다는 점을 인정한다. 이는 하느님의 뜻에 의해 모든 정경(正經)을 포함하는 시기로서, 교회가 구성되는 시기와 함께 계시를 확장한다. 이처럼, 신약 성경의 영감을 받은 편집은 교회의 근원적 구성의 일부를 구성하며, 영감을 받은 그 책들의 특징에 뒤따르는 무오류성(無誤謬性)의 은사는 교회의 특징과 함께 일관된다.[29]

---

27 참조. D.-M. Abbrescia, *Elena Guerra* (1835-1914), *Profetismo e rinnovamento*, Brescia, s.d. (1982).

28 참조. L. Cerfaux, "Pour l'histoire du titre Apostolos dans le Nouveau Testament", in *Rech. Sc. Rel.* 46 (1960), pp.76-92.

29 이는 라너의 주장이기도 하다: K. Rahner, *Ueber die Schriftsinspiration* (Quaest. Disp.), Innsbruck, 1960, et de J. Schumacher, *Der apostolische Abschluss der Offenbarung Gottes*, Freiburg, 1979. 필자의 입장에서는 더 이상 다음의 아티클에서 했던 것과 같은 방식으로 라너에 대한 비평을 쓰지 않을 것이다: *Rev. Sc. ph. th.* 45 (1961), 32-42.

제도와 은사

성령은 원하는 곳에 분다. 말씀을 증언했고 증언하는 것과 관련해서 성령의 자유가 이루어지는가? "하느님께서 당신의 계단을 감아올리길 좋아하는 곳을 누가 알 수 있으랴?" 이러한 존 러스킨(John Ruskin)의 말은 적절하다. 누가 이 물음을 부인할 수 있단 말인가? 분명, 하느님은 자유롭게 당신이 좋아하는 "장소와 때"(ubi et quando)에 개입하신다. 그러나, 하느님께서 세상 역사의 중심에서 하나의 백성(당신의 백성)을 이루심에 있어 역사적으로 개입하신다는 사실을 부정하지 말아야, 비로소 이러한 그분의 자유를 바탕으로 올바른 교회론 정식을 만들 수 있다.

이런 사실을 허용한다 해도, 제도적 직무와 성령의 자유로운 은사들 간의 관계에 관한 질문이 제기된다. 가장 근본적인 관점은 루돌프 솜(Rudolph Sohm)의 입장이다. 그는 교회와 권리 간에 절대적인 대립, 즉 양립 불가능성을 설정했다.[30] 솜에 따르면, 만일 성령이 실제적이고도 정확하게 개입하지 않았다면, 하느님의 교회는 존재할 수 없으며 살아갈 수도 없다. 이러한 진술은 하르낙(A. Harnack)에 의해 토론에 부쳐진 바 있다. 몬시뇰 브리엔니오스(Mons. Bryennios)는 1883년 『디다케』(Didaché)를 발견하고 출간한 바 있다. 하르낙은 이 작품의 시작부터 직무들에 대한 이중적

---

[30] *Kirchenrecht. I*, 1982. 필자의 다음 아티클을 보기 바란다: "Rudolf Sohm nous interroge encore", in *Rev. Sc. ph. th.* 57 (1973), 263-294.

개념이 있음을 발견했다. 하나는 제정되고 안정적인 지역적 직무이며, 다른 하나는 여정적이고 은사적인 직무로서 예언자들의 직무가 그에 해당된다. 은사적 직무는 공동체의 법적 편성을 방해하지 않았으며, 오히려 거기에 첨가되었다. 그 직무는 전혀 다른 것이었다.

제정된 직무들(Amt)과 성령의 자유로운 개입들 사이의 이중성에 대한 이러한 개념은 (우리 시대에 이르기까지) 언제나 현실적인 문제일 뿐만 아니라 바오로 사도의 텍스트들에 대한 해석의 열쇠가 된다. 폰 캄펜하우젠(H. von Campenhausen)은 많은 학자들 가운데 이를 대변하는 대표적인 증인이다.[31] 여기서 우리는 은사와 제도적 직무 사이의 구별과 관계에 관한 토론의 역사와 결산을 제시하지 않겠다. 이 작업은 이미 울리히 브록하우스(Ulrich Brockhaus)에 의해 제한되지만, 대표적인 필수적 문서 제시와 함께 (그리고 이런 의미에서 충분히) 이루어졌다.[32] 이러한 작업은 그가 제시한 것을 통해 거의 언제나 교파적인 선택들과 연관된 교회에 대한 모종의 개념으로부터 출발해서 실행되었음이

---

31 *Kirchliches Amt und geistliche Vollmacht in den ersten drei Jahrhunderten*, Tübingen, 1953. 솜(Sohm)과 달리, 폰 캄펜하우젠은 초기 바오로 공동체들(자유로운 은사들을 바탕으로 살았으며 그 공동체들의 지도자들은 교계적인 지위를 갖지 않았다)과 '장로들'로 구성된 유다 공동체들이 대립한다고 보지 않았다. 또한 은사에 바탕을 둔 공동체들은 지속되기 위해 법 구조들을 발전시켰다.

32 *Charisma und Amt. Die paulinische Charismenlehre auf dem Hintergrund der frühchristlichen Gemeindefunktionen*, Wuppertal, 1972.

드러난다. 가톨릭 신자들은 '위계'(hiérarchie)와 더불어, 즉 성직자들과 평신도들 간의 구별을 바탕으로 그리스도에 의해 설립된 사회에 대한 개념을 신약 성경의 여러 텍스트에 겹쳐놓았다. 반면, 개신교도들은 제도에 대항한 영(esprit)의 투쟁으로, 또는 권위를 지닌 사람에 대항한 예언자의 투쟁으로 해석한, 안티오키아의 일화에 대한 표지 아래 바오로 사도를 무의식적으로 읽었다… 이는 한편으로 바오로 사도가 '카리스마'(charisma)란 용어 또는 이를 그리스도교적인 의미로 사용한 창시자라는 사실에 기인한다. 1) 또한 그는 사도이다. 즉, 부활 이전에 그리스도의 지명에 의해 세워진 사도가 아니라, 천상 그리스도의 기적적인 개입에 의해 세워진 사도이다. 2) 그리고 그는 인간을 율법으로부터 해방하고 성령을 받아들이게 해 주는 복음에 대한 믿음을 갖도록 권고하는 구원의 신학자이다.

바오로에게서 교회 건설에 대한 진술들이나 교회들에 대한 조직화와 관련된 진술들을 찾으려는 오류가 있었다. 바오로 사도의 아주 중요한 두 가지 텍스트(1코린 12-14와 로마 12,1-11)는 브록하우스가 입증했듯이 훈계적이다. 그렇다고 이러한 특징이 그 텍스트들이 내포한 근본적으로 중요한 풍요로움을 축소하지는 못한다. 코린토인들은 바오로에게 다양한 질문을 제기했다: 결혼에 관한 질문(1코린 7,1), 우상들에게 바친 음식에 관한 질문(1코린 8,14), 그리고 그들이 '프네우마티카'(pneumatika, 1코린 12,1)로 부르는 이들에 관한 질문이 그렇다. 바오로 사도는 성령의 선물들에 관한 자신의 전망, 그 선물들의 역할과 가치, 그리고 그에 대한 올바른 사용에 대해 정확히 설명하는 가운데 이러한 질문들에 대해 대답했다. 하느님은 다양한 봉사와 활동 그리고 다양한 선물들을 통해 교회를 세우셨다. 이러한 것들은 풍부하고 다양하다. 이 모든 것은 하느님으로부터, 주님으로부터, 성령으로부터 유래하므로, 하나의 동일한 유기체, 즉 그리스도의 몸을 건설하는 것을 목표로 한다. 그리고 그것들은 '은총'(charis, 로마 12,6) 사건들이므로, 바오로 사도는 이러한 선물들을 '은사들'(카리스마들)로 불렀다. 또한 그에 대한 일정한 수를 열거했다. 그러나 그러한 배열이 공동체의 구성을 표현하는 것은 아니다: 1코린 12,8-10.28; 로마 12,6-8; 에페 4,11. 사실, 바오로는 사도가 되는 선물을 첫 번째 자리에 두었으며, 예언자가 되는 것을 두 번째 자리에, 가르침의 은사를 세 번째 자리에 두었다. 그리스도의 몸을 구성하는 봉사들은 무엇보다도 사람들을 믿음으로 부르는 말씀에 대한 봉사들이다. 그러나 공동체들은 자신의 지도자들을 갖고 있다.[33] 바오로 사도는 그 신분에 대해 정확히 언급하지 않았지만, 그들이 수행하는 역할이 무엇인지는 보여 주었다. 그들은 여러 공동체에 있으며, 훈계의 차원에서 공동체에 영향을 미치는 것으로 보인다. 바오로 사도는 은사들의 올바른 사용에 관

---

33 참조. 1테살 5,12 (proïstamenoi); 히브 13,17 (hègoumènoi); 1코린 16,15-16. 참조. 1코린 12,28 (kubernèsis); 필리 1,1 (episkopoi, diakonoi).

한 자신의 가르침을 발전시켰다.[34] 바오로 사도는 훈계에 대해 다뤘지만, 이 과정에서 지도의 구조들에 관해서는 관심이 없었다. 그래서, 브록하우스가 주목하듯이(pp.217. 239), 거기서 이런 구조들에 대한 정확한 설명이나 제도적인 직무들에 반대되는 징후들을 찾는 것은 헛된 일이다.

바오로 사도는 은사들에 대한 올바른 사용에 관해 상당히 명확한 몇 가지 기준들을 발전시켰다. 그리고 이를 특히 코린토 신자들이 상당히 소중히 여기던 두 가지 형태의 은사에 적용했다. 그것은 신령한 언어로 말하는 은사와 예언의 은사이다(1코린 14,27-31). 이러한 기준들은 공동체의 건설을 위해, 애덕과 평화를 위해 일반적으로 유익하다. 그러므로 그것은 공동체의 올바른 질서를 확립하기 위해서도 유익하다. 이러한 요소는 성령의 다양한 은사들, 또는 은총 선물들을 마련해 준다. 모든 이가 그러한 은사들을 받는다. 각자는 자신의 은사(또는 자신의 은사들)를 소유한다. 바오로 사도는 그 가운데 통치에 관한 은사들도 언급했다. 그러나 이를 강조하진 않았다. 이렇게 해서 그리스도의 몸인 하나의 공동체, 하나의 교회(ekklèsia)가 형성된다. 사실, 은총의 선물들은 신자들을 신비체 안에서 각자 자신의 역할을 실현

---

34 브록하우스(Brockhaus)는 바오로의 훈계(p.146)를 다음과 같이 정의했다: "그것은 그리스도인의 삶을 위해 개인적으로 또는 그리스도 안에서 선사된 구원 위에 바탕을 두고 있으며, 돌아가야 할 주님을 향해 그리고 최종적인 완성을 향해 방향 지어진 공동체에 주어진 지침을 말한다."

하는 지체들이 되게 해 준다.

이 모든 것은 성령의 업적이다. 하지만, 성령의 몸이 아니라 그리스도의 몸이 구성되는 것이다. 코린토 신자들은 자신들이 받은 성령의 은사들을 자랑스러워했다. 그러나 또한 그들은 자기 자신에 대한 확신을 갖고 있었다(1코린 5,6; 8,9-12). 그리고 "자랑스러워할 만큼"(참조. 1코린 15,34) 영적인 선물들을 누렸다. 그들은 이 선물들을 열렬히 갈망했다(1코린 14,12). 이는 그들로 하여금 하느님에 대한 앎에 이르게 해 주었다. 쉴리어(H. Schlier)가 주목하듯이, 바오로 사도는 코린토의 '열심한 사람들'에게 "확실한 사도적 케리그마의 규범적 전승(paradosis)을 사도전승에 집중된 설교에 대비했다."[35] 이에 대해서는 1코린 3,5 이하와 1코린 4,8.9을 보기 바란다. 말씀에 비해, 따라서 그리스도에 비해 어떠한 영의 자주성도 드러나지는 않는다. 그러나 "예수는 주님이십니다."라는 고백은 여전히 성령께서 활동하신다는 점을 드러내는 기준이다: 1코린 12,3.

우리는 그리스도론적인 방향에서 그 이상을 나아갈 수 있다(또는 무엇보다도 그래야 한다). 우리는 영광스럽게 되신 예수께서 살아 계신 영의 방식으로 활동하신다는 의미에서(1코린 15,45), 바오로에게 있어서 주님이 영이시라는 점(2코린 3,17)을 살펴본

---

35 "L'objet principal de la première épître aux Corinthiens", in *Le temps de l'Église*, tr. fr. Corin, Casterman, 1961, p.160 (1948년의 독어 텍스트).

바 있다. 그리스도와 성령은 함께 작용하신다. 그래서 심지어 은 총의 효과들을 그리스도나 성령에게 모두 귀속시킬 수 있다.[36] 필자는 「대영광송」의 마지막 구절들을 좋아한다: "홀로 거룩하시고, 홀로 주님이시며, 홀로 높으신 예수 그리스도님, 성령과 함께 아버지 하느님의 영광 안에 계시나이다." 예수께서는 "거룩한 영으로는 죽은 이들 가운데에서 부활하시어, 힘을 지니신 하느님의 아드님으로 확인되신 우리 주 예수 그리스도이시다"(로마 1,4). 개념들이 지닌 일관성은 바오로 사도의 것인지 의심스러운 다른 여러 텍스트에 대해서도 언급하게 해 준다. 히브리서는 사제의 용어로 하느님 아드님의 품격에 대해 해석했다: 히브 5,5-6; 참조. 히브 1,3. 에페소서는 그리스도를 부활시키고 천상에서 당신 오른편에 앉히는 가운데, 그리스도 안에서 이루신 하느님의 권능을 들어 높였다(에페 1,19 이하). 그러나 무엇보다도 이 서간은 이러한 주제에서 은사들의 목록으로 옮겨갔다: "내려오셨던 그분이 바로 만물을 충만케 하시려고 가장 높은 하늘로 올라가신 분이십니다(autos estin). 그분께서(kai autos) 어떤 이들은 사도로, 어떤 이들은 예언자로, 어떤 이들은 복음 선포자로, 어떤 이들은 목자나 교사로 세워 주셨습니다"(에페 4,10-11). 1코린 12장과 로마 12장에서처럼, 이 모든 것은 그리스도의 몸을 건설하기

---

36 필자의 다음 연구를 보기 바란다: *Je crois en l'Esprit Saint.* I, Paris, 1979, pp.63-67.

위해 있다. 이는 모든 '성도들'의 공통된 업적이다(에페 4,12). 그러므로 교회를 건설하는 선물들은 영광스럽게 되신 주님에게서 온다. "그분 덕분에, 영양을 공급하는 각각의 관절로 온몸이 잘 결합되고 연결됩니다. 또한 각 기관이 알맞게 기능을 하여 온몸이 자라나게 됩니다. 그리하여 사랑으로 성장하는 것입니다"(에페 4,16).

그러므로 우리가 직접 1953년에 했듯이, 제도화된 은총의 구조들과 중개들을 실현하는 것에 더해, 성령을 위해 유보된 일종의 '자유 종파'를 상상해서는 안 된다.[37] 이러한 자유는 분명 실제적이며, 전체 역사가 이를 증언하고 있다. 그러나 영광스럽게 되시고 살아 계신 주님이신 예수님의 자유 자체는 그분의 영과 일치되어 있다. 이레네우스 성인에 의해 제시된 탁월한 이미지에 따르면, 예수님과 성령은 바로 "하느님의 두 손"이다.[38] 중세에서는 그에 대한 다른 이미지가 제시되기도 했다. 여기서 잠시 그 이미지에 멈춰 보기로 하자. 그것은 살아 있는 몸 가운데 머리와 심장의 이미지이다. 두 분 가운데 어느 분이 머리이며 어느 분이 심장일까? 그리스도가 머리이며 성령은 심장이다. 대 알베르투스, 보나벤투라, 토마스 같은 13세기의 위대한 박사들은 아리스토텔레스, 특히 그의 『심장 운동론』(*De motu cordis*)을 참조했다.

---

37 이에 관해서는 필자의 다음 연구를 보라: "retractatio", in *Je crois en l'Esprit Saint*, II, Paris, 1979, pp.23-24.

38 *Id. op.*, p.19, nn.21-23.

아리스토텔레스에게 있어서 심장은 생명의 원리로서, 인간은 그곳에서부터 시작해서 자신을 형성하고 살아간다.[39] 보나벤투라 성인은 자신의 열렬한 그리스도 중심주의에 바탕을 두고 그리스도가 교회의 심장이라는 생각에 이르렀다. 그리스도는 사실, 중심(medius)이시다.[40] 그분은 세상의 최고 위계(hierarca)로서, 성령과 모든 은사들(charismata)을 선사해 주신다.[41] 이와 반대로, 토마스 아퀴나스는 아리스토텔레스와 그에 대한 아랍 주해자들에 의지하는 가운데, 성령을 교회의 심장으로 보았다.[42] 토마스는 교회의 머리이신 그리스도에 대해 상당히 풍부한 신학을 발전시켰다. 그러나 "그리스도는 교회의 머리이신가?"(Utrum Christus sit caput Ecclesiae?)라는 문제에서 우리는 그에 대한 반론 이후, 그에 대한 대답을 빌견할 수 있다[43]:

---

39 "철학자의 명제에 따르면, 첫 번째 부분은 심장이다. 왜냐하면, 살아 있는 모든 혼들은 심장에서부터 몸을 향해 퍼지기 때문이다": S. Thomas, *Com. in Metaph.*, lib.V, lect.1, éd. Cathala, n.755.

40 참조. R. Šilić, *Christus und die Kirche. Ihr Verhältnis nach der Lehre des hl. Bonaventura* (Breslauer St. z. hist. Theol. N.F. III), Breslau, 1938, pp.53-74. 특히 이는 다음 작품 이후에 가장 완벽한 텍스트로 평가받는다: P. Delorme, *Collationes in Hexaemeron*, Quaracchi, 1934, coll.1, nn.19-20.

41 Šilić, pp.138-141. 보나벤투라는 드물게 '머리'이신 그리스도라는 칭호를 사용했다. 그는 '위계'(hierarcha)라는 칭호를 선호했다: p.54, n.141; p.68, n.52.

42 참조. M. Grabmann, *Die Lehre des hl. Thomas von Aquin von der Kirche als Gotteswerk…*, Regensburg, 1903, pp.184-193.

43 *S.Th.*, III, q.8, a.1, ad3. *De Veritate*, q.29, a.4, ad7.

반론 3: 인간에게 있어서 머리는 가슴으로부터 (활력의) 영향을 받는 특수한 지체이다. 그런데, 그리스도는 교회에 있어서 보편적인 원리이시다. 그러므로 그분은 교회의 머리가 아니다.

답변: 머리는 외부의 다른 지체들에 비해 탁월한 위치에 있다. 반면, 심장은 숨은 (활력의) 영향을 행사한다. 그래서 그것은 비가시적인 방식으로 교회를 활기 있게 해 주는 성령과 비슷하다. 머리와 관련해서, 그리스도는 가시적인 본성에 따라 그것과 비슷하다. 인간은 이러한 본성으로 인해 다른 실재들 위에 자리한다.

모든 운동은 머리로부터 명령을 받는다. 토마스는 '운동'을 '육'(肉)에서 은총을 통한 하느님과의 합일을 향한 모든 변화, 모든 전이(轉移)로 이해했다. 이 모든 것은 인간이신 그리스도에 의존되어 있다. 그러나 그리스도는 성령으로부터 살아가고 통교하는 모든 은총을 받는다. 성 토마스는 언급하길, 그래서 그분의 천상 육체에 통교 되는 은총은 최고의 방식으로 그 육체를 채우는 은총이다. 그러므로 그리스도를 성화하시는 성령은 그분의 몸 안에도 계시며 우리 안에도 계신다. "그리스도와 모든 이 안에 계신 분은 한 분이시다."[44] 마찬가지로, 성 토마스는 같은 성

44　S. Thomas, *Sent.*, III, d.13, q.2, a.1, ad2; *De Veritate*, q.29, a.4; *In Ioan.*, c.1, lect.9 et 10; *S.Th.*, II-II, q.183, a.3, ad3. 비오 12세 교황은 다음 회칙에서 토마스의 구절을 다시 취했다: 회칙「Mystici Corporis」, nn.54 et 77 ad sensum (AAS 35, 1943, 219 et 230); 그리고 이는 제2차 바티칸 공의회의 문헌에서도 다시 취해졌다:「Lumen Gentium」n.7, § 7.

령께서 교회의 단일함에 있어서 최종적인 완성이라고 종종 반복해서 언급했다. 그는 적어도 한 번 다음과 같은 표현을 사용했다: "성령의 교회"[45] 그러나 이 교회는 그리스도의 몸이다.

토마스가 이 둘을 구체적으로 표현하는 방식은 주목할 만하다. 오직 하느님만이 은총의 창시자이시다. 그리스도는 자신의 신성(神性) 안에서 창시자이시며 성령도 창시자이시다. 그러나 그리스도는 은총의 통교에 있어서 도구가 되기도 하신다. 그러나 무기력하거나 기계적인 도구가 아니라 지적이고 자유로운 기관과 같은 도구이시다. 따라서 그분은 성령을 통해서 작용하시며, 성령은 그분을 통해서 작용하신다. "그러므로 성령을 통해 이루어지는 것은 무엇이든지 그리스도를 통해서도 이루어진다" (Et ideo quidquid fit per Spiritum Sanctum etiam fit per Christum)[46]

이 위대한 신학으로부터 영(Spiritus)은 비인격적인 힘을 독점하고 있는 실재이며 그 방향들 또는 결정들은 그리스도로부터 기인한다는 사실을 끌어낼 수 있다. 그리스도야말로 머리이자 뇌이다. 그러나, 다시 한번 말하거니와, 이 신학은 성령론적 그리스도론을 전제로 한다. 우리는 이러한 그리스도론으로 되돌아

---

45 *In Matt.*, c.20, lect.6.
46 *Com. in Ephes.*, c.1, lect.5. 다음 텍스트들과 비교하라: *In Rom.*, c.12, lect.2; *S. Th.*, III, q.8, a.1; I, q.32, a.1, ad3: "인류의 구원은 강생하신 성자와 성령의 선물을 통해 완성된다"(Salus generis humani quae perficitur per Filium incarnatum et per donum Spiritus Sancti).

가게 될 것이다. 영은 말씀의 영(Spiritus Verbi)이다. 영은 주님의 영이며 성자의 영이고 그리스도의 영이다. 성 토마스는 이 점을 자주 강조했다. 예수 그리스도는 잉태될 때뿐만 아니라 메시아적인 활동에 있어서 그리고 '주님'의 품격으로 고양되는 데 있어서 영의 그리스도로 드러나신다. 특히, 그리스도 안에는 성부의 두 손인 말씀(Verbe)과 숨(Souffle)이 결합되어 있다.

예언주의

바오로 사도는 여러 은사 가운데 '예언'의 은사에 특권을 부여했다. 이 은사는 사도가 되는 은사 다음에 첫 번째로 온다. 그런데, 교회는 오늘에 이르기까지 이 은사를 적극적으로 제시했다. 이는 아직 정확히 규정해야 할 것으로 남아 있다. 사실, 교회가 주교들과 사제들(그들의 인간적인 자질이 어떻든) 없이 존재할 수는 없지만, 동시에 교회는 성인들과 예언자들, 사도들과 수도자들, 순교자들과 수덕자들을 통해 살아가며 숨 쉬고 있다.[47] 그렇다면, 예언은 무엇인가? 어떤 요소가 예언적인 사람을 이루는가?

예언은 이스라엘 밖에서 낯선 현상이 아니다. 하지만 성서적인 예언주의는 유다 민족의 삶에서 천년 이상 흔적을 남겼으며,

---

47 N. Berdiaeff, *De la destination de l'homme*, Paris, 1935, pp.110-111.

동질성을 비롯해 참되고 유일한 힘 그리고 순수함을 드러낸다.[48] 여기서 관건은 예언자들이 살아 계신 하느님, 즉 하느님의 이름으로, 그분의 나라, 그분의 계획, 그분의 요청에 관한 무조건적인 특징의 이름으로 말했다는 데 있다. 여기서 우리가 관심을 가져야 할 것은 신약 성경에서 그리고 이어서 역사적인 교회 내에서 드러나는 예언주의이다.

성 루카는 사도행전에서 '예언자들'에 대해 여러 번 언급했다. 그에 따르면, 예언자들은 예루살렘에서 안티오키아로 왔다: 사도 11,27; 15,32; 21,10(유다 지방에서). 그들은 종종 미래에 대한 선포라는 의미에서 예언을 했다(사도 11,28; 21,11; 다음 구절과 함께 비교하라: 사도 20,23). 그러나, 루카는, 바오로의 경우처

---

48 *Supplément au Dictionnaire de la Bible*은 "Prophètes"(VIII, 1969-1972, coll. 692-811)라는 제하에 'P'라는 문자 아래 구약 성경의 각 예언자에 대한 갱신된 항목들을 전하고 있다. 그러므로 coll. 812-908은 이스라엘 밖의 동방에서 예언주의에 대한 연구를 제시하며, coll. 909-1222는 성서적 예언주의(구약)에 관한 라믈롯(Ramlot)의 대단한 연구를 제시한다. 이어서, coll. 1222-1337은 코터넷(Ed. Cothenet)의 신약 성경 내에서 이 주제에 관한 상세한 연구이다. 다음을 보기 바란다: *Th. Wb. N.T.*, VI, 1959, art. "Prophètes…", pp.781-863, de H. Krämer, R. Rendtorf, R. Meyer; G. Friedrich (그는 신약 성경에서 이 주제에 관해 아티클을 작성했다, pp.829-863). 목록들은(vol. X/2, pp.1250-1254, pubbl. en 1979) 1957년 이후부터 지금까지 출간된 수많은 참고 문헌을 추가했다. 「Lumière et Vie」(n.115, nov.-dic. 1973), pp.25-39, "Prophètes et prophétisme dans le N.T." de Ch. Perrot. 보세이 에큐메니즘 학술원에서 개최된 대담의 텍스트들은 다음과 같이 출간되었다: *Prophetic Vocation in the New Testament and Today*, ed. by J. Panagopoulos (Suppl. to Novum Testamentum XLV), Leiden, 1977. 전문가들에 의해 작성된 이 연구서들은, 에큐메니즘 위원회의 반(反)인종주의적 프로그램과 관련된 것을 제외하고, '오늘날'과 관련되지 않는다.

럼(사도 16,19; 21,9; 필립보의 네 딸들), 예언의 자격을 반드시 수
반하지는 않는 '예언을 하는 것'에 대해 언급하기도 했다.[49] 그리
고 바르나바와 같은 사람에게 예언자의 칭호를 수여했으며(사도
13,1), 다른 곳에서는 바오로 사도와 함께 '사도'의 자격을 부여하
기도 했다(넓은 의미에서: 사도 14,4.14). 바르나바는 특히 '훈계'(사
도 4,36), 식별(사도 9,27; 11,22-25), 형제들을 지탱하고 격려하는
(사도 11,23) 선물들을 받았다.

 하지만, 바오로 사도는 우리에게 좀 더 실제적인 방식으로
예언에 대해 말했다. 그것은 언제나 은사이지만, 바오로 사도는
동사를 사용하는 가운데(이 경우, 여성들도 문제가 되었다), 교회 안
에서 하나의 상황, 즉, 예언의 상황으로, 그에 대해 단순히 활동
에 관한 것으로 언급했다. 따라서, 이 용어는 언제나 남성형으로
드러난다. 1코린 14장은 코린토에서 그리스도인 회중이 될 수
있었던 것을 밝히 해명해 준다(우리는 이를 1코린 1,11-13; 11,17-
22에서도 찾아볼 수 있다). 하느님은 그 공동체에 개입하셨다. 신
자들은 그분으로부터 자신들의 선물들을 받았다. 여기서 드러나
는 커다란 규칙은 그 선물들이 공동체를 건설하기 위해, 즉 다른
사람들을 비롯해 있는 그대로의 공동체에 유익이 되기 위해 주
어졌다는 점이다. 바오로 사도는 다음 세 가지 용어와 함께 이를

---

49 여인들도 예언을 했다: 1코린 11,5; 14,33-35. 이미 구약에서도 그러했다: Friedrich, p.829, pp.27-32.

정확히 설명했다: 건설하다, 훈계하다(paraklêsis), 용기를 불어넣다. 여기에는 단지 예외적으로 미래를 선포하는 것이 있을 뿐이다. 바오로에게 있어서 이것은 삶에 대한 하느님의 의도를 드러나는 것을 의미한다.[50] 이처럼, 보는 바와 같이, 서품과 함께 축성된 티모테오의 소명은 그에 대해 선포된 예언에 의해 지시되고 있다(1티모 1,18; 4,14; 사도 13,1-3과 비교해 보라). 예언하는 이는 하느님이 통교하길 원하는 것을 표현한다. 그것은 신비스러운 어떤 것(1코린 13,2)일 수도 있지만, 또한 지극히 일상적인 실재, 단순히 용기를 북돋는 말일 수도 있다.

바오로 사도에게 있어서 '예언자들'이라는 칭호를 간직한 이들과 관련해서, 다음과 같은 샤를 페로(Ch. Perrot)의 말보다 더 나은 표현은 없을 것이다.[51] "예언하는 사람들 가운데 몇몇은 예언자들의 등급을 구성할 정도로 다른 신자들과 구별된다. 그래서 1코린 14,29은 다음과 같이 말한다: '예언자들은 둘이나 셋이 말합니다.' 그리고 1코린 14,32은 이렇게 말한다: '예언자의 영은 예언자에게 복종해야 합니다.' 이 점은 1코린 12,28에서 분명히 드러난다: '하느님께서 교회 안에 세우신 이들은, 첫째가 사도들이고 둘째가 예언자들이며 셋째가 교사들입니다'(로마 12,6; 에페 4,11과 함께 보완하라). 여기서 바오로는 성령의 영향 아래 뒤따

---

50 Friedrich, p.830, 1-7.

51 *Art. cit.*, pp.29. 30.

르는 은사들(기적의 은사, 방언의 은사)의 방식에 따라 수행해야 할 역할들만 언급한 것이 아니다. 더 나아가 그 은사들의 위계에 따라 어떤 사람들, 또는 무엇보다도 수행해야 할 직무가 있는 부류의 사람들을 임명했다. 하지만, (루카와 달리) 바오로 사도는 개별적인 신원 확인을 가능케 하는 어떠한 정확한 이름도 부여하지 않았다. 예언사라는 칭호는 어떤 개인과 연관된 것이 아니라 예언하는 사람에게 '한 사람씩'(1코린 14,31) 고유한 은사의 기준을 주는 가운데 그가 자리하는 등급과 연관된 듯이 보인다. 달리 말해, 예언자의 칭호는 '협동적' 칭호 이상의 것으로, 개별화된 전문 칭호가 아니다. 그것은 비슷한 그룹 이상으로, 엄밀히 말해 교회에 의해 설정되지 않았다. 그것은 그 자체로 알려진 것이다. 개별 신자의 차원에서 보면, 각자는 '자기가 예언자거나 성령의 은사를 받은 사람인지'(1코린 14,37) 알아야 한다. 하지만, 개별 신자는 언제나 교회의 판단 아래 머문다. 다른 예언자들과 전체 공동체는 거짓 예언자로부터 참된 예언자를 식별해야 한다(1코린 14,29; 1테살 5,21: '모든 것을 분별하십시오'). (…) 그러므로 바오로 사도에게 있어서나 사도행전에 있어서 그리스도인 예언자는 개별 교회 그룹에 통합된 은사자(carismatico)이다. 그는 하느님의 유일한 은총의 영향 아래, 예언자들의 그룹에 통합된 가운데, 우연한 기회에 그리고 영속적으로 직무를 갖는다. 이미 이러한 수준에서 몇몇 근대 신학자들이 소위 '은사적' 직무들과 '제도' 직무들 사이에 조성한 대립은 허구일 뿐이다. 모든 직무는 은사적이며 어떠한 그룹도 제도 없이는 존재할 수 없다. 더욱이, 바오로 사도는 예언자들의 은사 그룹에 대한 제도적인 실행의 양상들을 처음으로 정확히 규정한 인물이다(1코린 14,40: '질서 있게'). 자신의 칭호를 수행하는 공동체적인 직무 또는 자신이 연관된 그룹 밖에서, 그리고 결정적으로 예언자를 평가하는 그룹 밖에서 활동할 수 있는 격리된 모습으로서의 예언자는 여기서 낯설다."

바오로 사도의 여러 서간에서 예언자들은 언제나 '사도들' 다음에 두 번째 자리에서 언급되고 있다. 그러나 에페소서는 우리에게 다른 지침을 제시하는데, 이는 우리가 보기에 중요하다. 에페 2,20에서 그는 신자들이 "사도들과 예언자들의 기초 위에 세워진 건물"이라고 언급한다. 반면, 에페 3,5에서 그는 그리스도의 신비에 대해 다음과 같이 언급한다: "그 신비가 과거의 모든 세대에서는 사람들에게 알려지지 않았지만, 지금은 성령을 통하여 그분의 거룩한 사도들과 예언자들에게 계시되었습니다." 두 경우 모두에 있어서 이 두 가지 용어는 서로 연결되어 있다. 그리고 관사는 반복되지 않는다. 이는 코트넷(Ed. Cothenet)으로 하여금, 다른 사람들도 주장하는, 동일한 사람들이 문제라고 여기게 하는 근거 중에 하나이다. 사도들은 또한 예언자들이다. 그러나 그리스도라는 모퉁잇돌 위에 놓인 유일한 초석만 있을 뿐이다. 여기서 예언자들로 간주된 사도들의 초석도 있다. 주석가들이 보기에, 여기서 문제가 되는 것은 옛 계약의 예언자들이 아니라 교회의 예언자들이다. 그러나 예언자를 진정 사도와 동일시하고 있을까? 많은 저술가들이 교회 안에서 은사자들에 대해 생각한다. 그러나 단지 역사적이거나 연대기적인 방식으로 교회의 '기초'를 이해할 필요는 없다. 교회는 언제나 현재적이다. 코터넷이 신약 성경의 예언자들, 특히 에페 4,11에서 말하는[52] 예언자들에게서 정당하게 인정하는 직무는 이러한 기초의 일부를 구성하는 것이 아닐까? 이는 성경, 즉 사도적 증언의 영감을 받은 설명으로, 우리는 오직 이를 통해 예수 그리스도를 알 수 있다. 교회의 입장에서 보면, 사도들 편에서(신약 성경의 저자들인 9명 가운데 4명만 사도들이다) 단 한 번 시초에 제시됐던 것에 대한 동화(同化)가 관건일 것이다. 즉, 단순히 연대기적 차원이 아닌 '설립'의 차원에서, 기원에 대한 증언과 선포에 생생하게 충실한 직무가 관건인 셈이다.[53] 심는 자인 바오로와 물을 주는 자인 아폴로 간에

---

52 *Art. cit.*, coll. 1286, 1318 et "Les Prophètes chrétiens comme exégètes charismatiques de l'Ecriture", in J. Panagopoulos (ed.), *op. cit.*, H. Greeven ("Propheten, Lehrer, Vorsteher bei Paulus", *Z. Ntl. Wiss.* 44, 1952-1953, 28 이하) 그리고 *Prophetic Vocation in the N.T.*의 많은 저자들은 예언자들과 교사들 또는 학자들 간에 어떠한 분리, 오히려 어떠한 명확한 구별도 없다는 점에 주목했다. 하지만, 코터넷은 그러한 차이를 세심하게 정확히 지적했다(이는 J. Panagopoulos, p.102에 수록되어 있다): "가르침은 더욱 체계적이며, 예언은 더욱 우연적이고 대개 활동을 향해 방향 지어졌다." 또한 동일한 수록집에 있는 D. Hill, p.126과 H. Kraft, pp.162 이하를 보라.

53 코터넷의 해석은 세르포(L. Cerfaux), 팜마터(J. Pfammater), 머피(J. Murphy), 오코너(O'Connor)를 비롯해 다른 여러 학자들의 해석과 일치한다. 우리는 다음과 같은 학자들의 해석을 선호한다: I. Knabenbauer, , P. Ewald, E. Fascher ("Prophètes…", Giessen, 1927, pp.122 이하), P. Ketter, H. Bacht (*Biblica*, 1951, p.237), R. Schnackenburg (*Catholica*, 1961, p.115), J. Gnilka (*Epheserbrief*, 1971, p.157), H. Schlier (*Brief an die Epheser*, 3ᵉ ed., 1962, p.142), F. Schneider et W. Stenger (in *Concilium*, n.80, dec.

는 어떠한 단절도 없다. 왜냐하면, 자라게 하시는 분은 하느님이시기 때문이다(1코린 3,4 이하). 기초를 놓는 자와 그 위에 건설하는 자 사이에도 단절이 없다(1코린 3,10). 유일한 기초인 그리스도와 그분의 복음은 연속성에 대한 보장이자 기준이다. 만일 연속성이 성령에 의해 인도된다면, 그것은 그리스도와의 관계 안에서 그렇다. 에페 2,21과 에페 2,22에서 드러나는 "그리스도 안에서"(dans le Christ)와 "성령을 통해서"(par l'Esprit) 사이에 드러나는 동일한 가치를 보기 바란다. 상황이 그렇다면, 우리는 하느님의 교회를 건설하는 같은 일에 있어서 그리스도와 함께 이루어지는 성령의 협력을 발견하게 된다. 그러므로 우리가 살펴본 것과 다시 연결해서 요한에게 있어서 '파라클리토'의 역할에 대해 살펴보기로 하자: "그분께서는 스스로 이야기하지 않으시고 들으시는 것만 이야기하시며, 또 앞으로 올 일들을 너희에게 알려 주실 것이다"(요한 16,13). 이러한 해석은 계시의 건설적 시대와 교회 시대 사이의 연속성을 제시하는 장점이 있다. 이 모든 것은 그에 대해 라너(K. Rahner)가 발전시킨 전망을 통해 해명될 수 있다.

우리는 이 모든 것에서 이미 (그리스도에 의해) 언급된 것과 아직 언급되지 않은 것 사이에 일치를 보게 된다. 샤를 페로는 「빛과 생명」(Lumière et Vie)에 개제한 자신의 논문 마지막 부분에서

1972, pp.34-35), P. Bony (in *Le ministère et les ministères selon le N.T.*, 1974, pp.75-79), J. Panagopoulos (*op. cit.*, pp.17 이하). 이 참고 문헌 가운데 많은 것들은 오래됐다.

"예언의 직무는 오늘날에도 여전히 작동하는가?" 하는 물음에 대해 다음과 같이 대답했다. 즉, 그 직무는 작동하지만 동시에 작동하지 않는다. 그에 대한 긍정적인 대답은 상기 잡지의 같은 호의 결론에서 편집장에 의해 「몇 가지 질문들」이란 제하에 제시된 여러 구절을 통해 해명된다.

"오늘날, 그리스도교적인 예언주의는 무엇을 의미하는가? 누군가는 예수 그리스도 자신에게 집중된 예언주의가 무엇인지 대답할 수 있다. 그러나 그것은 무엇을 의미할까? 어떤 면에서 그리고 어떤 방식으로 예언이란 말이 예수님에게 집중되고 있는가?
따라서, (그에 대해 동의하기는 쉽다) 예수의 이름이 선포되는 것만으로는 충분하지 않다. 예수께서는 자신의 영(Esprit)과 관련해서 '원하는 곳으로 분다.'고 우리에게 언급하신 바 있다. 만일 예수의 영이 원하는 것으로 분다고 진정 믿는다면, 우리가 성경과 교회 전승에 힘입어 이미 예수님에 대해 알 수 있는 것을 바탕으로 이 영을 식별하는 것만으로는 만족할 수 없다. 무엇보다도 우리는 영이 부는 바로 그곳에서 예수의 이름으로 예언의 말씀을 가질 수 있다.
만일 그렇다면, 어떻게 예언의 말씀이 단순히 믿는 공동체의 중심에서 올 수 있을까? 외부에서부터 이 공동체 자체를 향해 방향 지어진 것은 아닐까? 이런 의미에서 믿음과 예언은 분명 같은 규칙을 갖고 있지는 않다. 예수에게서는 명확히 드러나지 않은 믿음은 전혀 존재하지 않는다. 그러나 또한 예수와 관련되지 않는 말씀인, 그리스도의 영에 따른 예언주의는 존재하지 않을까? 기껏해야, 오늘날 무신론으로 건너간 예언주의가 존재하지만, 그럼에도 불구하고 예수의 영 안에서 예언의 말씀이 있다는 것을 인정하지 말아야 하는 것일까? 이런 의미에서, 신자들의 회중은 원하는 곳으로 부는 성령에 대한 믿음의 이름으로, 예언이 엄밀하게 자신에게 속하지 않으며 오늘날 예수의 말씀이 예전에는 식별조차 할 수 없었던 길을 통해 자신에게 도달한다는 것을 인정해야 할 것이다"(pp.90-91).

이는 정통(l'orthodoxie)에서 정통 실천(l'orthopraxie)으로 이행되는 가운데 분명히 드러났다. 단순히 예수의 말씀을 귀 기울여 듣는 것이 아니라 그분을 따르고 인간을 위한 그분의 투쟁을 연장해야 한다.[54] 아마도 우리는 칼 바르트(K. Barth)에게서 그의 그리스도 중심주의와 더불어 다른 여러 진술을 발견하게 된다. 또는 디트리히 본회퍼(D. Bonhoeffer)가 계시 실증주의라고 불렀던 것

---

54 인용된 텍스트는 다음과 같이 계속된다: "혹여 말씀은 일정한 시대의 사람들을 자극하며 나자렛 예수와 동일한 방식으로 살아가도록 독려할 때마다 예수에 집중된 예언의 말씀이 되는 것은 아닐까? 마찬가지로, 문자에 의해서가 아니라, 오늘날 예수가 살았던 시대에 그분과 같은 실존에 효과적으로 상응하는 실존 형태를 시작할 수 있다. 사실, 예수는 자기 자신이 아니라 우리를 위해 자신의 인간적 삶을 사셨다. 이에 대해 바오로 사도는, 만일 우리가 부활하지 않는다면, 그리스도는 부활하지 않으셨다고 말한다. 이처럼, 오늘날 예수께서 사셨던 방식을 구현하는 인간 실존의 결정된 방식을 위한 '입장 표명'을 드러낼 때, 모든 말은 예언적이라고 할 수 있지 않을까? 근본적으로 이러한 인간 존재 방식에 대한 입장을 취하기 위해, 말씀은 예수 실존의 의미 자체를 선포해야 한다."

에서도 다른 진술을 발견하게 된다. 예컨대 다음과 같다:

"모든 시대를 위해 단 한 번 주어진 유일한 계시는 철회 불가하며 반복될 수 없다… 유일한 한 가지 사실, 즉 하느님께서 말씀하셨고 말씀하시기 때문에 인간이 귀 기울여 듣는다는 것, 그리고 하느님이 그에게 말씀하셨고 다시 말씀하신 것을 귀 기울여 듣는다는 사실이 교회를 교회로 세워 준다…"[55]

"그 어떤 사람도 자신의 유일하고 참된 예언자이신 그리스도에 의존하지 않는다면, 하느님의 뜻을 선포할 수 없다. 그러므로 우리 편에서 '자유로운' 예언자가 될 수 있다고 상상하는 것이 중요한 게 아니다. 그렇지 않다. 우리는 신적인 영역에서 어떤 새로운 것을 발견할 필요가 없다. 우리에게 필요한 모든 것은 언급되었으며 우리가 할 수 있는 것은 그것을 반복하는 일이다. 예언에 대한 우리의 참여는 하느님의 집에서 학생으로 참여하는 것이다."[56]

그러므로 다음과 같은 질문이 제기된다: 예언의 은사는 언제나 존재하는가? 신자들은 교회의 가시적인 경계 밖에서도 교회 안에서 계속해서 이 은사를 살아왔는가? 이에 대한 대답은 긍정

---

55 *Révélation, Église, Théologie*, Paris, 1934, pp.13.27.
56 *La Confession de foi de l'Église*, Neuchâtel, 1943, p.34.

적이다. 그러나 수많은 형태의 예언주의를 구별하는 것이 좋다. 왜냐하면, 이 용어의 사용은 지극히 광범위하기 때문이다. 이를 분명히 하기 위해 몇 개의 단락을 제시하고자 한다:

1. 고대 교회는 예언의 은사를 선사받았다고 말한다.[57] 『디다케』는 그 집필과 진정한 본성이 상당히 불확실하므로, 그 작품은 한편에 두기로 하자. 물론, 거기서도 예언에 대해 언급하고 있기는 하다. 폴리카르푸스(Polycarpus)는 "사도적이고 예언적인 교사"[58]로 불렸다. 유스티누스 성인(Iustinus)은 예언의 은사들이 유다인들에게서 그리스도인들에게로 넘어갔다고 주장했다.[59] 이레네우스 성인(Iraeneus)은 180년경 다음과 같이 쓴 바 있다: "우리는 교회 안에 많은 형제가 예언의 은사를 갖고 있음을 안다. 그들은 성령에 힘입어 다른 언어로 말한다… 그리고 하느님의 신비들을 제시한다. 그들은 바오로 사도가 영적인 사람들이라고 부르는 이들이다."[60] 몬타니즘(Montanismus)은 이러한 확신을 풍요롭게 하지 못했다. 이 사조의 적수 가운데 한 사람인 밀티아데

---

57 이에 대한 다음의 문헌 자료를 보라: G. Bardy, *La théologie de l'Église, de saint Clément de Rome à saint Irénée* (Unam Sanctam 13), Paris, 1945; Ed. Cothenet, art. del D.B.S., coll. 1322-1324.

58 *Martyrium Polycarpi*, XVI, 2. En 135.

59 *Dial.*, LXXXII, 1; 또한 다음을 보라: XXXIX, 2.

60 *Adv. Haer.* V, 6, 1. 특히 다음을 참조하라: II, 32, 4. 이는 에우세비우스의 다음 작품에서 인용되었다: Eusebius, *H.E.*, V, 7,1-6.

(Miltiade)는 다음과 같이 쓴 바 있다: "바오로 사도는, 예언의 은사가 주님의 마지막 재림에 이르기까지 교회 전체에 있어야 한다고 말한다."[61] 그러나 몬타니즘 이후 이 은사는 사라지고 말았다. 오리게네스(Origenes)는 예언주의가 초보자들에게 필요하다고 언급했다. 그러나 그가 살던 시대에 이는 더 이상 존재하지 않았다.[62] 이런 다양한 증언에 대해 정확히 무엇을 강조해야 할까? 그것은 단순히 훈계, 권고이자 용기를 북돋아 주는 하느님의 개입인가? 아니면, 황홀한 태도인가? 아니면, 미래에 대한 예언 행위인가?

미래에 대한 담화의 형태와 의미에서 예언은 특히 역사적인 전복과 위기의 시기에 다시 등장했다.[63] 될링거(Döllinger)가 수집한 관련 자료는 역사에 대한 해석과 관련이 있으며, 종종 국가, 왕조, 대중, 교황, 또는 영적 주장을 지지하려는 의지를 보여 준다. 광신주의(狂信主義)의 한계 내에서 열렬히 지지받은, 사람들을 고무시키는 기대, 희망, 미래를 위한 전투적인 활동을 이용하여, 상상력은 유토피아를 형성하거나 두려움, 증오, 당파적인 선

---

61 Eusebius, *H.E.*, V, 17,4: Bardy, *op. cit.*, p.151.
62 *Contra Celsum* VII, 11: *PG* 11, 1456-1457.
63 참조. I. von Döllinger, *Der Weissagungsglaube und das Prophetentum in der christlichen Zeit* (Coll. Histor. Taschenbuch), 1871; P. Alphandéry, "Prophètes et ministère Prophètique dans le moyen âge latin", in *Rev. Hist. Phil. Rel.* 12 (1932), 334-359; P. Boglioni, "I carismi nella vita della Chiesa Medievale", in *Sacra Doctrina* (Bologna), 59 (1970), 383-430 (pp.414 이하).

택에 대한 해결책을 제시했다. 여기서 적(敵)그리스도, 형벌, 로마의 파괴에 대한 담화들이 나왔다. 또는 그와 반대로, 천사적 교황, 아랍 사람들, 성지, 세상의 종말 등에 대한 담화들도 나왔다. 우리가 사는 시대 역시 그와 비슷한 시도들이 번져가고 있다. "말라키아의 예언", 노스트라다무스의 예언에 대해 주기적으로 다시 말하곤 한다. 파티마의 세 번째 비밀은 "푸른 군대들"을 동원하게 한다… 예언들이 지닌 오류가 예컨대 뱅상 페레르(Vincent Ferrier)의 성성(聖性)에 부당하게 손해를 입히지는 않는다. 군중 가운데 어떤 사람들은 다른 것들에 비해 일상적인 것 이외의 것에 견고함과 중요성을 두고 있다. 세 명의 교황과 여러 성인에 의해 승인된 힐데가르다 성녀(Hildegarda)를 생각해 보기로 하자. 우리는 그 성녀로 인해 분별 있는 신심을 보존하기 위해 개인적으로 좋은 이유를 갖고 있다. 피오레의 요아킴(Ioachim da Fiore)을 생각해 보기로 하자. 그 역시 새로운 미래를 위해 기대와 창조 정신의 혈관을 열어젖혔다. 사보나롤라(Savonavola)도 생각해 보자. 될링거는 그와 관련해서 미래를 향한 효과적이고 다양한 직관을 인정했다. 많은 열심한 사람들이 수행한 역사적 역할에 대해 그리고 여성들이 이 역사에서 차지한 위치에 대해 생각해 보자(힐데가르데 복녀, 쇼나우의 엘리사벳 성녀, 스웨덴의 비르지타 성녀, 시에나의 가타리나 성녀, 잔 다르크 등).

    근대와 현대는 진정한 예언자들, 라므네(Lammenais, 빅토르 위고는 그를 일컬어 "미래의 경이로움"이라고 불렀다), 페기(Péguy)처럼 미래를 본 사람들을 알고 있다. 요한 23세 교황과 제2차 바티칸 공의회 이후로 "시대의 징표"를 이해하는 것에 대해 말한다.

2. 우리가 "예언자들"(에페 2,20; 3,5)에게 부여한 의미의 선상에서 볼 때, 성경과 신성한 직무들에 대한 깊은 통찰은 초기 예언주의의 연속으로 간주될 수 있다. 몇몇 교부들도 이 점을 생각한 것 같다.[64] 이는 뉴먼(Newman)이 '사도 전승'(traditio apostolica)을 주교 전승으로부터 구별하는 가운데 사도 전승을 통해 의도했던 것에 상응하는 것이 아닐까? 그에게 있어서 중요한 것은 교회 학자들과 영성가들이 전례와 신심 행사에 있어서 믿음에 부여한 전체적인 설명들이나 일련의 설명들, 해석들, 표현들이었다.[65] 이 모든 것은 앞 단락에서 종결하고 다음 단락에서 언급하게 될 것과 분명히 연관되어 있다. "교회에서 예언자들에 대한 실질적인 필요는 일정 부분 우리 시대의 혁명적인 변화에 기인한다. 좀 더 현실적이지 않은 것은 안타깝지만, 교회는 세계 역사의 흐름을 무시할 수 없다. 우리 시대의 세속적인 문화가 급속하게 발전

---

64 Origène, "예언의 말씀을 가르치는 교회의 사람들은 그리스도에게 속한다"(Com. ser. 47 in Matth., *PG* 13, 1669 A). 코터넷에 의해 인용된 알렉산드리아의 키릴루스의 글: 예언하는 것은 예언자들의 말들을 해석하는 것 이외에 다름이 아니다(1코린 14,2; *PG* 74, 889).

65 Newman, *Essays. I. Apostolic Tradition*, 1836년 7월, pp.125 이하; *The Prophetical office in the Church*, 1837, p.112, 『*Via Media*』의 제3판에서 다양한 각주, 중요한 서문과 함께 다시 출판되었다. J. Guitton, *La Philosophie de Newman. Essai sur l'idée de développement*, Paris, 1933, p.47-48.

하는 것은 대답할 수 없는 물음들을 제기했다. 그리스도교는, 시대의 징표들을 주의 깊게 관찰하는 가운데, 현대 세계와의 관계 안에서 자신의 가르침과 자기 존재의 목적을 재해석해야 한다. 본질적인 것을 잃어버리지 않으면서도 이러한 전이(轉移)를 실행하는 것은 예언자적인 현명함을 요구하는 과제이다."[66]

분명, 이는 사도들의 그리스도론적 신앙에 대한 충실함 가운데(1코린 12,3; 1요한 4,2), 그리고 교회의 믿음과 식별과의 친교 안에서 이루어져야 한다(1테살 5,21; 1요한 4,1; 로마 12,6)(*TOB*: "믿음과의 조화 속에서").

3. 만일, 더욱 광범위한 수용으로 이해된 예언적인 선물이 교회 안에 존속해야 한다면, 신적 계시와 사도 신앙의 진리 안에서 이를 보존하기 위해, 그리스도의 몸인 교회 전체는 예언적이 되어야 한다. 이에 대해 제2차 바티칸 공의회가 너무 소심했던 것은 아닐까? 하지만 공의회는 근본적으로 이 점을 언급했다.[67] 교회는 구조화된 유기적인 몸으로, 모든 지체는 그 안에 살아 있으며 효과적으로 작동한다. 그러나 각각 지체들은 같은 일을 하기 위해 있는 것도 아니며 그 지체들이 같은 방식으로 작동하지도 않는다. 교회 안에는 '형제들'과 목자들이 있다. 이들은 자신

---

66 A. Dulles, "La succession des prophètes dans l'Église", *Concilium*, n.34 (1968), 51-59 (p.58).

67 「인류의 빛」 12항, 35항.

의 사명에 상응하는 고유한 은사를 갖고 있다. 이와 관련해서 다음과 같은 이레네우스 성인의 말은 주목할 만하다: "그러므로, 교회 안에 있는 사제들은 순명해야 한다. 입증한 바와 같이, 그들은 사도들의 후계자들이며, 주교직 안에서 계승을 통해 진리의 확실한 은사를 받았다."[68] "진리의 확실한 은사"(charisma veritatis certum)란 탁월한 표현의 정확한 의미가 무엇인지에 대해서는 논란이 된 바 있다. 따라서, 제2차 바티칸 공의회 헌장인 「하느님의 말씀」(8항, 2)은 그에 대해 대답하면서 이레네우스를 언급하지 않은 채 답변을 제시했다. 많은 학자들은 그것을 객관적인 의미로 이해했다. 즉, "진리의 확실한 은사"를 주교들이 사도 계승과 함께 받은 전승의 내용과 책임을 의미한다고 보았다. 또한 그것은 동일한 진리의 선물을 의미한다고 보았다.[69] 반면, 다른 학자들은 '은사'(charisma)를 개인적인 영적 선물로 이해했다. 그런 한에서 "진리의 확실한 은사"가 직무를 위해 선사받은 선물은 아니다. 주교 직무를 받도록 부름을 받기 위해 선사받은 이 은사는

---

68 *Adv. haer.*, IV, 26,2: *PG* 7, 1053; Harvey II, 236.
69 다음의 학자들은 그러한 선상에서 이해했다: K. Müller (*Zeitsch. f. Nil. Wiss.* 23 1924, 216-222); D. van den Eynde (*Les Normes de l'enseignement chrétien dans la littérature patristique des trois premiers siècles*, Gembloux-Paris, 1933, pp.186-187); H. von Campenhausen (*op. cit.*); Ph. Bacq (*De l'ancienne à la nouvelle alliance selon S. Irénée. Unité du livre IV de l'Adv. haer.*, Paris, 1978, p202, n.2); H.J. Vogt (*Theol. Quart.* 1983, p.225).

해당 주교 후보자 또는 다른 신자에게 인식된 선물일 것이다.[70] 그러나 이러한 표현에는 계승과 더불어 서품에서 받은 무류적인 가르침의 은총을 보기 위한 전례적, 교부적, 성서적인 언급들에 의존된 좋은 근거들이 담겨 있다.[71]

샤를 주르네(Charles Journet)는 "예언적 인식은 교회 안에서 결코 꺼지지 않는다"고 보았다. 그는 이 분야에 교회 교도권을 두었지만, 엄격한 구별을 통해 이를 제시했다.[72] 교회에는 고유하게 언급된 예언 또는 계시의 은총이 있다. 이는 사도들에게 유보된 특권이다. 그리고 그들 다음으로, 진리에 대한 관상적이고 영적인 통찰이 있다. 또한 구체적인 행동 질서와 관련된 계시들도 있다. 마지막으로, 가톨릭 교도권에 의해 보증된 특별한 도움의 은총이 있다.

주르네는 니콜라스 베르디아프(Nicolas Berdiaeff)의 텍스트와

---

70 플레스만과 한슨은 그러한 입장을 견지했다: E. Flesseman van Leer (*Tradition and Scripture in the Early Church*, Assen, 1954, pp.119-122), R.P.C. Hanson (*Tradition in the Early Church*, London, 1962, pp.159 이하).

71 이는 교의에 대한 개신교 역사가들의 입장이었다. 그들은 이레네우스에게서 위계 명제에 관한 첫 번째 증인을 보았다. 그들은 다음과 같다: 하르낙(Harnack), 루프스(Loofs), 솜(Sohm), 지베르크(R. Seeberg). 뮐러(K. Müller)에게 있어서 그에 관한 첫 번째 증인은 히폴리투스였다. 이 주제와 관련된 최고의 작품은 다음과 같다: L. Ligier, "Le charisma veritatis certum des évêques. Ses attaches liturgiques, patristiques et bibliques", in *L'homme devant Dieu. Mél. H. de Lubac*, Paris, 1964, I, pp.247-268.

72 *L'Église du Verbe Incarné. Essai de théologie spéculative. I. La Hiérarchie apostolique*, Paris, 1941, pp.147-161.

함께 해명되는 '예언주의'에 관한 광범위한 개념을 위해, 계시의 내용과 그에 상응하는 믿음이 확장되는 것을 엄격하게 비판했다. 사실, 종종 의심스러운 다양한 주도적 계획들, 또는 받은 규범들로부터 멀어지는 모든 주도적 계획들은 수려하지만 애매모호한 '예언주의'의 범주와 함께 스스로를 정당화하려 했다. 오직 가톨릭교회만이 그에 맞서 대항했다.[73]

우리 주위에서 '교도권'은 적어도 이론적으로 전체 교회로부터 너무 단절되어 있다. 그러나 교도권은 교회라는 공동체와 함께 믿음과 사랑의 친교 안에서 그리고 바로 그 교회를 위한 봉사가 아니라면, 교계적인 자신의 실질적 은사에 대해 보장받을 수 없다. 전통적으로 이단적인 교황에 대한 가능성을 설명하는 방식에서 그러한 가능성과 관련된 명제는 제한된 명제로서, '교도권'에 관한 건전한 신학의 목적을 위해 필수적이다. 그것은 '소보르노스트'(sobornost: 영적 공동체)에 관한 정통 개념에서 지속된 지극히 심오한 진리의 입장에 대한 근거를 제시해 준다.

말씀과 관계된 성령을 언급하는 분야가 있다면, 그것은 바로

---

73 마크 뵈그너(Marc Boegner)는 1937년 에든버러에서 개최된 「신앙과 헌장」(Foi et Constitution) 학술 대회에서 다음과 같이 언급했다: "예언주의는 평신도들에게 허용하기에는 위험한 실재이다. 우리 교회의 역사에서 그에 대해 시도한 적이 있다. 그러나 교회는 넘치는 예언주의의 물결로 인해 곤혹을 치렀다. 나는 평신도들의 활동을 격려해 주고 싶다. 하지만 예언에 있어서는 그렇지 않다." 그리고 해밀카 알리비사토스(Hamilcar Alivisatos)의 승인을 받았다(*The Second World Conference on Faith and Order*, ed. L. Hodgson, London, 1938, pp.161-162, 다음 작품에서 인용됐음: H.R. Weber recueil J. Panagopoulos, p.220).

지금 우리가 말하고 있는 분야이다. 공의회 교부들과 교황들 그리고 신학자들은, 교회 그리고 바로 그 교회 안에서 교도권은 충실하게 유지되기 위해 성령의 도움을 받으며, 만일 필요하다면, 하느님의 말씀 또는 계시가 담지(擔持)하거나 내포하는 것을 정확히 규정한다는 점을 경쟁적으로 선포한다.

4. 여기서 완전함의 이름으로 소위 카리스마적 쇄신을 지향하는 다양한 회의에서 '예언'의 이름 아래 실천되는 것을 지적하고자 한다. 이는 1코린 14장과 다시 연결된다. 그것은 건설, 훈화, 고무(鼓舞), 그리고 마침내 신적인 신비들에 관해 갖게 된 빛에 대한 자발적인 말이다. 이러한 말은 드물게는 미래에 대한 정확한 제시, 해석해야 할 활동, 삶에 관한 결정이기도 하다. 이 경우, 1코린 12,10; 14,29에서와 마찬가지로 건전한 삶을 위한 모든 규칙이 내포된 식별이 뒤를 잇는다.

5. '예언', '예언적', '예언주의'라는 용어들은 오늘날 광범위하게 적용되고 있으며 사람들은 이에 대해 상당한 호의를 갖고 있다.[74] 이 용어들은 일정한 유형의 남성들(그리고 여성들에 대해, 그

---

74 그에 관해, 필자의 작품 『*Vraie et fausse réforme*』에서 "Prophètes et réformateurs" (예언자들과 개혁가들)라는 장을 참조하라: éd. 1950, pp.196-228; 2ᵉéd., 1969, pp.175-207. 또한 n.37 de *Concilium*, sep, 1968, et le n.115 de "Lumière et Vie", nov.-déc. 1973을 보기 바란다. 드 아스의 다음 연구는 우리와는 또 다른 차원에 자리하고 있다: R. De Haes, *Pour une théologie du prophétique. Lecture thématique de la*

러나 이는 적게)과 일정한 유형의 책임을 평가하기 위해 사용되었다. 이를 위해 몇몇 학자들의 이름을 거명하는 것으로 충분하지 싶다: 마르틴 루터 킹(Martin Luther King), 테이야르 드 샤르댕(Theilard de Chardin), 조셉 카르댕(J. Cardijn), 뱅상 레브(Vincent Lebbe), 요한 23세(Iohannes XXIII), 헬더 카마라(Helder Camara), 솔제니친(Soljenitsyn), 리오베 몬시뇰(Mons. Riobé), 본회퍼(D. Bonhoeffer)… 이들은 일정한 상황에서 나온 인물들로서 미래를 향한 길을 열어 주었다. 이들은 무언가를 감지했으며, 자신의 비전에 사로잡힌 상태에서 현 상황을 유지하려는 세력의 반대에 부딪히기도 했다. 그러나 이들은 사람들이 있게 되기를 열망했던 그 어떤 것을 향해 길을 열어젖혔다. 그들이 교회와 세상에서 수행한 역할은 '하느님 나라'로 불리는 그분의 계획이 완성되기 위한 길을 여는 데 있었다. 이는 앞서 언급한 적이 있는 진리에 대한 성서적 개념에 상응한다. 영(Esprit)은 진리의 영(Esprit de vérité)이다. 그분은 시초부터 "예언자들을 통해 말씀하신 분"으로 고백된 분이시다. 그리고 그분이야말로 그들 안에 "두 번 탄생"하게 해 주는 강렬한 호소와 신념을 각성시켜 주신다. 두 번 태어난 사람들은 새로운 탄생을 경험한 사람들이자 그 결과를 책임지는 사람들을 말한다.

---

théologie de Karl Rahner (Rech. Africaines de Théol. 4), Louvain-Paris, 1972. 반면, 라너의 다음 작품을 인용하기로 한다: K. Rahner, *Eléments dynamiques dans l'Église*, Bruges-Paris, 1967 (독어 원본 1958).

우리는 특히 수도회 영역에서 예언자들을 상기했다. 그들은 교회에서 설립자이자 개혁가이다. 우리 시대는 특히 인간에게 관심을 둔다. 더 나아가, 이 시대는 다양한 혁명과 해방 운동 그리고 저항에 대해 체험했다. 이 시대는 비(非) 순응주의자들, 단지 여유 있는 삶을 즐기는 현재 상황(statu quo)을 고발하는 이들에게 특권을 부여한다. 우리 시대의 예언자들은 특히 해방의 전사들이자 모든 억압과 인종차별주의에 대항해서 가난한 이들을 위해 책임지는 사람들이다… 그들은 신약 성경의 예언자들보다는 구약 성경의 예언자들을, 바오로 사도의 그리스도보다는 '나자렛 예수'의 실천과 연관된다. 여기서 기준점은 교의를 훨씬 넘어서는 희망의 대상인 하느님 나라이다. 이들은 베르나노스(Bernanos)의 글에서 인정되는 많은 이들이다. 그는 이렇게 말한다: "나는 교회의 순종하는 자녀이지만, 모든 반역자, 모든 절망한 사람, 모든 거부된 사람, 이 현세에서 단죄된 모든 사람과 열렬한 친교 가운데 있다."

제2차 바티칸 공의회, 메들린, 바오로 6세, 1971년의 시노드, 요한 바오로 2세, 로메로 주교는 해방이 복음화 과정의 일부라고 우리에게 말한 바 있다. 이러한 해방을 위한 순교자들이 있다. 이들은 진정 순교자의 칭호[75], 그리고 예언자의 칭호를 받을 만하다.

---

75 *Concilium*, 1983년 3월. *Concilium*의 183항을 보라.

이런 다양한 예언주의에 대한 반대와 그들에 대한 거부는 분명 '보수주의'로부터 유래한다. 그러나 이러한 보수주의는 다양한 동기를 가질 수 있다. 우선, 현재 상황(statu quo)에 대한 공격이 있다. 어느 날 몇몇 개신교 청년들은 다음과 같은 몇 가지 플래카드와 함께 교회의 일치 회합에 나타난 적이 있다: "우리는 세상의 나프탈린(방충제)입니다." 교의적인 확신도 있다. 이런 그룹의 경우, 그들은 이미 모든 것을 알고 있다고 자부한다. 그들은 이미 모든 것에 대한 대답을 갖고 있다. 그리고 새로운 질문에 귀 기울여 듣지 않는다. 분명 잘못 이해된 말씀(Verbe)은 숨(Souffle)에 걸림돌이 된다. 그 숨이 어디서 와서 어디로 가는지는 아무도 모른다.

필자는 1980년 성령 강림 대축일 전야에 스위스의 로마 TV에서 인터뷰를 한 적이 있다. 당시 기자는 내게 다음과 같이 질문했다: "그렇다면, 기득권층의 교회와 미래의 교회, 이렇게 두 개의 교회가 있겠습니까?" 그로부터 며칠 후 나는 앙리 프레스케(Henry Fresquet)가 집필해서 「Le Monde」의 5월 25-26일자로 게재한 "성령의 축제인 성령 강림 대축일. 미래를 위한 하느님"이란 제목의 아티클을 읽었다. 하지만, 유일한 전례 주기만 있다. 그것은 그리스도 중심적 전례이다. 성령 강림 대축일은 부활 대축일로부터 50일째 되는 날이다. 사실, 그 대축일은 그리스도의 미래를 보증한다. 그것은 테니슨(Tennyson)이 말한 "그렇게 되실"(that is to be) 그리스도이다. 그 대축일은 "미래를 향한 그리스도"

를 시작하지만, 그러나 여기서도 관건은 언제나 그리스도이시다. 성령은 역사 안에서 그리고 문화의 다양성 안에서 전대미문의 새로운 것을 도입하신다. 그러나 그것은 그리스도 안에서 하느님에 의해 단 한 번 온전히 주어진 충만함으로부터 끌어낸 새로운 것이다.

이러한 충만함은 완전히 계시된 것도 아니며 육(肉)에 따라 그리스도 안에서 완전히 실현된 것도 아니다. 완전하게 이루어지기 위해서는 성령에 의해 관통되어야 한다. 또한 완전히 계시되기 위해서는 성령이 사도들과 예언자들을 사로잡아야 했다. 예기치 않게 사도가 된 바오로는 영광스럽게 되신 그리스도로부터 부름을 받았다. 그리고 에페소서의 초입에 명확히 표현된 '신비'는 성도들에게 계시되었다(콜로 1,26; 에페 3,3-5). 이 '신비'는 역사 가운데 전개된 은총의 경륜에 대한 신비이다. 열두 사도 가운데 마지막까지 생존한 요한 사도는 강생하신 말씀이자 성부의 계시자에 대한 신학자이자 파라클리토의 신학자였어야 했다.

바오로(1코린 12,3)와 요한(1요한 4,2)은 주님이신 예수님에 대한 증언을 성령의 활동을 드러내는 기준으로 삼았다. 만일 성령이 역사의 미래에 공개되지 않은 것을 가져다준다고 해도, 그것은 불안정하고 비결정적이며 공개되지 않은 것이 아니다. 루터가 탁월하게 언급했듯이, 성령은 결코 회의적이지 않다.[76] 만일

---

76 *De servo arbitrio*, 1525: "성령은 회의적이지 않으며 우리 마음에 의심과 억측들

말씀(Verbe)이 성령으로 관통됐다면, 성령은 말씀에 의해 관통됐다. 두 분은 성부로부터 유래한 분들로, 서로 불가 분리적이다. 오직 하느님의 유일한 교회만이 존재한다. 그 교회는 획득된 것이면서 동시에 미래의 것이기도 하다. 하느님은 당신의 '두 손'과 더불어 교회를 건설하신다. 하느님은 바로 이 두 손을 통해 사람들과 일치하신다. 우리는 지극히 심오한 '신적 파견들'의 신학과 더불어 경륜적 삼위일체와 내재적 삼위일체 간의 연속성을 대면하고 있다. 필자는 이에 대해 『나는 성령을 믿나이다』에서 제시한 바 있다.

을 쓰지도 않았다. 오히려 그분은 삶 자체에 그리고 좀 더 확실하고 견고한 모든 경험에 확언들을 기록하셨다.": *WA.* 18, 605, 31-34.

부록

성령은 교회의 공동 설립자이신가?
교회의 구조적 원리인 은사

제도와 은사 간의 대립이라는 주제로 다시 돌아가기로 하자. 이 사안을 기꺼이 정확하게 설명하는 탁월한 진술들이 부족하지는 않다.[1] 물론 두 요소 간에는 긴장이 존재한다. 그것은 제반 사물들의 본성에 있다. 예컨대, 이러한 긴장은 1970년대 후반에 특정 문제와 권위를 쇄신하려는 신학자들 사이에, 특히 그에 대한

---

1   그에 관해 다음을 제시하고자 한다: L. Sartori, "Structure du pouvoir juridique et charismes dans la communauté chrétienne", in *Concilium* n.129 (nov. 1977), pp.69-81; J. Liebaert, "Communion spirituelle et institution dans l'Église avant le IVe siècle. Un sondage", in *L'Année canonique* XXV (1981), pp.149-168. 개신교 분야에서는 다음을 참조하라: F. Hahn, "Charisma und Amt. Die Diskussion über das kirchliche Amt im Lichte der neutestament I. Charismenlehre", in *Zeitsch. f. Theol. u. Kirche* 76 (1979), 419-449.

로마 교황청의 요청에서 자주 언급되었다. 여기서 필자는 본서의 전체적인 시도의 선상에서, 제목에서 진술된 두 가지 사안을 신속히 다루는 가운데, 앞장을 보완하고자 한다.

가톨릭의 일상적인 가르침이 교회를 본질적으로 사회의 용어로 ― 불평등하거나 위계적인 사회 ― 다루던 시대에, 호교론 관련 책들은, 교회가 그리스도에 의해 그렇게 원해지고 설립되었음을 입증했다. 비판, 특히 개신교와 독일의 비판은 그러한 사안에 대해 끊임없이 이의를 제기했다. 하지만 1930년대에 몇몇 학자들에 의해 견지된 다음과 같은 사상이 광범위한 동의를 얻게 된다. 그에 따르면, 예수는 원래의 '양떼'를 다시 모으려 했고 '열둘'로 구성된 그룹을 세웠다.[2] 사실대로 말하자면, 역사적-비판적 방법론의 결론들을 따르는 가운데, 부활 이전의 예수는 하느님 나라에 관한 자신의 설교와 열둘로 구성된 그룹에서 유래하는 새로운 하느님 백성의 존재를 염두에 두셨고 이를 예언하셨다는 확신에 이르게 된다.[3] 하지만, 예수께서 돌아가신 지 20년이 지난 후 작성된 바오로 서간들이 우리에게 알려 주는 것

---

2 K.L. Schmidt, O. Linton, A. Fridrichsen ‒ M. Goguel. 참조. F.M. Braun, *Aspects nouveaux du problème de l'Église*, Fribourg et Lyon, 1942, pp.63. 다음의 독어본으로 보완하기 바란다: *Neues Licht auf die Kirche*, Einsiedeln, 1946, pp.70 이하.

3 A.-L. Descamps, "L'origine de l'institution ecclésiale selon le Nouveau Testament", in *L'Église: Institution et foi* (Publications des Facultés universitaires Saint Louis, 14), Bruxelles, 1979, pp.91-138; E. Lohfink, *Wie hat Jesus Gemeinde gewollt? Zur gesellschaftlichen Dimension des christlichen Glaubens*, Freiburg, 1982.

과 교회에 관한 예수 자신의 의도로부터 기대할 수 있는 것 사이에는, 물론 심연(深淵)만큼은 아니라 해도, 상당한 차이가 있다. 만일 사도행전을 읽는다면 거기서는 뭐라 말할까? 거기서, 바오로 사도는 언급하고 있지 않은, 성령 강림절은 새로운 창조의 기원으로 드러난다. 예수께서는 당신의 개인적인 삶을 넘어서 불확정한 기간 동안 이 땅에 존재하는 새로운 하느님 백성 또는 새로운 하느님 나라에 대한 전망을 열어놓았다. 그러나 이제 선교적인 사도직 앞에, 세례, 성찬례, 신앙 고백들, 직무들과 함께 하는 교회 앞에 있게 되었다. 결국, 우리가 교회라고 부르는 것은 사도들과 성령 강림절로부터 온다.

그러나 이 성령 강림의 순간과 그리스도께서 현세에서 당신의 삶을 사는 과정에서 이루신 업적 간에 존재하는 연결점을 간과해서는 안 된다. 우리가 보기에, 예컨대 레오나르도 보프(Leonardo Boff)가 했던 체계화 과정에서 그것과 관련된 어떤 요소가 있는 것 같다. 이에 대해 그는 다음과 같이 썼다: "예수는 교회가 아닌 하느님 나라를 설교하셨다." 그리고 또 이렇게 썼다: "공통적으로 말하듯이, 제도적인 교회는 말씀의 강생이 아닌 성령의 영감을 받은 사도들의 권한에 바탕을 두고 있다. 성령께서는 종말을 교회의 시간으로 바꿔놓았으며 하느님 나라에 대한 가르침을 교회에 대한 가르침으로 변형시켰다. 교회는 하느님 나라의 불완전하고 현세적인 실현일 뿐이다."⁴ 이는 저자로 하여금 교회를 전대미문의 환경에 의해 요청될 수 있는 다양한 형태와 주도적 계획을 향해 개방된 실재로 보게 한다. 교회는 그런 환경에서 오늘과 내일, "세상에서 부활하신 주님과 그분의 영을 현존케 하고 은총의 해방, 용서, 한계 없는 사랑의 메시지를 알려 주는 자신의 사명을 수행해야 한다"(p.87). 예컨대, 서품된 사제들이 풍토병으로 인해 부재할 경우에 평신도들이 성찬례를 거행할 수 있는 가능성(pp.90-100)이나 여성들의 서품 가능성이 있을 수 있다는 새로운 면이 있다(pp.101-140).

이러한 제안들에 대한 우리의 반응은 단순히 부정적이지 않다. 사실, 성령께서는 오순절에 사도들을 통해 교회를 건설하셨다. 그뿐만 아니라 성령께서는 끊임없이 교회를 고무(鼓舞)하시며, 교회의 사명은 우연한 새로움을 향해 부름 받았다. 그러나 여기서 위협받는 듯이 보이는 균형을 보존해야 한다. 예수께서 설교하신 하느님 나라는 단순히 종말론적이지 않다. 드샹(A.-L. Descamps)은 그것이 예수와 열두 사도에 의해 탄생한 공동체에서 예수의 죽음을 잇는 모종의 현세적인 실현에 대한 전망을 수반한다는 점을 입증했다. 세례와 성찬례는 부활 이전의 예수로부터 유래한다. 이 두 성사를 통해 교회들이 건설된다. 열두 사도

---

4 L. Boff, *Église en genèse. Les communautés de base réinventent l'Église*, Tr. F. Malley, Paris, 1978, pp.79-80. 84.

역시 마찬가지이다. 또한 성부와 새로운 의로움 그리고 믿음에 대한 말들 역시 그러하다. 문제는 성부의 계시자인 말씀의 업적과 성령의 업적을 표현하는 데 있다. 두 분은 함께 교회를 건설하신다. 그러나 그러한 업적에 하느님의 말씀이자 강생하신 성자인 말씀(Verbe)께서 교회에 실질적으로 형태를 부여해야 하는 한에서, 성령은 어떠한 자주성도 갖지 않는다. 말씀에 대한 언급 없이 또는 그분에 대한 불충분한 언급과 더불어, 성령에 주도권을 부여하는 방법들을 분명하게 끌어낼 수 있다. 이는 루터가 '몽상가'(Schwärmer)로 평가한 사람들로부터 발견한 것이기도 하다.[5]

현대는 우리로부터 '교회에 대한'(de Ecclesia) 신학에서 은사들에 대한 재발견을 보았다. 이 은사들은 1943년 6월 29일자로 비오 12세에 의해 반포된 회칙 「신비체」(Mystici Corporis)과 더불어 공식적으로 들어왔다: "교회의 몸의 이렇듯 질서정연한 구조나, 언급하듯이, '유기적'인 구조는 교계의 유일한 단계들 가운데 완성되고 경계를 이룬다. 또는 반대 의견에서 볼 수 있듯이, 그것은 단지 '은사들'에 의해서만 형성될 수 없다. 더욱이, 놀라운 선물들(prodigialibus)을 갖춘 이런 사람들의 현존은 결코 교회에 결점이 될 수 없다."[6] 여기서 은사들은 무엇보다도 자신의 특별한 형태 가운데 취해졌다. 교의헌장인 「인류의 빛」의 한 구절은 비

---

5 필자의 다음 책을 보라: *Je crois en l'Esprit Saint. I*, Paris, 1979, pp.191 이하.
6 *AAS* 35 (1943), 200: 공식 번역본.

오 12세의 이 구절에 대한 반향을 드러내고 있다.⁷ 그러나 제2차 바티칸 공의회는 성령의 은사들에 대해 아주 잘 언급했으며 더 할 나위 없이 풍요롭게 그에 대해 언급했다. 공의회는 은사들 안에서 교회를 건설하고 그 사명을 수행하기 위해 모든 신자에게 선사된 역동적 원리들을 보았다.⁸ 교회는 단순히 시초에 설립된 것이 아니다. 하느님은 계속해서 교회를 적극적으로 건설하신다. 이것이 바로 1코린 12장이 제시하는 가르침이다.

한스 큉(H. Küng)의 제자인 곧홀트 하센휘틀(Gotthold Hasenhüttl)은 그 용어의 창시자인 바오로 사도로부터 출발해서, 1970년에 여러 은사에서 교회의 질서 원리(Ordnungsprinzip)를 보도록 제안한 바 있다.⁹ 여기서 '질서'(Ordung)는 법적으로 규정된 외적 조직화를 의미하는 것이 아니다. 오히려 그것은 교회를 하나의 유기체가 되게 해 주는 원리를 말한다(이에 대해 비오 12세는 "유기체로 단언할 수 있도록"[organicam, ut aiunt])이라 쓴 바 있다). 교회적인 유기체를 건설하는 것은 그리스도의 자유로운 권능이다. 이

---

7 "[성령은] 다양한 위계적, 은사적 선물들로… 교회를 가르치고 인도한다"(Ecclesiam… diversis donis hierarchicis et charismaticis [Spiritus Sanctus] instruit ac dirigit), n.4. 이 구절은 교령 「만민에게」 4항에서 인용되었다.

8 참조. 「인류의 빛」 12항 § 2; 「만민에게」 nn.23 § 1 et 28 § 1; 「Apostolicam actuositatem」 n.3 § 4. 이와 관련된 많은 연구서들이 있다.

9 G. Hasenhüttl, *Charisma-Ordnungsprinzip der Kirche* (Oekumenische Forschungen Hg. v. H. Küng u. J. Ratzinger, 5), Freiburg, 1970. 칼 바르트에게서 이와 비슷한 입장을 발견할 수 있다.

권능은 성령으로서, 성령은 예수 그리스도와 더불어 기준이 되신다. 이러한 교회 건설에 있어서 각자는 자신이 받은 선물에 따라 자신이 봉사하는 자리를 갖게 된다. 바로 여기에 '공동체 질서'(Gemeindeordnung, p.99)가 있다. 즉, 그것은 은사들의 질서이다: "은사는 (시간과 영원함을 포괄하는) 구원의 질서에서 유래하고 공동체 안에서 실현되는 구체적인 소명이다. 그것은 공동체를 건설하고, 우리의 형제들인 사람들을 사랑 안에서 봉사하는 가운데 지속적으로 건설해 나간다"(p.238). "은사들은 교회의 구조이며, 공동체는 은사들의 장소이다"(p.128).

하센휘틀은 제도적 직무들의 존재를 부인하지 않았다. 바오로 시대에는 예루살렘 사제들의 조직, 즉 장로들의 조직이 존재했다. 그와 관련해서 사복 서간들은 두 번째 세대에서 발전된 모습을 보여 주고 있다. 사도 교부에 속하는 로마의 클레멘스와 안티오키아의 이냐티우스는 더 이상 은사들, 이 은사들을 받은 이들, 성령에 의해 살아가는 '은사자들'(pneumatiques)을 공동체를 구성하는 요소로 보지 않으려는 위험을 무릅썼다(p.306). 제2차 바티칸 공의회는 분명하게 은사들을 재발견했지만, 이를 교회의 구조에 통합하지는 않았다. 공의회는 교회에서 위계적 구조와 은사적 구조라는 이중적 구조를 인정했다(참조. 「인류의 빛」 4항. 8항)(p.334). 공의회는 은사들을 인도하기 위해 사목자들의 권한을 특별한 은사들뿐만 아니라 일반적으로 은사들 위에 두는 것 같다(p.347). 그런데, 하센휘틀은 실제로 교회 안에 법률적인 구조들이 필요하기는 하지만, 그것은 보조적인 칭호 아래 그렇다고 보았다. 그것은 직무를 가진 자가 그에 해당하는 은사를 갖지 않았을 경우 그렇다. 그러한 보조적 구조가 근본적이고 유일한 것이 돼서는 안 된다(p.355). 이상적인 것은 다양한 은사와 봉사로 구성된 교회 공동체의 경우로, 여기서는 조직화와 위계가 첫째 자리에 있지 않다. 이는 하센휘틀의 입장이다.

정확히 말해 제2차 바티칸 공의회는 다음과 같은 두 가지 원리를 보존했다. 또한 공의회는 사회로서의 교회에 대한 비전을 친교의 비전과 연결했다.[10] 그럼에도 불구하고, 제2차 바티칸 공의회에 따르면, 사회적인 구조는 성사적인 바탕에 있는 것이지 법적인 바탕에 그 첫째 자리가 있는 것은 아님을 덧붙여야 한다. 우리가 보기에, 이것은 필수적이다. 우리는 이 모든 것을 강생하신 말씀 편에서, 그분이 인간으로서 사셨던 시기와 영광스럽게 되신 주님인 성령의 활동이 지닌 영속적 실제성에 있어서, 제도의 상대적 이중성에 기꺼이 연관 짓고자 한다. 반면, 비판의 대상인 한에서, 이미 제안한 바 있는, 구조와 삶 사이의 구별에 대해 감히 호소하지는 않겠다. 이러한 구별은 적합하지 않다.

이러한 틀, 상대적 이중성에 대한 두 가지 적용을 교회의 삶이 내포한 두 가지 측면에 제시하는 것이 좋겠다. 여기에 단순한

---

10 다음을 보라: A. Acerbi, *Due ecclesiologie, ecclesiologia giuridica ed ecclesiologia di communione nella 'Lumen Gentium'*, Bologna, 1975.

유비 또는 유사함 이상의 어떤 것이 있을까? 우리는 두 번째 예를 통해 그것이 '있다'고 생각한다.

첫 번째 예는 계시된 진리의 보존과 표현에 있어서 신자들의 몸과 목자들의 몸 사이의 관계와 관련된다. 보편 공의회들은 그 자체로 가치를 지닌 결정들(Oroi)을 만들어 냈다.[11] 그러나 동시에 공의회들은 '수용' 사실, 즉 우리가 '소보르노스트'의 정통 사상에 상당히 근접하는 것을 점점 더 분명하게 허용했다.[12] 그리스도의 몸이자 성령의 거처인 전체 하느님 백성은 사도 신앙의 전승을 수호하지만, 사목적인 교도권은 그 전승을 해석하고 가르치며 권위 있게 정식화 한다. 이는 움베르토 베티(U. Betti) 신부에 의해 탁월하게 주해된 텍스트에서 제2차 바티칸 공의회가 언급한 것이다.[13] 그는 어떻게 "진리의 확실한 은사"(charisma veritatis certum)인 교계적인 봉사가 "교회의 중심에서"(in medio ecclesiae), 즉 교회 공동체의 친교 가운데에서만 수행되는지 입증

---

11 참조. B.-D. Dupuy, "Le magistère de l'Église, service de la Parole", in *L'infaillibilité de l'Église* (coll. Irénikon), Chevetogne, 1963, pp.53-97.

12 필자의 다음 연구를 보라: "La 'réception' comme réalité ecclésiologique", in *Rev. Sc. ph. th.* 56 (1972), 369-403.

13 U. Betti, "Le magistère de l'Église au service de la Parole de Dieu: à propos du n.10 de la Constitution dogmatique 'Dei Verbum'", in *Au service de la Parole de Dieu. Mélanges Mgr Charue*, Gembloux, 1969, pp.242-261. "진리의 확실한 은사"(Charisma veritatis certum)라는 표현은 「하느님의 말씀」 8항 § 2에서 직무적 은사의 의미와 함께 나온다. 그러나 이는 이레네우스 성인과 전혀 연관이 없다. 그에게서는 이 의미가 논란이 됐다.

했다. 그러므로 공의회가 말하는, 감정들의 일치를 지향하는 두 가지 실재가 존재한다. "주교들과 신자들의 협동"(fiat antistitum et fidelium conspiratio)[14]이 그렇다. 각자는 자신의 자리에서 자신이 받은 선물에 따라 교회 공동체를 위해 기여한다. 공통의 유익을 위해 각자에게 주어진, 교계적이지 않은 은사들과 관련해서, 베티는 그러한 은사들이 교회의 중심에서 구조적인 차이를 설정하는 것은 아니라고 쓴 바 있다. 그에 따르면, 그것은 단지 활동의 차원에 개입할 뿐이다. 구조와 삶… 말씀과 숨을 구별하는 가운데 수용할 수 없는 방식으로 말하는 것은 단순히 도식화해서 설명하는 것이다. 왜냐하면, 각자는 서로에게서 발견되기 때문이다. 그럼에도 불구하고, 여기서 우리는 설립자에 의해 놓인 다양한 형태와 신자들 안에서 이루어진 내면화 사이에 형성되는 변증적 관계가 피어나는 것을 보게 된다.

교회의 현재 삶은 적어도 프랑스에서 우리에게 다른 예를 제시해 준다. 모든 제도는 위기 가운데 있다고 말한다. 즉, 대학, 군대, 사법, 교회 등이 그렇다는 말이다. 사제들의 수는 줄어들고 남아 있는 사제들의 나이는 불안하게 증가하고 있다. 거대한 바둑판무늬의 구조들은 언제나 견고하게 남아 있다. 교구들, 본당들, 활동들, 운동들 등이 그러하다. 그러나 이것들은 더 이상

---

[14] 여기서 바실리우스 성인이 말하는 '심포노이아'(sumponoia, *Ep* 164,1 [*PG* 32, 636])를 상기하는 것도 좋다.

예전처럼 교회 전체의 생명력과 맞지도 않고 그것과 함께 결합되지도 않는다. 종교적인 실천은 줄어들고 있다.[15] 프랑스는 평온한 무관심을 향해 부드럽게 미끄러져 들어가고 있다. 하느님에 대한 문제가 잘못 놓인 것은 아니다. 그러나 이처럼 무던히 위안이 되는 일종의 사막에서 사람들의 삶 가운데 복음의 가르침이 흘러넘치는 가운데, 교회는 지속적으로 개혁되어 갔다. 아라곤(Aragon)은 저항의 전사들과 관련해서 다음과 같은 놀라운 문장을 쓴 적이 있다: "내가 넘어지는 그곳에 조국이 새롭게 태어난다." 지하에 있는 혈관처럼, 프랑스 사막에 있는 수백 수천의 지점에서 복음과 성령이 솟아 나와 사람들의 삶을 고무시키고 주도적 계획을 일으키며 하느님 백성과 교회의 요소들을 다시 건설한다.[16] 은사들(성령이 그리스도의 몸의 건설을 위해 방향 지어 준 재능들)은 거기서 진정 근본에서부터 다시 태어나는 교회의 '질서 원리'(Ordnungsprinzip)가 된다.

사제들은 이러한 사실에 직면해서 종종 당황스러워한다. 만

---

15 거대한 여러 공항 가운데 한 곳에서 사목하는 어느 담당 사제는 다음과 같이 말한 바 있다: "여기서 일하는 15,000명의 사람들 가운데 정기적으로 본당에 오는 신자는 대략 70명 정도밖에 되지 않습니다… 물론 프랑스 전국의 평균은 다릅니다. 하지만, 이 얼마나 큰 문제입니까!"

16 15만명의 자발적인 교리 교사들을 비롯해 불쌍한 사람들, 감옥에서 출소한 사람들, 마약 중독자들, 어려움 중에 있는 여성들을 돕기 위한 수많은 사업을 생각해 보자… 복음적인 삶을 살아가기 위한 새로운 형태들이 만들어지는 것에 대해서도 생각해 보자. 그와 관련해서, 예컨대, 다음의 아티클을 볼 수 있다: "Vie religieuse: nouveaux départs?", Bullettin n.92 de *Pro mundi vita* (Bruxelles), 1er trimestre 1983.

일 신자들이 교회의 구성 요소들을 새롭게 탄생하게 하거나, 적어도 그러한 요소들을 존재하게 한다면, 수품(授品)된 사제들에게는 어떤 역할이 남게 될까? 사실, 사제들은 특히 자신들의 직무에 있어 '대상'이 되는 신자들 앞에서 모든 것을 하고, 모든 것을 관리하는데 익숙해 있다. 그런데, 이제 관건이 되는 것은 공동체의 멤버들이 자신의 삶과 교회의 삶에 있어 주체가 되는 그런 공동체이다.[17] 이는 은사들로부터 시작해서 1코린 12,4-30에 제시된 프로그램에 대한 새로운 관심을 통해 형성된다. 그렇다면, 아래로부터 시작해서 그리고 은총의 자유로운 쇄도를 통해 실현되는 교회의 건설에 있어서 수품된 사제들의 고유한 자리는 어디에 있을까? 물론, 사도적인 설립과의 연결을 보장하기 위한 자리가 그것이다. 그 설립은 새로운 하느님 백성의 설립자이신 그리스도에게서 온다. 사제는 주교의 서품을 통해 그리고 교회 공동체 안에서 사명과 직무의 사슬을 구성하는 멤버로부터 세워진다. 이 직무 사슬의 첫 번째 고리는 열두 사도들이다. 교회에는 주교의 분명한 현존이 있다. 이 현존은 그 자체로 사도단의 현존을 드러낸다.[18] 주교는 자신의 사도성과 가톨릭성 안에서 공동체(이는 또한 그를 바탕으로 살아간다)를 제도와 연결하는 자

---

17 이 주제에 대한 신학적 성찰은 다음을 보라: Hervé Legrand, "Le développement d'Églises-sujets, une requête de Vatican II", in *Les Églises après Vatican II. Dynamisme et Prospective*, Éd. G. Alberigo (Théol. historique 61), Paris, 1981, pp.149-184.

18 다음을 보라: 교령 「온 교회의 열망」, 2항 §§ 2-4; 5 § 1; 6; 7; 「인류의 빛」 28항.

격을 갖는다. 이렇게 해서 수품된 직무는 사도들에게 위임된 성사적 활동들, 죄에 대한 용서와 성찬례를 자신의 고유한 것으로 갖는다. 하지만, 세례를 통해 모든 사람을 교회 안으로 들어가게 할 수 있다. 이처럼 교회는 강생을 통해 말씀으로부터 그리고 동시에 성령으로부터, 또는 영광스럽게 되신 주님으로부터 유래하는 실재로 드러난다. 주님은 사람들 안에서 그리고 성사적이고 법적인 구조들 안에서 끊임없이 활동하신다. 진정 하느님은 서로 잡은 두 손과 함께 활동하신다.

제6장

그리스도론 안에서 성령의 자리

나는 토마스 아퀴나스의 그리스도론에 의해 양성되었고[1] 이를 언제나 사랑했다. 사실을 말하자면, 나를 양성한 것은 특히 신비체 사상을 바탕으로 한 구조적이고 근본적인 은총의 신학이었다. 『신학대전』 제3부 제7문~제8문은 내게 소중한 것으로 남아 있다. 그러나 오늘 나는 제3부의 논술(다시 읽은 제1문~제60문까지)이 왜 극복되었고 만족스럽지 못하지 더 잘 알게 되었다. 『신학대전』 제3부는 분명한 위대함을 갖고 있다. 토마스는 그리

---

[1] 헤리스(P.Ch.-V. Héris)의 가르침. 그에 대해서는 다음과 같은 그의 작품에서 본질적인 요소를 보게 된다: *Le mystère du Christ*, Paris, 1928. 더 나아가, 필자는 바오로 사도와 요한 사도에 대한 성 토마스의 주해서들을 열렬히 가까이했다. 귀유(M.-J. Le Guillou)는 다음 작품에서 이러한 주해서들을 기꺼이 강조한 바 있다: *Le Christ et L'Église. Théologie du mystère*, Paris, 1963.

스도의 존재론적인 상태를 규정하는 데 만족하지 않았다. 그는 "우리 인간을 위해 그리고 우리의 구원을 위해"(propter nos homines et propter nostram salutem) 참행복(beatitudo)을 선사하는 구원의 중개자이자 구세주로 제시하는 전망에서 그분을 보았다. 또한 그는 그리스도의 역사(수태고지부터 성부의 오른편에 좌정하신 것과 최종 심판에 이르기까지)를 구성하는 다양한 측면과 계기 그리고 주요 활동에 대한 상세하면서도 지극히 세심한 성찰을 자신의 신학에 도입했다. 그러나 토마스는 상징적인 이해 자료와 철학적 자료, 즉 아리스토텔레스의 자연학적 자료를 혼합하는 가운데, 이러한 활동과 측면 그리고 계기를 연구했다. 우리는 보다 순수하게 성서적이고 보다 진실하게 역사적인 강독을 원한다. 교회의 많은 교부들과 마찬가지로, 그에게 있어서 그리스도는 은총의 충만함, 자유의지의 사용, 자기 영혼의 영광(자기 육체의 영광이 아닌)을 잉태된 순간부터 소유하고 있다.[2] 물론, 곧 보게 되듯이, 토마스는 성령을 그리스도의 삶에 두었다. 그러나 과연 그는 성령과 관련해서 예수의 잉태에서 그분의 역할을 충만히 인정했을까? 그 역할은 단지 마리아의 태중에서 그리스도의 육체를 형성하는 것에만 있다. 그러나 말씀과의 위격적 결합에 대한 숙고는 지극히 배타적이다. 루카 1,35의 "지극히 높으신 분

---

[2] 잉태된 순간부터 은총의 충만함(q.34, a.1), 성장할 수 없음(q.7, a.12), 자유의지의 사용(q.34, a.2), 공로(a.3), 하느님에 대한 지복직관(a.4), 그 영혼의 영광(q.45, a.1; q.54, a.3).

의 힘"(virtus altissimi)은 그리스도이시다.³

성령에 대한 보다 좋은 평가는 창조된 은총(gratia creata)의 신학으로 인해 손상되었다. 토마스는 그리스도께서 자신의 인성(人性) 안에서 성령으로 충만했음을 알았고 이를 언급했다.⁴ 그는 그리스도를 성령의 감동에 지극히 예민하게 해 주는 선물들도 바로 그리스도 안에 두었다.⁵ 분명 그는 창조된 은총이 그 원천으로 창조되지 않은 은총(Gratia increata), 즉 성령을 전제로 하고 있다는 점을 알고 있었다.⁶ 그리고 이미 살펴보았듯이, 토마스에게 있어서 성령은 신비체에서 모든 생명의 시작인 심장과 같다. 머리 역시 이 심장에서 생명력을 받는다. 반면, 머리는 모든 지체에 명령한다. 만일 충만한 그리스도의 은총을 그분의 지체들, 즉 우리들에게 통교한다면, 그것은 오직 종적(種的)으로 동일한 은총이지만, 수적(數的)으로 동일한 은총은 아니다.⁷ 반대로, 이 은

---

3 *S.Th.*, III, q.32, a.1, ad1 et 2; a.2.
4 이에 대해 토마스는 다음과 같이 언급한다: II-II, q.14, a.1: "그리스도는 몇몇 경우에 인간적으로 행동하셨다… 다른 여러 경우에서는 신적으로 행동하셨다. 즉, 마귀들을 쫓아 버리고 죽은 이들을 부활케 하시며 그 밖에 그와 비슷한 일을 하셨다. 그분은 자신의 신성(神性)에 힘입어, 그리고 성령의 업적으로 인해 이러한 일들을 이루셨다. 그분의 인성(人性)은 성령으로 충만했다." *Com. in 1Cor.* c.15, lect.7: "아담이 영혼을 통해 자기 존재의 완전함을 획득했듯이, 그리스도께서는 인간인 한에서 성령을 통해 자기 존재의 완전함에 이르셨다."
5 참조. 예컨대, III, q.7, a.5; q.11, a.1, ad3.
6 *De veritate*, q.24, a.14; I-II, q.110, a.1; III, q.2, a.10; q.7, a.13.
7 "동의에 따라" 같은 은총이다: III, q.8, a.5.

총의 창조되지 않은 제1원리는 동일한 수(idem numero), 즉 그리스도와 우리 안에서 동일하게 같다.[8] 성 토마스가 창조된 은총 개념과 함께 작업했다고 하는 사실은 그대로 남는다. 이 은총 용어는 당시로는 최근에 만들어졌다(1245). 토마스는 합일의 은총을 첫째 자리에 두었다. 그것은 위격적 합일 자체를 말한다. 그러나 그것은 오직 그리스도의 신인적(神人的) 존재론을 실현한다. 그리스도가 자신의 인성(人性)에 따라 거룩하게 행동하기 위해서는 창조된 은총이 필요하다. 이는 필연적 귀결로서 합일의 은총에 있다. 따라서, 살펴본 바와 같이, 이 은총은 잉태된 순간부터 그분에게 있다.[9] 여기서 성령은 분명 전제되고 있다. 그러나 토마스는 특히 창조된 성화 은총을 비롯해 그리스도께서 거룩하게 활동하는 데 필요한 다른 은사들에 대해 명시적으로 언급했다. 이러한 은사들은, 가능한 성장이 배제된 채, 잉태된 순간부터 그분에게 충만하게 속하던 선물들을 말한다(III, q.7, a.12).

그러나 우리에게는 만족스럽지 않은 두 가지 근거가 남는다. 사실, 토마스는 강생하신 말씀의 존재론에 대한 그리스도론과 구원론을 유일하고 동일한 논술로 이해했다. 그리고 그는 구원론에 그리스도의 활동들과 생애의 다양한 순간들에 대한 연구를 도입했다. 하지만, 그는 거기에서 성령의 활동이 보증하는 상

---

[8] *Sent.*, III, d.13, q.2, a.1, ad2; *De veritate*, q.29, a.4; *In Ioan.* c.1, lect.9 et 10; II-II, q.188, a.3, ad3.

[9] III, q.6, a.6; q.7, a.13; q.34, a.1.

승의 순간이 아니라 하강의 순간, 말씀의 강생을 더 많이 숙고했다.[10] 칼케돈 공의회는 첫 번째 관점에 따라 모든 것을 언급했으며, 이는 신학을 지배했다. 그러나, 스물더스(P. Smoulders)가 입증했듯이, 그럼으로써 구원 역사의 여러 단계에 따라 실현된 사명적이고 구원적인 업적으로부터 멀어지는 위험을 감수해야 했다. 단의론(單性論)의 위기와 그에 대해 649년 개최된 라테란 공의회와 680-681년 개최된 콘스탄티노폴리스 공의회가 제시한 해결책은, 그리스도의 인성의 진리 안에서, 그분이 성령의 움직임이 자리한 의식적이고 자유로운 행동을 통해 메시아이자 구원자로서 자신과 그러한 자신의 사명을 실현하도록 강조하게 했다.[11]

토마스는 그리스도의 역사를 구성하는 다양한 순간들을 숙고했다. 그러나 이를 충만하게 역사적인 방식으로 숙고한 것은 아니다. 모든 것은 강생(수태고지)과 함께 획득된다. 이어서 실현되는 것은 다른 사람들을 위한 표명이다. 의심할 바 없이, 고대 교부들 가운데 이와 비슷한 입장을 견지한 교부들을 발견할 수 있다.[12] 그러나 거기에는 구원 경륜의 역사적 특징에 대한 충만한 인식이 부족한 것처럼 보인다. 구원 경륜은 시간 속에서 일

---

10 참조. III, q.34, a.1, ad1.
11 P. Smulders, "Développement de la christologie dans le dogme et le Magistère", in *Mysterium salutis, 10*, Paris, 1974, pp.235-350.
12 그래서, 다음의 교부들에게서 예수의 세례와 관련된 진술을 발견할 수 있다: 유스티노 성인(*Dial.* 88,8 et 103,6), 아타나시오 성인(*C. Arianos* I, 47 et 48: *PG* 26,108C-109A et 112C-113A).

어나는 사건의 연속을 통해 실현된다. 이러한 사건들이 일어나게 되면, 새로운 요소들을 가져오게 된다. 카이로스의 순간들(kairoi), 또는 적절한 시간들이 존재하며, 이러저러한 사건이 실현될 수 있도록 그러한 시간들을 위해 정해져 있다. 이에 대해서는 마르 1,15; 갈라 4,4; 에페 1,10을 보라. 예수 자신도 자신의 '때'에 대해 말했다. 그리고 그러한 자신의 때가 아직 오지 않았다거나 왔다고 진술한다.[13] 우리가 가리키고자 하는 사건들에 의해 표시된 역사적 단계들은 예수 그리스도 안에서 그리고 어떤 의미에서 예수 그리스도를 향한 하느님의 자기통교가 실현되는 진정한 질적인 순간들이라고 할 수 있다. '구세주이신 그리스도'의 자격이라는 관점에서 볼 때, 성령이 예수 위에 연속적으로 도래한 순간들이 있었다. 이는 바로 우리가 인용하고자 하는 신약 성경 텍스트들이 가리키는 것과 같다.

루카 복음서의 첫 두 장(章)은 성령의 개입과 그에 대한 진술로 가득하다. 신적 경륜을 바탕을 한 그리스도의 시간이 시작될 때부터 성령은 활동하셨다. 동정 잉태 이후, 이러한 경륜의 첫 번째 결정적인 사건은 세례자 요한의 손을 통해 이루어진 예수의 세례였다. 마르코 복음사가에게 있어서 이는 기쁜 소식, 즉 복음의 시작을 가리킨다. 공관 복음서에서는, 예수께서 하느님의 사랑하는 아들이며 그분의 마음에 들었다는 음성이 하늘에서

---

13 참조. 요한 2,4; 7,30; 8,20; 12,23; 13,1; 17,1.

들려왔다. 이와 동일한 말씀은 시편 2,7(왕적 메시아니즘에 바탕을 두고 있으며, 2사무 7,14에서 다윗에게 나탄 예언자를 상기시킨 구절)을 다음과 같은 말로 계속하는 야훼의 종에 대한 노래의 시작과 결합시켰다: "내가 그에게 나의 영을 주었으니…"(이사 42,1).[14] 성령은 비둘기의 형상으로 예수 위에 내려왔다. 이는 삼위일체가 드러나는 순간이자 예수께 권한을 위임하는 순간이며 그분을 축성하는 순간이었다. 이 사건의 의미는 베드로 사도가 코르넬리우스 곁에서 했던 담화에서 강조되어 드러난다: "요한이 세례를 선포한 이래 갈릴래아에서 시작하여 온 유다 지방에 걸쳐 일어난 일과, 하느님께서 나자렛 출신 예수님께 성령과 힘을 부어 주신 일도 알고 있습니다. 이 예수님께서 두루 다니시며 좋은 일을 하시고 악마에게 짓눌리는 이들을 모두 고쳐 주셨습니다. 하느님께서 그분과 함께 계셨기 때문입니다"(사도 10,37-38). 기름 부음은 예수를 '그리스도', 즉 메시아가 되게 해 주었다. 신약 성경은 그에 대해 다른 것들을 알지 못한다.[15] 많은 교부들과 스콜라학자들을 비롯해 성 토마스는 이러한 기름 부음이 예수께서 잉태되는 순간에 일어났다고 보았으며 이를 말씀에 귀속시켰다.[16] 이는 위격적 합일(unio hypostatica)이라고 할 수 있다. 예수는

---

14 J. Dupont, "Filius meus es tu. L'interprétation du Ps II,7 dans le N.T.", in *Rech. Sc. Rel.* 35 (1948), 522-543.

15 I. de La Potterie, "L'onction du Christ", in *NRTh* 80 (1958), 225-252.

16 필자의 다음 작품을 참조하라: *Je crois en l'Esprit Saint. I*, Paris, 1979, pp.44-46.

이 첫 번째 순간부터 모든 것을 소유하셨다. 예수의 세례는 그리스도교적 세례가 간직한 모든 진리를 풍부하게 가리키기에 적합한 표현일 뿐이다. 힐라리우스 성인은, 이러한 교의적 입장을 부정하지 않은 채, 그에 대한 협소하고 엄격한 해석에서 벗어나고자 했다. 그는 그리스도가 이미 하느님의 아드님이시라고 보았다. 그러나 바로 그 순간 그분은 새로운 품격의 아드님으로 태어나셨다는 것이다.[17] 예수의 기름 부음에서, 그분이 세례를 받는 동안, 우리는 그분의 신적 아들 됨이 새롭게 실현되는 것을 보게 된다. 이는 그분을 '그리스도'로 세우고 선언하는 신적 아들됨이다. 전에는 그에게 그러한 선물들을 인정하지 않았지만, 그 이후부터는 이를 실현하게 된다.[18] 이제 그분 스스로 자신의 사명의 관점 아래 하느님 아들(Fils)의 자격과 종(Serviteur)으로서의 자신의 신분을 새로운 방식으로 실현하신다. 이는 인간적 의식의 수준에서 이루어졌다. 사막에서의 유혹도 이러한 차원에서 있었다. 그분은 사막에서 성령의 인도를 받았다(마태 4,1; 마르 1,12; 루카 4,1).

예수의 유혹은 그분의 메시아적인 세례에 이어 오는 첫 번째

토마스 역시 다음과 같이 썼다: "그런데, 그리스도는 잉태의 시작에서부터 성령의 은총으로 충만한 한에서, 영적 세례가 필요하지 않았다"(III, q.39, a.2; 또한 비둘기에 대한 상징적 발전에 온전히 할애된 a.6을 보라).

17 S. Hilaire, *Tract. in Ps 2*, II, 29. 다음에서 인용됨: J. Dupont, *art. cit.*, p.526.

18 이로 인해 그의 동향 사람들이 놀라게 된다: 루카 4,22; 마태 13,54-56; 마르 6,1 이하.

사건이다. 그러므로 그분은 즉시 "때(ho kairos)가 차서 하느님의 나라가 가까이 왔다. 회개하고 복음을 믿어라"(마르 1,15) 하고 선포하셨다. 예수는 하느님 나라를 선포하고 시작하기 위해 오셨다. 그분은 악마가 노예로 삼았던 사람들을 치유해 주셨다. 그분의 첫 번째 행위는 하느님 나라를 반대하는 자를 정면으로 대적하는 일이다. 그분은 세례를 받는 순간, 즉 성자이자 종의 지위에서 자신에게 선포된 메시지라는 정확한 맥락에서 그 일을 하셨다. 유혹자는 다음과 같이 교묘하게 말한다. 즉, "만일 네가 하느님의 아들이거든" ─ 유혹자는 오직 스스로 신이 되기를 원하는 유혹만 알고 있었다(창세 3,15) ─ 기적을 일으키고 능력을 펼쳐 보이라고 꼬드겼다. 그런데, 예수는 오직 성부의 뜻을 이루기 위해 오신 종이 되기를 바라셨다(히브 10,5-9). 그분은 "성령의 힘을 지니고"(루카 4,14) 갈릴래아에서 자신의 직무를 시작하면서 나자렛을 방문하셨다. 그분은 그곳의 어느 회당에서 자신의 모든 직무를 선언하고 종합하는 야훼의 종의 노래를 선택하셨다: "주님께서 나에게 기름을 부어 주시니 주님의 영이 내 위에 내리셨다. 주님께서 나를 보내시어 가난한 이들에게 기쁜 소식을 전하고 잡혀간 이들에게 해방을 선포하며 눈먼 이들을 다시 보게 하고 억압받는 이들을 해방시켜 내보내며 주님의 은혜로운 해를 선포하게 하셨다"(루카 4,18-19 = 이사 61,1-2; 58,6).

우리는 예수께서 성령에 대해 조금밖에 언급하지 않았으며, 첫 세 개의 복음에서 그에 대한 진술이 부족하다는 점을 잘 알고 있다.[19] 많은 주석가들은 비판적 분석과 더불어 제시한 결론을 통해 그에 대한 진술이 아주 적다고 보았다. 성령에 대한 진술들은 그것과 더불어 덜 특징적이지 않다. 그러한 진술들은 예수께서 "성령에 힘입어" 사탄에 대항한 자신의 투쟁을 진전시키며 하느님 나라의 창시자로서 자신이 가진 권한을 수행했음을 보여 준다. 예수는 악마들의 우두머리인 베엘제불의 이름으로 악마들을 쫓아낸다고 비방하는 '유다인들'에게 이렇게 대답했다: "내가 하느님의 영으로 마귀들을 쫓아내는 것이면, 하느님의 나라가 이미 너희에게 와 있는 것이다."[20] 베드로는 치유에 대해 말했다. 사실, 치유는 예수의 구원 활동에 있어 지극히 중요한 부분을 구성했으며 하느님 나라의 도래를 드러내는 표징이기도 했다: 루카 10,9-11. 예수는 하느님의 자비로운 주권과 호의를 드러내셨다. (이것이 그분의 나라이다.) 왜냐하면, 성령이 그분 안에 계셨고 그분 안에서 활동하셨기 때문이다.

---

19 필자는 오래전에 다음에 대해 연구한 적이 있었다: J.D.G. Dunn, *Jesus and the Spirit. A Study of the religious and charismatic experience of Jesus and the first Christians as reflected in the New Testament*, Philadelphia, 1975. 이에 대해 다른 여러 작품에서 살펴보았으며 거기서 더 이상 드러나지 않았다. 또한 다음을 보라: G.-R. Beasley-Murray, *Jesus and the Spirit* (=Mélanges Bibliques Béda Rigaux), Gembloux, 1970, pp.463-479. Beasley-Murray는 예수에게 있어서 사랑이 중심 주제라는 점을 모든 사람이 인정한다는 점에 주목했다. 그런데 그는 이 점에 대해 공관 복음서에서 2번만 언급했다.

20 마태 12,28. 이에 병행하는 루카 11,20은 다음과 같다: "그러나 내가 하느님의 손가락으로 마귀들을 쫓아내는 것이면…" 어떤 것이 근원적인 표현일까? 이 둘의 등가(等價)는 분명하다.

성령은 예수로 하여금 언제나 성부께 감사하는 가운데 기쁨에 넘치게 하셨다. 왜냐하면, 성부께서는 언제나 자신의 호의를 드러내길 원하셨기 때문이다(루카 10,21-22; 참조. 11,25-27). 복음사가들, 특히 루카는 자주 기도에 대해 아주 신중한 예수의 개방적 태도에 대해 지적하기도 했다.

히브 9,14에서도 성령에 대해 말하고 있는데, 여기서는 특히 "영원한 영을 통하여 흠 없는 당신 자신을 하느님께 바치신 그리스도의 피"에 대해 언급하고 있다. 몇몇 저술가들 역시 그렇게 생각했다.[21] 로마 전례는 영성체를 위해 준비하는 기도에서 이를 신중하게 암시하고 있다. 이는 이미 9세기에 문서화 되었으며 다양한 여러 문헌 중에서 가장 심오하고 풍부한 것으로 보존되었다: "협력자이신 성령"(cooperante Spiritu Sancto).

다른 어느 복음보다도 훨씬 더 부활 사건의 빛 아래 작성된 제4복음서는 그리스도께서 성령을 소유하는 것 이상으로, 당신 친히 성령을 선사하며 자신의 마지막 담화에서 '파라클리토'를 약속했음을 보여 주고 있다. 그러나 만일 선물에 대한 약속이 육(肉) 가운데 사셨던 예수의 삶의 순간에, 그리고 세례자 요한의

---

21 이는 다음과 같다: *Dict. Théol. Cath.* V, 222; H. Mühlen, in *Mysterium salutis, 13*, Paris, 1972, pp.212 이하; A. Vanhoye, *De epistola ad Hebreos*. Sectio centralis (c.8-9), Rome, 1966, p.158 et *Prêtres anciens, prêtres nouveaux selon le N.T.*, Paris, 1980, p.223 n.45 et p.256 n.47. 이와 반대로, 스피크(C. Spico, *Epître aux Hébreux*, pp.258-259)를 비롯해 대부분의 학자들은 단지 그리스도가 자신의 존재에 있어 지닌 영원성의 차원이 관건이라고 보았다.

순간에 속한다면, 효과적인 통교는 영광스럽게 되신 주님의 업적이다. 바오로 사도는 이 두 시점을 주의 깊게 구별했다:

"이 복음은 하느님께서 당신의 예언자들을 통하여 미리 성경에 약속해 놓으신 것으로, 당신 아드님에 관한 말씀입니다. 그분께서는 육으로는 다윗의 후손으로 태어나셨고, 거룩한 영으로는 죽은 이들 가운데에서 부활하시어, 힘을 지니신 하느님의 아드님으로 확인되신 우리 주 예수 그리스도이십니다"(로마 1,24).[22]

또한 예수께서는 육(肉)에 있어 다윗의 후손으로서 이미 하느님의 아들이시다. 하느님은 그에게 이렇게 말씀하신 바 있다: "너는 나의 아들이다." 그러나 이는 무엇보다 나약한 상태, 자기 비움(kenosi)의 상태에서 그렇다. 필리 2,6 이하의 찬가는 이에 대해 언급한다. 그분은 불명예스럽게 단죄되어 돌아가셨다. 그러나 하느님은 그분을 부활시키는 가운데, 십자가에서 단죄되고 버림받은 바로 그분이 그 자신의 같은 인성에 있어서 당신의 아들이라고 선포하셨다. 그분은 부활하시고 영광스럽게 되심으로써 "권능과 함께" 하느님의 아들이라는 새로운 상태에서 세워지

---

[22] 헹거(M. Hengel, *Jésus, Fils de Dieu*, Coll. Lectio divina 94, Paris, 1977, pp.98 이하)는 여기서 문제가 되는 것은 오래된 신앙 고백으로서, 이는 분명 바오로 사도에 선행하는 팔레스타인 신앙 고백이라고 보았다. 한편, 바오로는 '주님'(Kyrios)이란 용어를 148번 사용한 데 반해, '하느님의 아들'(huios theou)이란 용어는 15번밖에 사용하지 않았다(p.23).

셨다. 하느님(성부)은 예수를 부활시키셨다.[23] 그러나 이는 무엇보다도 성령에 의해 이루어졌다. 또한 우리의 부활도 그리스도 부활의 귀결로서 성령을 통해(dia) 일어난다(로마 8,11).

오래된 찬가를 담고 있는 1베드 3,18과 1티모 3,16에서는 바오로에 의해 구별된 두 가지 시점이 육(또는 살, chair), 영(Esprit)과 관련해서 구별되고 있다: "육으로는 살해되셨지만 영으로는 다시 생명을 받으셨습니다." "권능의 개념은 분명 성령의 개념과 연결되어 있다."[24] 육에 따른 우리의 몸은 나약하지만, 부활할 우리의 몸, 영적인 몸은 힘으로 충만하다. 영광스럽게 되신 그리스도, '종말적 아담'은 영적인 육체가 되셨을 뿐만 아니라 "생명을 주는 영이시다"(참조. 1코린 15,42-45). 예수는 육에 따른 자신의 몸을 희생제물로 봉헌하심으로써, 생명의 원천인 영화(靈化)된 영광스러운 몸을 받으셨다. 그분은 가장 깊은 심연(深淵)으로 내려가심으로써 가장 높은 곳으로 오르셨다. 이 위대한 신학은 오순절에 베드로의 입을 빌려 제시된 몇 가지 담화에서 루카에 의해 표현되었으며, 피시디아의 안티오키아에서 바오로의 입을 빌려 표현되기도 했다:

베드로: "이 예수님을 하느님께서 다시 살리셨고 우리는 모두 그 증

---

23 참조. 로마 8,11; 1코린 6,14; 2코린 4,14; 에페 1,19-20; 사도 2,32; 5,30; 13,32.
24 W. Grundmann, art. "Dynamis", in *Th. Wb. N.T.*, II, p.312.

인입니다. 하느님의 오른쪽으로 들어 올려지신 그분께서는 약속된 성령을 아버지에게서 받으신 다음, 여러분이 지금 보고 듣는 것처럼 그 성령을 부어 주셨습니다. 다윗은 하늘에 올라가지 못하였지만 그 자신이 이렇게 말합니다. '주님께서 내 주님께 말씀하셨다. 내 오른쪽에 앉아라, 내가 너의 원수들을 네 발판으로 삼을 때까지'(시편 110,1)"(사도 2,32-35).

바오로: "우리는 여러분에게 이 기쁜 소식을 전합니다. 우리 선조들에게 하신 약속을, 하느님께서는 예수님을 다시 살리시어 그들의 후손인 우리에게 실현시켜 주셨습니다. 이는 시편 제2편에 기록된 그대로입니다. '너는 내 아들. 내가 오늘 너를 낳았노라'(시편 2,7)"(사도 13,32-33).

마지막으로, 이러한 증언에 히브리서의 증언이 첨가된다(히브 1,5-6):

"하느님께서 천사들 가운데 그 누구에게 '너는 내 아들, 내가 오늘 너를 낳았노라'(시편 2,7) 하고 말씀하신 적이 있습니까? 또 '나는 그의 아버지가 되고 그는 나의 아들이 되리라'(2사무 7,14) 하고 말씀하신 적이 있습니까? 또 맏아드님을 저세상에 데리고 들어가실 때는 '하느님의 천사들은 모두 그에게 경배하여라'(신명 32,43, 희랍어) 하고 말씀하십니다."

"맏아드님을 저세상에 데리고 들어가실 때는"이라는 말씀은 그것이 강생을 가리킬 수 있음을 생각하게 한다.[25] 그러나 문맥 전체는 영광스럽게 되심을 가리키고 있으며, 특히 그에 바로 선행하는 두 구절이 그러하다: "그분께서 죄를 깨끗이 없애신 다음, 하늘 높은 곳에 계신 존엄하신 분의 오른쪽에 앉으셨습니다. 그분께서는 천사들보다 뛰어난 이름을 상속받으시어, 그만큼 그들보다 위대하게 되셨습니다." 또한 뒤이어 오는 것 역시 정확하게 제시되고 있다(히브 1,13; 2,9-10). 뒤퐁(J. Dupont)은 로마 1,3-4과 함께 관념과 맥락의 병행을 강조했다. 이에 대해 그는 다음과 같이 썼다: "로마서와 마찬가지로, 히브리서에서도 성자라는 칭호는 그리스도께서 영광스럽게 되는 것에 선행하는 시간에 대해 언급하는 가운데 그분에게 주어졌다. 하느님은 당신의 아드님을 통해 우리에게 말씀하셨다(히브 1,2). 그러나 이러한 칭호는 그리스도가 영광 중에 들어가신 다음에야 비로소 그분에게 충만하게 어울린다. 그럴 때 그분은 천사들보다 높은 분이 되신다. 이러한 우위는 그분에게 주어지는 이름에서 표현된다… 천사들에 대한 그리스도의 탁월함을 표현하는 성자라는 이름은 그 기원의 이유 때문에 그분에게 속하는 것이 아니라, 고양(高揚)의 순간에 그분에게 수여된 것이다."[26] 히브리서는 그리스도의 사제직

---

25 미카엘리스는 그렇게 생각했다: W. Michaelis, in *Th. Wb. N.T.*, *VI*, p.881.
26 *Art. cit.*, p.537.

에 대한 서간이다. 또한 그분이 자신의 나약한 상태에서 사제라는 것은 참되다(히브 4,15; 9,14). 그러나 이러한 자격은 그분이 하늘에 좌정하심으로써 완결된다(히브 5,9; 7,28). "그리스도께서도 대사제가 되는 영광을 스스로 차지하신 것이 아니라, 그분께 '너는 내 아들, 내가 오늘 너를 낳았노라'(시편 2,7) 하고 말씀하신 분께서 그렇게 해 주신 것입니다. 또 다른 곳에서 말씀하신 그대로입니다. '너는 멜키체덱과 같이 영원한 사제다'(시편 110,4)"(히브 5,5-6). 여기서 주목할 것은 성경 저자가 "아버지도 없고 어머니도 없으며 족보도 없는"(히브 7,3) 멜키체덱과의 비슷함을 어떻게 설명하는가 하는 점이다. 반호예(A. Vanhoye)는 다음과 같은 방식으로 이 구절을 주해했다: "부활하신 그리스도에 대해 다음과 같이 말할 수 있다. 즉, 그분의 부활이 그분의 본성에 대한 새로운 출산을 이루는 한에서, 그분은 '아버지도 없고 어머니도 없으며 족보도 없는' 사람이다. 그 어떤 아버지도 그 어떤 인간의 어머니도 개입하지 않았으며, 그분을 아무 족보도 없이 '첫 번째로 태어난 분'(히브 1,6)이 되게 해 준다. 만일 베드로가 그리스도인들에 대해, '그들이 예수 그리스도의 부활을 통해 다시 태어났다'(1베드 1,3)고 말할 수 있다면, 동일한 진술이 좀 더 강력한 이유로 부활 자체에도 유효하다."[27]

만일 강생하신 말씀의 순수 존재론적 구조를 고려한다면, 우

---

27 *Prêtres anciens*… (n.21), p.178.

리가 읽은 여러 텍스트에 그 모든 가치를 부여할 수는 없다. 역사적 그리스도론은 하느님의 아들의 자격에서 두 가지 순간과 두 가지 상태를 인정한다. 그분은 육(肉)에 있어서 "종의 형태로" 사셨다. 여기서 그분은 성령을 받으셨으며, 성령에 의해 성화되셨고 성령을 통해 활동하셨다. 특히, 악마에 대항한 싸움에서 그러셨다. 그분은 부활과 더불어 성령에 따라, 권능과 함께 하느님의 아드님으로 세워졌다. 그리고 "하느님의 우편에 좌정하셨으며" 그분과 같은 인성에 있어서 그분과 비슷해지셨다. 그때부터 그분은 하늘에서 성령을 선사하신다. 사도 2,33을 다시 읽어 보기 바란다.[28] 시초부터 말씀(Verbe)의 위격과 일치한 예수의 인성은 하느님 아들의 인성의 상태를 향해 인도되었다. 예수는, 이러한 영광의 상태를 받은 이후(요한 17,5), 성부 곁에서 파라클리토를 초대하신다(요한 15,26).[29]

---

28 다음의 작품에서 그에 대해 상당히 세심한 분석들을 볼 수 있다: M. Gourgues, *A la droite de Dieu. Résurrection de Jésus et actualisation du Ps 110,1 dans le N.T.* (Et. Bibl.), Paris, 1978, 특히 pp.163 이하; 209 이하.

29 요한 사도에게 있어서 성령은 예수가 영광스럽게 되셨을 때 선사된다: 요한 7,39. 무익한 자잘한 것들을 찾지 말고, 이렇듯 그분이 영광스럽게 되신 것을 그 지속성과 고유한 시기들을 갖는 과정으로 봐야 할 필요가 있다. 요한 사도에게 있어서 예수께서 영광스럽게 되신 것은 그분의 수난과 더불어 시작된다. 예수는 십자가 위에서 자신의 영을 선사하셨다: 요한 19,30. 그리고 그분은 자신이 부활한 날에 사도들에게 영(pneuma)을 선사하셨다: 요한 20-22장. 그러나, 다른 한편, 같은 날, 예수는 막달레나에게 다음과 같이 말씀하셨다: "내가 아직 아버지께 올라가지 않았다"(요한 20,17). 비록 예수는 부활하셨지만, 성부 오른편에 좌정하기 까지, 아직 이 지상에 나타나는 것일까? 그분은 성부 곁에서부터 파라클리토를 파

예수 그리스도는 다양한 칭호로 성자이시다. 이는 영원한 출산(generatio eterna)으로 인해 그러하시다: "그분은 창조되지 않고 출산되셨다." 이 경우, 그분은 외아들(Monigenitus, Monigenês)이시다. 하지만, 우리는 구원 경륜의 신학에서 시편 2,7("너는 내 아들, 내가 오늘 너를 낳았노라")이 역사에서 적용되는 텍스트들을 진지하게 취해야 한다. 이는 앞서 살펴보았듯이 우선 천사가 전한 잉태 소식에서(루카 1,35: "하느님의 아드님이라고 불릴 것이다"), 요르단강에서의 신현(神顯)에서(마태 3,17; 마르 1,10; 루카 3,22), 그리고 부활과 고양에서(사도 13,33; 히브 1,5; 5,5) 검증되고 있다. 이 모든 순간에 예수는 새로운 방식으로 '하느님의 아들' — 단지 '하느님의 아들'로 선언된 것뿐만 아니라 — 이 되었다. 이는 단순히 그분의 위격적 자질의 관점이나 강생하신 말씀의 존재론의 관점이 아니라, 무엇보다도 하느님의 '은총 계획'과 구원 역사에서 이어지는 순간들의 관점에서 볼 때 그렇다. 이런 관점에서 보면, 예수는 구세주인 한에서 '우리를 위해'(pour nous) 메시아이자 구세주로 예정되셨으며, 하느님의 '오른편에' 좌정하신 한에서 주님으로 예정되셨다. 베드로는 오순절에 다음과 같이 말했다: "하느님께서는 여러분이 십자가에 못 박은 이 예수님을 주님과

견하셔야 한다… 포쉬(F. Porsch)는 이러한 난제에 대해 다음과 같이 대답했다: 예수는 십자가 위에서 그리고 부활절 저녁에 영을 선사하셨다. 이 영은 고별사에서 약속한 바로 그 파라클리토이시다. 사실, 십자가와 부활이 영광스럽게 되는 과정의 시작이듯이, 그것은 약속한 선물의 시작일 뿐이다(*Pneuma und Wort. Ein exegetischer Beitrag zur Pneumatologie des Johannesevangeliums*, Frankfurt, 1974, 275-276).

메시아로 삼으셨습니다(epoièsen)"(사도 2,36). 그러므로 예수는 더 이상 단순히 '외아들'(Monigenês)이 아니라 '원형'(Protôkos), 즉, 하느님의 모델에 따라 그분에 의해 부름을 받고 예정된 많은 형제들에 비해, 영광스럽고 신적인 삶을 향해 '처음 태어난 자'로 간주된다. 맏아들로서 예수의 출생은 우리와 관련해서 하나의 형태 또는 두 가지 형태를 가지며 우리는 신적 자녀됨에 포함된다. 인간 예수처럼, 만일 부활에서 영광스러운 변모를 통해서가 아니라면, 비록 그분과 마찬가지로 이 현세 삶의 만물들과 더불어 신음한다 해도, 우리는 충만하게 하느님의 자녀가 되지 못할 것이다.

예수에게 있어서와 마찬가지로, 우리에게 있어서도 두 가지 국면 가운데 있는 하느님의 자녀로서 우리가 누리는 자격은 성령의 업적이다. 성령은 내면의 신적 삶에 있어서 세 번째가 되시며(동일본질[homousios]에 바탕을 둔 동등함 가운데), 동시에 구원 경륜에 있어서 은총의 결과이자 거룩한 삶의 실재로서 우리가 하느님의 자녀가 되게 하는 데 있어 고유한 작용자(agent)가 되신다. 하느님의 자녀로서 우리의 모든 삶은 성령에 의해 고무(鼓舞)된다: 로마 8,14-17; 갈라 4,6.

우리는 예수에 대해 진술하는 과정에서 모든 입양설을 배격해야 한다. 우리는 그분이 잉태되신 순간부터 위격적 결합(unio hypostatica)을 통해 존재론적으로 하느님의 아드님이심을 믿는다. 또한 그때부터 성령의 성전이시며 그 인성에 있어서 성령에 의해 성화되셨음을 믿는다. 그러나, 구원 역사의 연속적인 시기들이나 국면들을 존중하고, 각각의 국면이 지닌 현실 감각을 신약성경의 여러 텍스트에 부여하기 위해, 다음과 같이 살펴볼 것을 제안한다. 먼저, 세례에서 그분을 바라보고, 다음으로 부활과 들어 올림 받은 사건에서 그분을 바라보기로 하자. 이는 예수께서, 하느님에 의해 메시아이자 구세주, 즉 주님으로 (단지 선언된 것만이 아니라) 세워진 한에서, 그분 안에서 성령의 힘(효력)이 새롭게 실현되는[30] 두 시기를 대변한다.

* * *

이러한 '구원 경륜적' 자녀됨과 영원한 자녀됨 간의 관계에 대해 무엇을 말할 수 있을까? 우리는 익히 알려진 용어들과 함께 이 문제를 제시할 수 있다. 우리는 예수 그리스도가 하느님이심을 알고 있다. 그러나 어떤 방식으로 하느님이 예수 그리스도이실까? 일반적인 합의에 의해 장려된 듯이 보이는 첫 번째 접근처럼, 말씀(Verbe)은 '강생하는 분'(incarnandum)이자 동시에 "십자가에 못 박히는 분, 영광스럽게 되는 분, 하느님의 무수한 자녀들의 머리이신 분"(crucifigendum, glorificandum, caput multorum Dei

---

[30] 라다리아(L.F. Ladaria)는 이 용어를 인정한 바 있다: "Cristologia del Logos y cristologia del Espíritu", in *Gregorianum* 61 (1980), 353-360.

filiorum)으로 이해된다. 그러나 앞의 여러 페이지에서 우리가 언급한 것은, 이러한 측면 아래, 말씀이 "성부와 성령에서"(a Patre Spirituque) 발출한다는 점을 추가하게 해 준다. 왜냐하면, 성령은 강생하신 말씀의 역사에 있어서 모든 행위 또는 순간에 개입하기 때문이다. 만일 구원 경륜의 "행적과 발걸음"(acta et passa)을 말씀의 영원한 출산으로 되돌린다면, 우리는 거기에 성령도 두어야 한다. 만일 아무런 유보 없이 내재적 삼위일체가 경륜적 삼위일체이며 그 역도 마찬가지라는 원리를 견지한다면, 이는 '필리오퀘'(Filioque)에 대립하리라는 것을 바르트(K. Barth)는 주목했다. 그는 그리스도의 생애에서 성령의 활동이 존재의 구성 요소가 아니라고 주장하며 이 결과를 부인했다. 반면, 삼위일체적 발출들에 있어서 관건은 존재하게 하는 데 있다. 우리는 '상호적으로'(réciproquement)라는 말이 삼위일체 신비의 초월성을 존중하기 위해 독점적으로 취해져야 한다는 점을 다른 곳에서 입증한 바 있다.[31]

우리 편에서 보면, 우리는 바오로 사도와 요한 사도가 예수 그리스도를 (이미) 하느님 안에 존재하는 분으로 언급하기 위해, 우리 역사의 어느 주어진 시점에서, 그분이 육(肉)으로 오신 것으로부터 독립적으로, 그분에 대해 말하는 방식을 통해서 보다 근

---

31 참조. 필자의 다음 책을 보라: *Je crois en l'Esprit Saint. III*, Paris, 1980, pp.34-44 (바르트는 p.43에서 인용되었다).

본적인 방식으로 문제를 제기하기에 이르렀다. 그에 관련해서 주요 증언들을 상기하기로 하자.

몇몇 증언들은 단순한 예정의 용어들로 이해될 수 있다. 1티모 3,16: "그분께서는 사람(육)으로 나타나셨습니다." 1베드 1,19-20: "흠 없고 티 없는 어린양 같으신 그리스도의 고귀한 피로 그리된 것입니다. 그리스도께서는 세상 창조 이전에 이미 뽑히셨지만, 마지막 때에 여러분을 위하여 나타나셨습니다." 묵시 13,8은 종종 이 텍스트에 근접한다. 그러나 *TOB*는 어린양의 희생이 아니라 생명의 책에 신자들을 기재하는 데 있어 "세상의 기초를 세우는 것"에 대해 언급하고 있다.

하지만, 선재(préexistence)에 대한 진술들은 많다. 그중에서 필리 2,5 이하의 찬가는 가장 오래되었다. "그분께서는 하느님의 모습을 지니셨지만…" 그 다음, 요한 복음서에서 드러나는 예수 자신의 증언들도 있다: "나는 내 아버지에게서 본 것을 이야기한다"(요한 8,38). "세상 창조 이전부터 아버지께서 저를 사랑하셨습니다"(요한 17,24). "나는 아브라함이 태어나기 전부터 있었다"(요한 8,58). 특히, '인자'(fils de l'homme)라는 용어로 진술된 것들에 주목하기로 하자. 그분은 하늘에서 내려오셨고 그곳으로 다시 올라가실 것이다(요한 3,13; 6,62). 대사제에 대한 예수의 대답을 생각하자(마태 26,64; 마르 14,62; 루카 22,69).

'하느님의 모상'(image de Dieu)이신 그리스도라는 주제는 2코린 4,4에서 신중하게 드러난다. 그러나 그리스도 찬가인[32] 콜로 1,15-20 그리고 히브 1,2-3에서는 이 주제가 장엄하고 화려하게 공표되고 있다. 우리에게 죄로부터의 해방과 용서를 선사하는 그리스도는 보이지 않는 이런 하느님의 모습이며, 모든 피조물 가운데 맏이이시다. 하느님은 바로 그리스도를 통해 우리에게 말씀하셨다. 모든 것은 그분을 통해 그분을 위해 창조되었다(1코린 8,6). 만물은 그분 안에 존재한다. 그분은 만물의 유산이 되셨다. 앙드레 포이예(André Feuillet)는 이러한 텍스트들이 그리스도에게 영원하고 창조적인 지혜의 특권들을 적용한다는 점을 입증했다: 잠언 8,22 이하; 집회 24,5-6. 여기서 관건은 예수 그리스도이시다. 그렇다면, 그분은 우리의 역사에 등장하기 전에 하느님 안에 존재하셨을까?

영원하신 말씀과 강생하신 '인간-하느님'을 구별하는 것만으로는 충분하지 않다. 성경은 강생하신 하느님이 선재하셨음을 언급했다. 많은 신학자들은 이 문제를 진지하게 취하려 시도했다. 그 가운데 세 가지만 인용하기로 한다.

칼 바르트(Karl Barth)가 쓴 『교회 교의학』(Kirchliche Dogmatik)에서 하느님의 무상적인 선택에 대해 다룬 장(章)은 분명 그의 가장 독창적인 개념 가운데 하나이며, 아마도 가장 핵심적인 개념

---

32 포이예(A. Feuillet)는 아주 세밀하게 이 찬가를 조사했다: *Le Christ Sagesse du Dieu d'après les épîtres pauliniennes* (Et. Bibl.), Paris, 1966, pp.163-273.

이 아닐까 한다.[33] 우리는 이어지는 연쇄적 개념들에 따라 바르트의 사상을 종합하는 가운데 이를 기꺼이 제시하고자 한다.

관건은 형이상학적 근거를 세우는 하느님이 아니라 실제적이고 구체적인 하느님이다. 이 하느님은 계시되는 방식에 의해서만 이해될 수 있는 분이다(참조. p.195). 그분은 본질적으로 "우리 주 예수 그리스도의 아버지이시다"(p.7). 그분은 사랑으로, 무상적인 관용으로 "당신 사랑의 대상으로서 당신과는 다른 존재를 창조하고 선택하셨다. 그리고 더 이상 성자 없이 계신 하느님이 되지 않기 위해, 성자를 당신께로 끌어당기며 취하셨다"(p.9).

그러므로 자유롭고 무상적인 선택은 첫째 위치에 자리한다. 이렇게 고려된 한에서, 그러한 선택은 창조(그것은 창조의 근거이다) 이전에, 죄 이전에 있었다.

이러한 선택은 참하느님이시며 참인간이신 예수 그리스도의 선택이다. 그분 안에서 이스라엘에 대한 선택과 교회에 대한 선택이 있다. "하느님은 은총을 통해 자유롭게 예수 그리스도가 되기를 원하셨다"(p.104).

예수 그리스도는 단지 선택의 대상이 아니다.[34] 그분은 또한

---

33 여기서는 『교회 교의학』의 불어 번역본을 인용하기로 한다(이는 상당히 가치 있다): *Dogmatique*, Deuxième volume, *La doctrine de Dieu*, Tome deuxième, Genève, 1958. 여기서 관건은 §§ 32와 33, pp.1-204이다. 바르트는 「Foi et Vie」(avril-mai 1936)에 개제된 피에르 모리(Pierre Maury)의 "Election et Foi"의 설명에 찬사를 보냈다.

34 예정에 주목하는 토마스 아퀴나스의 신랄한 비판은 그리스도의 인성에만 관련

선택의 주체가 되신다. 그분은 단지 '선택된 자'(Erwählte)일 뿐만 아니라 '선택하는 자'(der Erwählende)이시다. "예수 그리스도는 선택하는 하느님이시다. 그분은 선택된 사람이시다"(p.106). 그분은 성부, 성령과의 일치 안에서 선택하는 주체이시다(p.108).

이러한 자유로운 선택의 내용은 이중적이다. 인간에게 있어서 그 내용은 생명이나. 그러나 하느님에게 있어서 그것은, 인간이 받아 마땅한, 예수 그리스도 안에서의 단죄와 죽음이다. 하느님은 그분 안에서 인간을 대신해 이를 친히 취하셨다.[35] 그러나 당신의 사랑을 향한 하느님의 충실함은 예수에게 있어 부활과 영광으로 그 효과를 드러낸다.

이 신학의 혼(魂)은 예수 그리스도께서 하느님이심을 드러내는 절대적인 진술에 있다. 이는 루터의 사상에서 우리에게 깊은 감명을 준 부분이기도 하다. 바르트는 요한 복음서의 첫 두 구절에서 예수 그리스도 이외에 다른 의미를 보려 하지 않았다. 우리도 그가 얼마나 강력하게 예수 그리스도와는 다른 말씀(Verbe)에 대한 숙고를 거부했는지 보여 주는 증인들이다. 바로 여기서 어느 토미스트는 반론을 제기한 바 있다. 사실, 토마스 아퀴나스는

된다. 그러나 이는 잘못이 아니라 불충분할 뿐이다.
35 "예수가 요청한 것이자 그분이 확증한 순명은 다른 사람들을 짓누르는 무게를 스스로 짊어지고 그들이 직접 겪어야 할 고통을 대신 받아서 수난하려는 그분의 기민함을 말해 준다."(p.127). "예수 그리스도를 선택하는 하느님의 영원한 의지는 당신이 창조하신 인간을 위해 당신 친히 희생하려는 의지이다"(p.169). "하느님은 인간이 승리할 수 있도록 스스로 패자(敗者)가 되길 원하셨다"(p.170).

다음의 진술이 참된지 질문했다: "한 인간이 하느님이다." 그리고 위격적 결합(unio hypostatica)을 바탕으로 이에 대해 긍정적으로 대답했다. 왜냐하면, 그 결합은 하느님 말씀의 위격적 결합이기 때문이다. 반면, 반복어법적인 것, 즉 그런 한에서 '인간'을 취해야 할지 그 여부는 정확하지 않다.[36] 토마스는 언제나 '공식적으로' 말했다. 위격의 속성이라는 칭호와 본성의 칭호는 다르다. 위격적 결합은 오직 시간 안에서 취해지고 결합된다. 그렇다면, 예수 그리스도가 말씀의 존재를 취하기 전에 이 말씀이 존재했다고 말할 수 있을까? 그에 대한 대답은 '아니오'이다. 사실, '이전에' 영원한 현재에서는 아무 의미가 없기 때문이다. '말씀-성자'의 영원한 출산은 그 종착지로 우리의 역사적 시간 속에서 예수의 인성을 취하는 '말씀-성자'를 지니며, 이는 마리아에게 이루어진 수태고지와 함께 실현된다. 반면, 이렇게 해서 마리아는 영원히 '함께 선택된 분'(co-élue)이자 '함께 예정된 분'(co-destinée)이 되신다. 따라서, 동서방 전례에서 구원의 신비들에 대한 거행은 지혜(Sagesse)에 대해 말하는 여러 텍스트에 적용된다.[37] 이는 상당히 심오한 측면이지만, 바르트는 이에 대해 주의를 기울이

---

36 *S.Th.*, III, q.16, aa.2-11.
37 알렉시스 크니아체프에 의해 제시된 동방 마리아 신학에서 이를 찾아볼 수 있다: Alexis Kniazeff, "Mariologie biblique et Liturgie byzantine", in *Irénikon* 28 (1955), 268-289. 이는 별도로 출간되었다(Chevetogne, 1955). 또한 다음을 보라: L. Bouyer, *Le trône de la Sagesse. Essai sur la signification du culte marial*, Paris, 1957.

지 않았다. 그러므로, 강생 이전의 말씀(Verbe)에 대해 언급해서는 안 되며, 오히려 예수의 인성을 취하지 않은 말씀에 대해 말할 수 있다. 이는 하느님의 삼-단일성(Tri-unité)의 필수적 신비와 은총에 바탕을 둔 그분 선택의 자유로운 신비 사이에 있는 차이와 관련된 조건이다. 이는 바르트가 알고 인정한 차이이기도 했다.

만일 구원 경륜을 통해서가 아니라면, 엄밀히 말해 우리는 삼위일체 신비를 알 수 없다. 그러나 그 신비와 관련해서 우리는 나자렛 예수와 구별되는 영원한 성자를 찾지 말아야 한다고 결론지을 수 있을까? 이 정식은 애매모호하다. 바르트도 허용하듯이, 역사는 다음과 같은 사실을 입증했다. 즉, 신학에 이르게 될 때, 비로소 이 경륜의 참되고 충만한 의미를 보존할 수 있으며, 영원하신 '말씀-성자'를 긍정할 때, 나자렛 예수의 참되고 충만한 의미도 보존할 수 있다. 하지만, 2세기부터 5세기까지 그리스도교적 성찰이 몰두했던 길을 주석가들이 거칠 수는 없다. 그들은 성경의 표현들을 따르길 원한다. 오스카 쿨만(O. Cullmann)과 피에르 브누아(P. Benoît)가 그에 대해 집필한 논문들이 그렇다.

쿨만은[38] '인자'(fils de l'homme, 그는 이 용어의 기원과 그에 대한 신약 성서적, 성서 외적 용례들을 연구했다)라는 칭호로부터 출발

---

38 O. Cullmann, *Christologie du Nouveau Testament* (Bibl. Théol.) Neuchâtel-Paris, 1958, pp.118-156, chapitre sur "Jésus le Fils de l'homme"

해서 천상 인간, '인간-하느님'으로서 예수의 '선재'(préexistence)를 허용했다. 즉, 예수는 하느님과의 완벽한 유사성을 실현했다는 의미에서 쿨만은 이를 허용했다. 그분은 육(肉)으로, 즉 하느님과의 유사성을 상실한 우리의 죄스러운 인성으로 오셨다(요한 1,14).[39] 이는 우리에게 그 유사성을 회복시켜 주기 위함이다. 그분은 두 번째 아담이자 하느님의 완벽한 인간적 모상이며 새로운 인류의 머리가 되신다. 천상 인간인 예수 안에서 인류의 신적 원형(prototype divin)이 죄스러운 인류와 합체되었다. 이는 당신의 순명과 수난으로 죄스러운 인류를 그 자신의 죄로부터 해방하기 위함이다. 그분은 하느님의 모상인 인간에게 위임된 사명을 완수하심으로써 영광 중에 천상으로 오르셨다. 쿨만은 다음과 같은 말로 자신의 연구를 마무리했다. 하지만 이러한 그의 견해가 다른 신학자들을 이해시키진 못한 것 같다. 그는 다음과 같이 기원했다.

"현대의 교의 신학자는 인자에 대한 신약 성서적 개념에 바탕을 둔 그리스도론을 구축해야 한다. 이와 비슷한 그리스도론은 이중적인 이점을 제시할 수 있을 것이다. 첫째, 이러한 그리스도론은 전

---

39 쿨만은 헤링(J. Héring)의 견해를 따르는 가운데 다음과 같이 주석을 달았다: "요한 사도는 그분이 '인간'이 되셨다고 말하지 않는다. 그분은 이미 인간이셨다." F. Benoît, "Préexistence et Incarnation", in *Rev. Biblique* 77 (1970), 5-29. 이는 다음과 같이 다시 출간되었다: *Exégèse et Théologie*, IV, Paris, 1982, pp.11-61.

체적으로 신약 성경에 초점이 맞춰져 있을 것이며, 예수께서 스스로 권리를 주장했다고 하는 칭호와 연결될 것이다. 둘째, 그리스도에게 있어서 두 개의 본성에 대한 문제(이는 결국 논리적으로 해결될 수 없다)는 해결책을 찾을 수 있는 영역으로 이전될 것이다: 즉, 시초부터 하느님과 함께 계신 선재하는 인자는 그분과 더불어 그분의 모상으로 선사되었다. 그분은 이미 자신의 본질로 인해 신적 인간(homme divin)이시다. 다른 여러 시대에 그리스도론적 논쟁들을 지배했던 곤란한 토론은 이러한 방식을 통해 극복될 수 있다."

무엇보다도 피에르 브누아(P. Benoît)는, 우리 역시 부분적으로 상기한 바 있는, 여러 텍스트들에 대한 결산을 제시했다. 그는 다음과 같이 언급했다:

"이렇게 생각하고 말하는 신약 성경의 방식은 문제를 제기하며 우리의 사고방식과 말하는 방식을 재고(再考)하도록 초대한다. 우리는 이에 대해 제대로 주의를 기울여야 한다. 여기서 관건은 예수 그리스도의 신성(神性)과 인성(人性)이라는 두 본성을 의심에 부치는 것이 아니며, 말씀(Verbe)이라는 하나의 위격 안에서 이 두 본성의 결합을 의심에 부치는 것도 아니다. 비록 신약 성경에서 그러한 방식으로 표현되지 않는다고 해도, 이러한 교의 정식은 완벽하게 유효하며, 계시의 일정한 논거에 따라 그 철학적 개념들과 더불어 수정될 것이다. 또한 그것은 믿음의 논거이기도 하다. 정확한 문제는 무엇보다도 다음과 같다: 수태고지의 순간에 이룩된 신성과 인성의 결합은 절대적인 시작으로, 그 이전에는 오직 말씀만이 삼위일체의 중심에 존재했는가? 아니면, 이 결합은 신비스럽지만 실제 상황에 선행하며, 비록 우리와는 다른 방식이긴 하지만, 미래의 '인간-하느님'은 그 상황에서 이미 선재했는가? 만일 그렇다면, 초월적인 순수 신적 존재(Être Divin)의 존재 방식도 아니며, 지상적 탄생 이후 인간 예수가 향유한 존재 방식도 아닌, 이런 우월적 존재 방식을 어떻게 이해할 수 있을까?"

피에르 브누아는 이 문제에 대한 대답을 시도하기 위해 천상 인간 개념을 따르지 않고, 유다적이고 성서적인 개념들 중에서 그리스도에게, 영원한 성자의 위격으로서의 존재 형태와는 다른, 창조된 선재에 대한 귀속을 허용할 수 있는 독창적인 존재 형태에 대한 언급을 찾았다. 예컨대, 이는 바오로 사도에 따르면(1코린 10,4), 이집트를 탈출하는 여정에서 유다인들을 동반한, 영적이지만 실제적인 바위의 현존이다. 또는, 예수에 따르면(요한 8,56-58), 아브라함이 보았던 실재이기도 하다. 이는 유다인들이 시간의 여명부터 토라에 귀속시킨 것과 유사한 존재를 말한다. 또는, 다니엘이 말한 인자의 존재 형태이기도 하다. 또는, 하느님의 창조적이고 통치적인 지혜의 존재 형태이기도 하다. 결국, 그것은 사람들에게 드러나기 이전부터 이미 하느님 곁에서 참으로 존재했던 실재를 말한다. 그것은 우리의 현세적 시간을 초월하는 지속의 틀에 따라 재구성된다. "예수는 우리 인간적 시간 속에 잠기기 전에 이미 온전히 인간이자 하느님으로서, 우리의 시간과는 구별된, 그러나 하느님의 순수 영원성은 아닌 상태에서, 지극히 실제적인 시간 가운데 존재해 오셨다." 성사적 실재(réalité sacramentelle)는 동일한 지속 형태에 따라 재구성될 수 있다. 사실, 그것은 시나긴 역사적 사건(그리스도의 수난), 현재의 은총, 약속된 종말론적 결실을 통합한다.

    신학자들은 성사적 시간을 다르게 해석한다. 그리고 소수의 신학자들만 의심할 바 없이 선재에 대한 가정에 있어서 피에르 브누아의 견해를 따를 준비가 되어 있다. 우리의 경우, 루이 부이예(Louis Bouyer)와 함께 다음과 같이 말하는 것으로 만족하기로 하자: "하느님은 시간 속에서 인간이 되셨다. 즉, 우리의 인성이 시간의 흐름에서 어떤 정확한 순간에 취해졌다. 그러나, 그분의 입장에서 볼 때, 그분은 우리의 인성을 영원히 취하신다. 성부는 영원히 성자를 낳으신다. 이는 그분이 강생하기 전뿐만 아니라 육(肉)이 되신 말씀으로서도 그러하다."[40] 영원성은 현실성

---

40 L. Bouyer, *Le Fils éternel. Théologie de la Parole de Dieu et Christologie*, Paris, 1974, p.486. 토론하는 가운데 많은 텍스트를 인용한 루이 부이예가 바르트에 대해 어떠한 언급도 하지 않은 것은 우리를 놀라게 할 수 있다. 하지만, 그는 p.285에서 다음과 같이 쓰는 가운데 바르트의 입장에 상당히 근접해 있다: "만일 그리스도가 영원으로부터 간직한 모든 것에 대해 발견하지 않고, 하느님이 이 모든 것과의 관계에서 그분을 통해 그분을 향해 하지 않았다면, 사실상 그리스도 안에서 구원을 향한 보편적인 호소에서 드러나는 이 신비의 본질은 무엇이겠는가?" 이를 드 뤼박의 다음 작품에 나오는 견해와 비교하기 바란다: H. de Lubac, *Le mystère du surnaturel*,

(actualité)이다. 또는, 바르트와 함께 이렇게 말할 수 있다: "하느님의 뜻은 시초부터, 당신 성자 안에서 또는 당신 말씀이 나자렛의 인간 예수와 이루는 결합의 구체적인 측면 아래 인간을 위해 당신 자신을 내어 주는 데 있었다"(p.185).

Paris, 1965, pp.128 이하.

제7장

성령
그리스도의 영
그리스도 일원론과 필리오쿼

무엇보다도 그 집필 시기가 54~57년으로 거슬러 올라가는 바오로 사도의 텍스트들을 다시 읽어 보기로 하자. 갈라 4,6-7은 이렇게 말한다: "진정 여러분이 자녀이기 때문에 하느님께서 당신 아드님의 영을 우리 마음 안에 보내 주셨습니다. 그 영께서 '아빠! 아버지!' 하고 외치고 계십니다. 그러므로 그대는 더 이상 종이 아니라 자녀입니다. 그리고 자녀라면 하느님께서 세워 주신 상속자이기도 합니다." 바오로 사도는 두 가지 존재 원리를 대립시켰다: '육'에 따라 살게 하는 율법과 성령의 삶, 성령에 따라 살게 하는 믿음이 그것이다. 성령은 하느님의 계획 또는 하느님의 의도를 이루신다. 그분의 계획은 인간을 당신의 자녀로 삼는 가운데 당신의 모상에 따라 인간을 다시 만드는 데 있다. 사실, 인간을 당신의 모상으로 다시 만드는 것은 그를 당신의 자녀로 낳는 것을 의미한다. 성자이신 예수는 완벽하게 하느님의 모상이시다: 2코린 4,4; 콜로 1,15. 우리는 세례와 함께 날인된 믿음을 통해 그분과 일치하며 그분을 닮게 된다. 우리는 세례를 통해 성령을 선사받는다(갈라 3,26; 5,5). 우리는 예수 그리스도에 대한 믿음을 통해 아브라함과 그 후손을 위해 하신 약속의 대상인 성령을 선사받는다(갈라 3,14. 22). 우리는 바로 이 후손, 그리스도의 몸, "성자 안에서 자녀들", 성자와 더불어 공동 상속자가 된다. 또한 우리는 그분처럼 하느님을 '아버지'로 부르는 가능성을 얻게 된다. 여기서 우리는, 비록 "당신 성자의 영"이라 말하진 않지만, 앞의 구절과 병행하는 구절인 로마 8,15-17을 인용할 필요가 있다: "여러분은 사람을 다시 두려움에 빠뜨리는 종살이의 영을 받은 것이 아니라, 여러분을 자녀로 삼도록 해 주시는 영을 받았습니다. 이 성령의 힘으로 우리가 "아빠! 아버지!" 하고 외치는 것입니다. 그리고 이 성령께서 몸소, 우리가 하느님의 자녀임을 우리의 영에게 증언해 주십니다. 자녀이면 상속자이기도 합니다. 우리는 하느님의 상속자입니다. 그리스도와 더불어 공동 상속자인 것입니다. 다만 그리스도와 함께 영광을 누리려면 그분과 함께 고난을 받아야 합니다."

그러므로 영(Esprit)은 성자의 영(Esprit du Fils)이다. 왜냐하면, 성령은 우리를 하느님의 약속을 실현해 주는 그분의 자녀적인 삶으로 효과적으로 인도하기 때문이다. 분명, 이러한 기능적 실재는, 그에 대한 존재와 진리를 정초하기 위해, 존재론적인 실재를 전제로 한다. 그러나 바오로 사도는 그것이 무엇인지 정확히 규정하지 않았다.

로마 8,9은 다음과 같이 말한다: "하느님의 영이 여러분 안에 사시기만 하면, 여러분은 육 안에 있지 않고 성령 안에 있게 됩니다. 누구든지 그리스도의 영을 모시고 있지 않으면, 그는 그리스도께 속한 사람이 아닙니다." 영은 우선적으로 하느님의 영(Esprit de Dieu)이다. 익히 알다시피, 여기서 말하는 '하느님'은 성부를 의미한다. 그러나 예수 그리스도 안에서 활동하는 하느님의 영은 우리의 신적 운명과의 관계 안에서 일하신다. 성부는 성령을 통해 예수에게 "기름을 부어 주셨으며" 그분을 그리스도가 되게 하셨다. 성부는 성령을 통해 그리스도를 부활시키셨고 영광스럽게 하셨으며 주님으로 세우셨다. 즉, 예수로 하여금 성령을 줄 수 있게 해 주셨다. "예수님을 죽은 이들 가운데에서 일으키신 분의 영께서 여러분 안에 사시면, 그리스도를 죽은 이들 가운데에서 일으키신 분께서 여러분 안에 사시는 당신의 영을 통하여 여러분의 죽을 몸도 다시 살리실 것입니다"(로마 8,11; 참조. 1코린 15,42-45). 우리는, 예수 안에 계셨고 활동하시는 이 영에 힘입어 하느님의 자녀가 되었으며 그분의 자녀로 살고 있다: 로마 8,14-17. 그러므로 은총의 경륜에서 볼 때, 영은 그리스도의 영(Esprit du Christ)이다. 외아드님(Unigenitus)은 은총의 경륜을 통해 많은 형제 가운데 맏이(primogenitus in multis fratribus)가 되신다:

참조. 로마 8,29. 우리와 관련해서는 다음과 같이 말할 수 있다: "우리는 모두 너울을 벗은 얼굴로 주님의 영광을 거울로 보듯 어렴풋이 바라보면서, 더욱더 영광스럽게 그분과 같은 모습으로 바뀌어 갑니다. 이는 영이신 주님께서 이루시는 일입니다"(2코린 3,18; 참조. 1코린 15,49). 또한 필리 1,19에서 말하는 '예수 그리스도의 영'(Esprit de Jésus Christ)은 바오로가 감옥에 갇힌 상태에서 누린 힘과 도움의 원리이다.

베드로 사도는 예언자들 가운데 현존했던 그리스도의 영에 대해 말하고 있다. 그들은 그리스도를 위해 유보된 고통 그리고 그 후에 이어질 영광과 관련해서 성령께서 미리 주신 지침들과 관련된 때와 상황에 대해 연구했다: 1베드 1,11. 이는 전통적으로 예언 활동과 연계된 하느님의 영(Esprit de Dieu)을 말하는 것은 아닐까? '그리스도의'(du Christ)라고 하는 정확한 표현은 그들의 선언이 내포한 그리스도론적 내용과 관련된 것은 아닐까? 그것이 아니면, 베드로가 그리스도의 영을 통해 예언자들에게 개입한 그리스도의 선재(先在)를 염두에 둔 것은 아닐까? 20절은 이 마지막 가정에 기댈 수 있을 것이다("그리스도께서는 세상 창조 이전에 이미 뽑히셨지만, 마지막 때에 여러분을 위하여 나타나셨습니다"). 따라서, 영원하신 성자와는 다른 일정한 시간과 존재 방식에서 그리스도의 선재를 위해 피에르 브누아에 의해 인용된 텍

스트들을 예로 들 수 있을 것이다.[1]

사도행전에서 성령은 여러 구체적인 경우에 사도를 인도하기 위해 개입하신다. 사도 16,7에서 그분은 '예수의 영'(Esprit de Jésus)으로 불리고 있다. 그 영은 바오로가 비티니아로 가는 것을 방해하셨다. 예수와 성령은 바오로를 고무하고 인도하셨다. 우리는 루카 복음서를 비롯해[2] 여러 복음서의 구절에서 동일한 활동이 그리스도(Christ)와 영(Esprit)에게 귀속되고 있음을 보게 된다.

전체적인 비전을 제시해 보기로 하자. 비록 다양한 용어들을 사용함에도 불구하고, 신약 성경의 여러 텍스트들 사이에는 깊은 일관성이 존재한다. 바오로 사도에 따르면, 하느님으로부터 파견된 성자는 우리에게 (입양된) 자녀로서의 자격을 얻어 주셨다: 갈라 4,5; 로마 8,3. 요한 사도 역시 영원한 생명이라는 용어로 동일한 실재를 표현했다: 요한 3,14 이하. 마지막은 이러한 시작에 응답하게 될 것이다. 즉, 우리는 성부의 유산에 참여하게 될 것이다(갈라 4,7; 로마 8,17. 21). 하느님의 자녀로서의 자격과 그가 누리는 이 생명은 영을 통해 우리 안에서 효력을 발휘하고 작용한다. 우리를 당신과 닮게 해 주시는 예수 그리스도 안에서

---

[1] 셀륀(E.G. Selwyn, *The First Epistle of Peter*, London, 1958, p.136 en note)은 이와 관련해서 멜리톤을 인용했다. 멜리톤은 그리스도의 수난에 대한 자신의 강론에서 그리스도에게 구약 성경의 기적들을 귀속시켰다.

[2] 예컨대, 루카 21,12-15은, 마태 10,18-20과 마르 13,10-12이 성령에게 귀속시켰던 도움을 그리스도에게 귀속시켰다.

우리에게 생명을 주시는 분은 영, 즉 성령이시다: 로마 8,9-17. 성령은 육신을 십자가에 못 박는 것에서부터 영광에 이르기까지 우리로 하여금 그리스도의 길을 따르게 해 주신다. 사실, 성령은 '하느님'의 영이듯이, 그리스도의 영이기도 하다: 로마 8,9.

베드로 사도는 또 다른 용어들을 이와 비슷하게 진술했다: "우리 주 예수 그리스도의 아버지 하느님"께서는 천상에서 부패하지 않는 유산을 허락하시기 위해 예수 그리스도의 부활을 통해 우리를 다시 태어나게 하셨다(anagennaô): 1베드 1,3-4. 23. 다시 태어나기 위한 수단 또는 조건은 살아 있는 말씀에 대한 믿음이다. 이 말씀은 그러한 생명의 씨앗(23절) 또는 '진리의 말씀'(야고 1,18, apokneô와 함께)이다. 1요한 3,9을 인용하지 않을 수 없다. 그에 따르면, 말씀 또는 성령이신 하느님의 씨앗을 통해 그분으로부터 태어나게 된다(동사 gennaô). 이 두 가지 해석은 모두 유효하다. 그리고 이 둘은 모두 요한 복음서에서 해당되는 것들을 발견할 수 있다. 사실, 만일 믿음을 통해 말씀을 '받는다면', 요한 1,12에서 말하는 "하느님의 자녀가 되는 권한"은 무엇일까? 우리로 하여금 위로부터 태어나게 하는 또는 두 번째로(anôthen) 태어나게 하는 것은 이 권한(puissance)이다. 이 권한을 지닌 분이 바로 성령이시다: 요한 3,3-5. 하느님의 자녀가 되게 해 주는 이 권한은, 복수로 읽히지만 몇몇 증언들은 단수로 취급하는 구절에서 즉시 분명하게 설명되고 있다: "이들은 혈통이나 육욕이나 남자의 욕망에서 난 것이 아니라 하느님에게서 난 사람들이다"(요한 1,13). 이들이 바로 우리들이다. 반면, 이를 단수로 읽게 되면, 그는 마리아와 성령에 의해 태어난 예수를 말한다. 그러나 이는 하느님의 선택이나 계획의 대상인, 같은 신비를 가리키고 있다. 여기서 언제나 관건은 우리 안에서 말씀이 탄생하는 것, 인간 육신에서 하느님의 아드님이 잉태되는 데 있다. 요한은 '아들들'(jioi)이 아니라 '자녀'(tekna)에 대해 말하고 있다(1요한 3,1 이하). 이는 분명 다른 칭호로 하느님이 그리스도와 우리의 아버지이심을 강조하기 위해서이다("내 아버지시며 너희의 아버지신 분": 요한 20,17). 하지만, 참여(성령은 그에 대한 옹호자이시다)는 하느님이셨으며, 하느님을 향해 영원히 계셨던(pros Theon: 요한 1,1 이하), 세상에 오신 말씀에 대한, 믿음에 바탕을 둔, 동화(同化)이다. 이 역시 제자들의 생명이다: 성령은 그들 안에서 말씀을 다시 활성화할 것이다. 왜냐하면 "듣게 될 것을 반복할 것"이기 때문이다. 말씀이신 성자께서는 영광스럽게 되실 것이다. 왜냐하면, 그분은 당신 것으로부터 취해서 이를 통교할 것이기 때문이다(요한 16,13-14).

    성령에 대해 또는 그리스도에 대해 말하는 텍스트들은 모두 구원 경륜에 바탕을 두고 있다. 그러나 그것은 또한 우리가 믿는 삼위일체 교리가 바탕을 두고 있는 신약 성경의 모든 진술의 경우에도 해당한다. 또한 "성부로부터 발출하는 진리의 영"에 대해 말하는 요한 15,26의 진술은 그리스도를 통해 이루어지는 이 성령의 구원 경륜적 도래 또는 파견에 대해 말하는 맥락에 속한다.

'성자'라는 용어는 오직 예수의 공생활로부터 출발해서만 유효하게 사용된다. 그러나 이는 우리로 하여금 피에 스호넌베르그(Piet Schoonenberg)의 선상에서 일종의 신학을 견지하게 해 주지는 못한다. 모든 것은 경륜에서 신학으로 넘어간다.³ 그리스 교부들은 바로 이 바탕 위에서 성자와 성령의 신성(神性)을 주장했다. 그에 따르면, 만일 그분들이 하느님이 아니라면, 그분들은 결코 우리를 신화(神化)할 수 없을 것이다… 참으로 신적인 것으로 진술된, 에너지(énergies)에 대한 동방 정교회 신학은 유비적인 길을 전제로 한다. 사실, 그들의 성서적인 증명은 예컨대 권한, 빛, 영광 또는 하느님의 얼굴에 대해 말하는 텍스트들에 바탕을 두고 있다. 이러한 용어들은 하느님께서 우리 안에서 작용하시는 것을 표현하고 있다. 여기서부터 '하느님 안에서'(en Dieu) 그것들의 실재에 대한 진술로 넘어간다.

구원 경륜에서 신학으로의 이행, 무엇보다도 이 둘을 하나로 일치시키는 연계점은 라틴 신학에서 '신적 파견들'(missions divines)에 대해 다룬 상당히 심오한 가르침을 통해 해명되었다. 이는 이 신학의 공동선이다.⁴ 말씀-성자는 성부로부터 이 세상

---

3 뒤바를르(A.M. Dubarle)는 신약 성경의 증언 위에 이 구절을 바탕 지었다: "Les fondements bibliques du 'Filioque'", in *Russie et Chrétienté*, IVᵉ sér. 2ᵉ année (1950), 229-244.

4 토마스 아퀴나스와 관련해서는 다음을 참조하라: *Sent.*, I, dd.14-16; *S.Th.* I, q.43. Dom Chambat, *Les missions des Personnes de la Sainte Trinité selon saint Thomas d'Aquin*, Abbay de S. Wandrille, 1945.

으로 파견되었다. 숨-성령은 성부와 성자-그리스도로부터 파견되었다. 이러한 파견은 은총 계획에 활기를 불어넣는 실재를 세상과 사람들 안에 놓아둔다. 그러나 이 실재의 기원은 성부로부터 유래하는 신적 위격, 그리고 성부와 성자로부터 유래하는 신적 위격 이외에 다른 것이 아니다. 여기서 관건은 성자가 우리의 육(肉)으로 파견되는 것이기 하는 것이다. 성자는 강생을 통해 성부로부터 발하며 자신이 취하는 육으로 파견된다. 성부 편에서 말씀의 영원한 발산은 말씀이 취하는 창조된 본성 안에서 자유롭게 종결되는 것을 지향한다. "너는 내 아들. 내가 오늘 너를 낳았노라"(시편 2,7)라는 성부의 영원한 말씀은 성자의 출산이 창조된 결과, 즉 동정녀의 태중에서 이루어진 강생에서 효과적으로 종결되는 가운데 새로운 의미를 취하게 된다. 이미 살펴보았듯이, 이 강생은 예수의 세례와 부활 그리고 영광스럽게 되신 사건에서 최종적으로 실현되고 새롭게 드러났다. 이렇듯 위대하고 지극히 심오한 신학에서 성부와 성자로부터 성령의 파견은 서로 결합된 성부와 성자로부터 이루어지는 성령의 '발출'(procession)이라는 영원한 신비에 그 기원이 있다.

    이러한 신학은 경륜적 삼위일체가 영원한 신비를 지닌 삼위일체라는 개념을 바탕 짓는다. 이 개념을 'Grundaxiom', 즉 '근본공리'라고 부른 칼 라너(K. Rahner)는 다음과 같이 덧붙였다. "그리고 그 역도 마찬가지이다." 그런데 경륜적 삼위일체(Trinité économique)가 영원한 삼위일체 또는 내재적 삼위일체(Trinité imman ente)라는 것은 아주 분명하다. 그리고 모든 것이 이를 허용하고 있다.[5] 우리는 경륜 안에서 하느님이 이루시는 당신 자신에 대한 계시가 아니라면, 그분의 신비를 알 수 있는 다른 수단을 갖고 있지 않다. 그분의 계시는 진정한 자기 통교(auto-communication)의 심오함과 밀도를 갖고 있다. 말씀과 성령은 은총의 '파견들'을 통해 "향유하도록" 우리에게 선사되었다. 이는 동방의 전통이 '신화'(divinisation)라고 부르는 것이다. 지금은 토마스의 설명에 대한 비판과 '에너지'에 대한 동방 사상을 한편에 놔두기로 하자. 우리는 이 사상이 지닌 중요성을 익히 알고 있다. 여기서 은총 경륜에 대한 통교를 요약하려는 것은 아니다. 필자가 앞서 집필한 작품들을 비롯해 본서는 그러한 통교를 충분히 명시하고 있다. 반면, 우리는 이미 "상호 간에 반대로 움직인" 비판에 대해 상기하고자 한다.[6]

1. 만일 하느님의 삼-단일성(Tri-unité)의 신비가 구원 경륜 가운데 계시된다면, 거기서 모든 것이 계시되는 것일까? 예수께서

---

[5] 칼 바르트(K. Barth)는 이를 다른 것보다 더 주장했다. 메가스 파란토스 교수는 이에 대해 다음과 같이 말한 바 있다(*op. cit.*, p.247): "동방 정교회의 신학은 기본적으로 그 문장의 정확성에 이의를 제기하지 않는다." 니사의 그레고리우스 성인은 다음과 같이 말했다. 즉, 세 위격들이 각자 경륜적인 역할에서 자신들을 드러내는 공통 에너지를 취하는 고유한 방식은 신성(神性)의 영원함에 있어 존재하는 고유한 방식과 다르지 않다는 것이다.

[6] *Je crois en l'Esprit Saint. III, Le fleuve de Vie (Apoc. 22,1) coule en Orient et en Occident*, Paris, 1980, pp.37-43.

제7장 · 225

는 다음과 같이 말씀하셨다: "나를 보는 이는, 아버지를 보는 것이다." "나의 아버지이자 너희의 아버지, 나의 하느님이자 너희의 하느님"… 서방은 하느님에 대한 인식 불가성(통교 가능한 에너지와 인식 불가한 본질 사이의 구별)과 관련해서 동방과 같은 체계를 갖고 있지 않았으며, 마찬가지로, 예수는 하느님의 자존성(自存性, aseitas)에 참여하지 않는다고 보았다. 한편, 라틴 교부들과 신학자들은 그리스 교부들과 마찬가지로 '출산'(generatio)과 '발출'(processio, 성령의 'ekporesi') 간의 구별을 이해할 수 없다고 선언했다.[7]

2. 하느님의 자기 계시와 자기 통교는 구원 경륜의 전망에서 자기 비움(kenosi)과 십자가를 통해 실현된다. 하느님의 영원성에서 삼위일체적 신비가 실재하는 방식은 우리에게 통교되고 우리가 접근할 수 있는 것 너머에 있다.

이러한 유보는 동방 정교회 학자인 메가스 파렌토스(Megas Farentos)의 비판과 정확히 일치한다.[8] 충분한 증거 자료를 바탕으

---

[7] 그리스 교부들: *références op. cit.* n. préc., p.63 n.41. Latin: S. Augustin, *Contra Maximinum II*, 14, 1; S. Anselme, *Monologion*, cc.61, 64 et 65.

[8] "Bemerkungen zur Trinitäts-u-Geisteslehre des Glaubensbekenntnisses von Nizäa-Konstantinopel", in *Le IIe Concile œcuménique. Signification et actualité pour le monde chrétien d'aujourd'hui* (Études theol. 2), Chambésy (CH), Centre orthodoxe, 1982, p.235-257(pp.244 이하).

로 한 그의 연구는 상당히 흥미롭다. 다만 안타까운 것은, 비록 공격적이진 않다고 해도, 그가 상당히 부정적인 방식으로 라틴 신학에 접근했다는 점이다. 그는 라틴 신학을 공개적으로 수용 불가한 결과 속에 가둬 둘 수 있다고 생각했다. 하지만 지나치면 해가 되고 만다. 거룩한 세 분에 대한 신비는 모든 면에서 우리를 넘어선다. 그러나 우리는 삼위일체의 신비에 대한 동방 전통의 묵상을 상당히 높이 평가하는 가운데, 영은 성자의 영(l'Esprit est l'Esprit du Fils)이라는 진술에 대해 동방 전통이 어떻게 경의를 표했는지 상당한 관심을 두고 알고자 한다. 따라서 우리는 교부들과 신학자들이 제시한 풍부한 지침과 최근의 독특한 진술들을 제시하고자 한다.[9]

이미 그리스 교부들의 수준에서 볼 때, 두 가지 가치가 이 사안을 지배하는 것으로 보인다.

1. 위격의 독창성에 대한 상당히 생생한 감각. 라틴 교부들과 알렉산드리아 교부들은 신적 위격들의 동일본질(homousios)에 상당히 많은 힘을 실어 주었다. 그 반대에 대해서는 할 말이 없다. 그러나 "위격은 인간이 자신의 본성으로 환원될 수 없음을 의미

---

[9] 특히, 바로 앞의 각주에서 인용한 작품의 pp.201-211에서는 다음과 같은 상당히 풍부한 연구서를 제시한다: Dumitru Staniloae, "La doctrine de la Procession du Saint-Esprit du Père et de la relation de Celui-ci avec le Fils en tant que base de l'adop-tion filiale et de la déification de l'homme"

한다."¹⁰는 감각은 동방 신학으로 하여금 본체(substantia)에 대한 담화와는 독립적으로, 다양한 표현들을 활용하는 가운데, 위격들에 대한 담화를 할 수 있게 해 주었다. 위격의 관점에서 볼 때, 성령은 오직 성부로부터만 발출한다(exporeusis). 하나의 위격은 다른 하나의 위격에서만 유래할 수 있다. 본질(ousia)의 일치라는 관점에서 볼 때, 성령은 성부와 성자로부터 발출한다.

2. 그리스 전통은 성령과 말씀 간의 관계들에 대해 제시하고 있지만, 기원이나 산출의 관계들과는 다른 관계들을 발전시켰다. 이 전통은 신적 위격들 간의 관계들을 바탕으로 한 하나의 총체적인 생명을 보고 있다. 그리고 이러한 관계들을 언제나 삼위일체적이고 상호적인 것으로 보기 위해 의존에 바탕을 둔 순수 직선적인 스케마를 피한다.

가장 흔한 진술 가운데 하나는, 성령이 성부에 의해 성자 안에서 받아들여지며 성자 안에서 쉬거나 거한다는 것이다. 이는 다마스쿠스의 요한 성인의 언명이기도 하다.¹¹ 아마도 이는 요한

---

10 이 말은 로스키의 표현이다: Vl. Lossky, *A l'image et à la ressemblance de Dieu*, Paris, 1967, p.118.

11 *De fide orth.* I, 8 et 13: *PG* 94, 821 et 857. 다음 아티클에 그레고와르의 박식하고 긴 해설이 있다: J. Grégoire, "La relation éternelle de l'Esprit au Fils d'après les écrits de Jean de Damas", in *Rev. Hist. Eccl.* 64 (1969), 703-755 (pp.728 이하, n.2).

1,32를 상기시키는 듯이 보이지만, 여기서 관건은 세례 중에 있는 그리스도이다. 말씀은 동일하지 않다(menô). 동일한 동사를 내포하고 있는 이사 11,2을 좀 더 상기할 수도 있다. 다마스쿠스의 요한은 자신을 선행하는 교부들(아타나시우스, 디디무스, 나지안주스의 그레고리우스)의 견해를 요약했다.[12] 그레고리오 팔라마스 성인은 언급하길, 성자 안에서 성령의 '쉼'(repos)은 성자를 '교회의 보물 관리자', 그분의 개인적 거주지가 되게 해 준다.[13] 성자가 성령과 더불어 갖는 이 영원한 관계는 성자 편에서 우리를 향한 성령의 파견에 있어서 바탕이다.

말씀과 숨은 성부의 입에서 동시에 나온다. 따라서 그들 간에는 질서가 있으며 숨-성령은 성자 안에 계시다. 성령은 성자를 동반하며 성자 안에서 자신의 활력 또는 에너지를 드러낸다. 다마스쿠스의 요한은 언급하길, "우리는 성령이 말씀을 동반하며(sumparamartein) 자신의 활력(energia)을 드러낸다는 점을 알았다."[14] 우리의 저자들은 성령은 언제나 성자와 함께하며, 성자를

---

12 다음을 보기 바란다: Athanase, *Ire lettre à Sérapion*, 14 (*PG* 26, 565 B; S. Chr. 15, p.107); Didyme, *De Trinitate* I, 31 (*PG* 39, 425 A: avec 'para'). 토마스 아퀴나스는 '필리오퀘'에 대한 반론의 형태 아래 그 개념을 다뤘다: *S. Th.* I^a, q.36, a.2, ad4. 참고 문헌은 다음을 보라: Martyrium Andreae (*Epist. presbyter. et diac. Achaiae*), prol. (*PG* 2, 1217); M. Bonnet, *Acta Apostolorum apocryph.* II, 1 (1898), p.2.

13 *Œuvres* (grec) éd. P. Christou, I, Thessalonique, 1962, p.56. 이는 스타닐로에(D. Staniloae)에 의해 인용되었다.

14 *De fide orth.* I, 7: *PG* 94, 805. 스타닐로에에 의해 인용됨, p.206에서 그는 다음과 같이 지적했다: 이 표현은 니사의 그레고리우스의 편지에 거의 취해졌다, *PG*

동반한다는 점을 끊임없이 반복해서 언급했다. 그들은 강생의 경륜에서 이 점을 입증했지만, 영원한 삼자(Triade)를 향해 이 점을 주장했다.[15] 스타닐로에(D. Staniloae)는 다음과 같은 그레고리우스 팔라마스 성인의 주목할 만한 텍스트를 인용했다: "동반하는 것(sumparamartein)은 함께 있는 것(sunakolouthein)을 의미한다. 그러므로, 성령은 성자에게서 오지 않고, 성자와 더불어 성부에게서 온다. 이는 발출이, 어떠한 분리나 시간적 거리 없이, 탄생을 동반하는(sunakolothousa) 한에서 그렇다." 이는 성자 안에서 성부의 실재이므로, 성령은 거룩한 삼자를 완성한다. 신학자 그레고리우스는, 하느님은 자신의 단일성이 이중성이 된 이후 제3위격을 통해 자기 자신에게 회귀한다고 언급한 바 있다.[16] 아마도 이는 로마의 디오니시우스 성인이, 262년 알렉산드리아의 자신의 동명이인이 다음과 같이 썼을 당시에 말하고자 했던 것과 일치하는 듯이 보인다: "신적 말씀이 우주의 하느님과 일치해야 하며, 성령이 하느님 안에 거해야 한다. 그러므로 신적 삼위일체(Trinité divine)는 정점(頂點)이신 한 분, 즉 우주의 전능하신 하느

45, 17. 그리고 'sumparamartein'이란 용어 역시 신학자 그레고리우스에 의해 사용되었다(예컨대, *In Pentecosten Or. XLII*, 11).

15 참조. Th. de Régnon, *Études sur la Sainte Trinité*, IV, p.141 이하 et 148 (알렉산드리아의 키릴루스 성인의 주목할 만한 텍스트).

16 *Oratio de Filio*: PG 36, 76; *Oratio de pace*: PG 35, 1160. 다음에서 인용되었다: D. Staniloae, p.203.

님에게서 수렴되고 다시 인도된다."[17] 현대의 어느 철학자는 성령으로 하여금 위격들의 차이를 하나로 일치하도록 봉인하게 하는 이러한 완성의 역할을 다음과 같이 간결하게 표현했다. 이러한 그의 표현은 교회의 역사에서 신적 위격들 간의 '신학'과 더불어 성령의 경륜을 그러한 역할에 합치시키는 장점을 지닌다: "부성적 기원에서 성자를 수호하는 성령의 일치적 힘 자체는 성부의 품 안에서 그리스도를 수호하며, 사람들의 지속적인 증언들을 살아 있는 말씀(Parole)과 연결해 준다. 하느님의 신성(神性)이 그 말씀에서 절대적으로 표현되며 무한하게 선사된다."[18]

이 탁월한 텍스트는 증언 또는 전승에 대해 말한다. 그러나 말씀-성자 안에서 쉬며 성자를 동반하는 성령의 역할은 신약 성경이 말하는 모든 활동, 우선적으로 우리가 입양으로 하느님의 자녀가 되는 것에 적용된다. 이는 분명 단순히 법적인 것만은 아니다. 이것은 우리가 참된 새로운 탄생과 더불어 그리스도의 형제, 하느님 가족의 구성원이 되게 한다.[19] 그것은 신화적(神化的)이다. 이에 대해 스타닐로에(D. Staniloae)는 다음과 같이 쓴 바 있다: "성자와 함께 우리 안에 당신의 거처를 정하신 성령께서는 (따라서 성자의 영의 자격 가운데) 또한 우리를 성부의 자녀들이 되

---

17 이는 아타나시우스 성인에 의해 보존되었다: S. Athanase, *De decretis Nicenae Synodi*, c.26: 뎬칭거 112.

18 Calude Bruaire, "Le Dieu de l'histoire", in *Communio* IV (nov.-déc. 1979), p.7.

19 요한 1,12-13; 1요한 3,1-1.10; 5,2.4.18; 티토 3,5; 1베드 1,23 등.

게 하고 신화시켜 주신다."

우리는 그에 대해 분명하지 않은 상태에서, 선행하는 단락들이 '성자의 영'(Esprit du Fils)이라는 어휘에 대한 동방 정교회의 해석을 거스르지 않기를 바란다. 이러한 해석은 경륜(여기서 그리스도는 성령을 원인적으로 선사한다)과 신학(여기서 성령은 신적 위격들 간의 수준에서 유일한 성부로부터 위격적으로 나오지만, 성자-말씀과 더불어 원인적 산출의 관계와는 다른 관계를 갖는다) 사이를 구별한다. 이는 구원 경륜에 대해 말하는 신약 성경의 텍스트들을 문자 그대로 만족시키기에 충분하다.

라틴 전승은 통교된 성령의 경륜적 관계와 숨과 말씀 간의 영원한 관계 사이의 존재론적 연속성을 제시했다. 알렉산드리아 전승과 마찬가지로, 라틴 전승은 시작이 없는 시작이신 성부로부터 시작된 발출들을 통해 신적 본질(Ousia)에서 실체적 통교 과정을 보았다.

우리의 박사들은, 성령과 말씀 간의 관계에 대해 다루는 가운데, 우선적으로 성경을 인용했다. 그래서 예컨대 토마스 아퀴나스는 『대이교도대전』 제4권 24에서 로마 8,9, 로마 8,29과 관련된 갈라 4,6, 요한 15,26; 16,14(15절과 연계된)을 인용했다. 그는 강생하신 말씀의 경륜적 차원에서 이러한 텍스트들을 이해하는 것만으로는 충분하지 않다는 점을 입증하려 했다. 그는 자신의 『그리스인들의 오류 논박』(제목은 토마스 자신의 것이 아니다)에서 다른 텍스트들도 인용했으며 그리스 교부들의 증언들과 함께

이것들을 확증했다: 제2부, 제1장.

성 아우구스티누스로부터 시작해서 그 이후 삼위일체 신앙에 대한 라틴적인 성찰은 하느님 안에서 절대적인 방식으로 언급되는 것(거룩함, 지혜로움, 창조되지 않음, 전능하심 등)과 관계들의 용어들(예컨대, 성부-성자)로 언급된 것 사이에 대한 구별에 의지했다. 위격들은 본체의 일치 속에서 상대적으로 그들을 대비시키는 관계들을 통해 구별된다. 만일 신학적 근거(즉, 믿음의 내용에 대한 그의 성찰에 있어서 까다롭고 엄격한 근거)의 사용에 대해 반감을 갖지 않는다면, 우리는 안셀무스 성인과 성 토마스를 비롯해 그들의 입장을 지배하는 일종의 공리(公理)까지 따라야 한다: "하느님 안에서는 모든 것이 온전히 일치한다. 거기서는 근원의 관계들이 대립되지 않는다."[20] 이 원리는 근본적이다. 성령과 성자는 동등하게 성부로부터 발출한다. 만일 그들 간에 발출의 관계가 존재하지 않는다면, 오직 성자로부터만 성령께 갈 수 있다. 그리고 그들은 위격으로서 서로 구별되지 않을 것이다. 그러므로 강력한 의미에서 성자의 영에 대해 말하게 된다. 제2차

---

[20] 다음과 같은 형태 아래: "하느님 안에서는 모든 것이 하나이다. 거기에서는 관계의 대립이 없다"(In Deo omnia sunt unum ubi non obviat relationis oppositio). 이 공리가 문자 그대로 안셀무스 성인에게서 드러나지는 않는다. 그러나 그 의미와 관련해서 본다면, 이 공리의 의미가 그에게서 발견된다: *De Processione Spiritus Sancti*, c.1 (*Opera*, Éd. Schmitt, II, p.180, 1.27; 181, 1.2-4; 183, 1.3). 이는 교의 정식이 아니라 큰 가치를 갖는 신학적 원리이다. 필자의 다음 작품을 보기 바란다: *Je crois en l'Esprit Saint. III*, p.138, n.9.

리옹 공의회(1274)와 피렌체 공의회(1439)는 아우구스티누스와 토마스의 발자취 안에서 성령이 유일한 하나의 시작으로서 성부와 성자로부터(Filioque) 발출한다고 규정했다. 동방 정교회 학자들은 이 정식에 대해, 이런 방식으로는 성령이 위격에 고유한 것으로부터 발출되지 못하며 성부와 성자의 위격에 공통된 것으로부터, 즉 이 두 위격의 본성으로부터 발출된다고 첨가하는 가운데 계속해서 반론을 제기했다. 그렇게 되면 이 본성 역시 성령에 공통되고 만다. 따라서, 성령은 자기 자신으로부터 발출한다는 결론에 이르게 된다. 그러나 이것은 모순이다.

    토마스는 그에 대해 다음과 같이 대답했다. 즉, '숨을 내쉬는'(spiro) 행위는 성부와 성자의 위격에 있어 고유한 신성(神性)의 특성이지만, 그들에게 반대되지 않는 한에서 그들에게 공통될 수 있다는 것이다. 더 나아가, 이러한 특성이 있는 공동체에 있어, 성자가 성부로부터 속성을 받는 한에서, 질서가 있다. 성 토마스가 "성자를 통해 성부로부터"라는 정식을 받아서 설명하는 방식은 성령이 유일한 기출적 힘(virtus spirativa)으로부터 발출한다는 점을 강조하고 있다. 이 기출적 힘은 성부가 성자에게 본질과 함께 통교한 힘이다: 신학대전 I, q.36, a.3. "달리 말해, 성자를 통해 성령을 내쉰다는 것은 성부로부터 성령을 발출하게 한다는 것을 의미한다"(Dondaine, II, 326). 이에 대해 장-미겔 가리구(Jean-Miguel Garrigues)는 다음과 같이 상기한다. 즉, 제4차 라테란 공의회(1215)에 따르면, 본질 또는 실체는 발출의 시작을 출산하지 않는다. 즉, 본질 또는 실체는 그러한 발출의 시작이 아니다.[21] 그는 성령이 발출하는 유일한 시작은 "모든 삼위일체의 원천이자 기원인 성부 자신"이라고 결론 내렸다. 그러나 이러한 정식은 애매모호하다. 사실, 성부를 기출(氣出, spiratio)의 유일한 시작이라고 하는 것은 '필리오퀘'에 대한 부인을 의미한다. 아니면 그것은 단순히 성자가 '기출'의 특성을 성부로부터 받는다는 것을 의미한다. 왜냐하면 성자는 자신의 위격과 더불어 그분으로부터 동일본질적 신성(神性)을 받기 때문이다. 따라서 우리는 토마스의 입장에 있다.

다른 가톨릭 신학자들이 제시한 또 다른 정식들은 성령의 발출에 있어 시작은 본질이 아니라 위격들이라는 사실을 좀 더 잘 표현한다. 베르나르두스 성인(S. Bernardus)의 정식은, 만일 그것이 하나의 이미지 이상의 것이라면, 이를 잘 보여 준다고 할 수 있다. 그는 품격 있는 충만한 현실 감각과 더불어 두 위격 간의 입맞춤을 상기시켰다. 그에 따르면, 성령은 성부와 성자가 서로 주고받는 입맞춤(basium)이다.[22] 여기서 발하는 것, 즉 입맞춤은 참으로 두 위격의 행위이다. 또한 "하나의 기출하는 자, 두 기출된 자"(unus Spirator, duo spirantes)보다는 "두 기출하는 자"(duo Spi-

---

21　Concile de Latran, c.2, *DS* 804. J.-M. Garrigues, *L'Esprit qui dit 'Père' et le problème du filioque*, Paris, 1982, p.111-112.

22　*In Cant. sermo* 8, 2 이하; *PL* 183, 811 이하; J. Leclerco, *Le mariage vu par les moines au XIIe siècle*, Paris, 1983, p.114 이하.

ratores)가 있게 될 것이다… 여하튼 이미지들의 질서 이상을 넘지는 말기로 하자.

헤리베르트 뮐렌(Heribert Mühlen)은 보다 엄격하다. 그는 능동적 기출은 위격적 행위라는 사실에서 출발했다. 그러나 정확히 말해 기출은 성부와 성자, 즉 두 위격의 공통 행위, 즉 '우리-행위'(Wir-Akt)이다. 따라서 그는 언급하길, 수동적 기출은 산출된 바 그대로 성령의 존재 자체로서, 실체적인 '우리-행위'(Wir-Akt)인 것이다. 성령은 "Wir in Person", 즉 위격 가운데 있는 우리이며 삼위일체의 내면에 있는 '우리-관계'(relation-Nous)이다.[23]

이 신학으로부터 시작을 수용하기로 하자. 즉, 성부와 성자의 공통 행위로서의 능동적 기출이 그것이다. 여기에는 위격적인 측면을 강조하는 이점이 있다. 그러나 "두 기출하는 자"를 제시하지 못하는 문제가 있다. 그러나 성령을 "Wir in Person"으로 부르는 것이 성부와 성자에게 공통된 것을 고유한 위격성으로 성령에게 부여하는 것을 의미하지는 않을까? 이는 예견된 것이 아닌 듯싶다.

동방 신학자들은 성부라는 유일 군주로부터 출발한 산출 방식의 차이는 성자와 성령의 위격들을 구별하는 것으로 충분하다고 주장하는 가운데, 이 난해한 문제들에서 벗어났다. 그들은

---

23 H. Mühlen, *Der Heilige Geist als Person. In der Trinität, bei der Inkarnation und in der Gnadenbund. Ich-Du-Wir* (Münst. Beitr. 26), 3ᵃéd., Münster, 1969, p.157.

'출산'(gennesia)과 '나옴'(또는 '발출'[ekporeusis])이라는 이중적 용어를 제시한 데 반해, 라틴 신학자들은 '발출'(processio)이라는 하나의 일반적인 용어만 사용했다. 따라서, 동방 신학자들은 proienai 동사를 사용하는 가운데 성령이 성자로부터 '발출한다'고 말했던 데 반해, 성령은 성부의 유일 군주성으로부터 자신의 위격적 존재를 갖게 된다고 말한다. 그리고 이를 위해 ekporeuesthai라는 동사를 사용했다. 발출의 방식에 있어서 차이는 발출된 두 위격을 구분하는 것으로 충분할까? 토마스는 이를 거부한 데 반해, 둔스 스코투스(Duns Scotus)는 그에 대해 상당히 덜 확신했다. 이것은 진정 입증된 것일까? '출산'(gennesia)과 '발출'(ekporesi)은 원천인 신성에 있어서 서로 다른 두 시작의 특징을 띤 전혀 다른 두 가지 산출 방식일 것이다. 스코투스는 이를 본성과 의지에 연결했다. 삼위일체의 신비에 대한 라틴적인 구성에 있어 부과되는 것은 이 신비 자체에 대한 그리스도교적인 신앙에도 부과되는 것일까? 그러한 구성은 확실한 개념들, 특히 실체 개념과 관계 개념을 준비하고 있다. 반면, 우리는 동방 정교회의 전망에 적합한 개념을 갖고 있지 못하다. 그러나 우리 이성보다 더 확실한 논리를 하느님의 내밀한 신비에 적용해야 하는가? 아니 그것을 적용할 필요가 있는가?

한편, 적지 않은 어려움들도 있다. 서로 다른 두 가지 발출은 그 공통 기원에 있어서 실제로 서로 다른 두 가지 형식을 전제로 하는 것인가? 성령은 성부로부터 발출하지만, 성부인 한에서 성부로부터는 그렇지 않다고 말한다. 만일 그렇다면, 이 발출은 성령을 성자-말씀의 형제인 또 다른 아들이 되게 한다. 이에 대해 스콜라학자들은 다음과 같이 규정했다. 즉, 성령은 성부인 하느님으로부터 발출한다. 즉, 창시자(Auctor)이자 절대적 시작으로서의 성부로부터 발출한다는 것이다. 반면, 그리스 학자들은 다음과 같이 말했다. 즉, 성부가 시작(Arché) 또는 제1시작인 한에서, 성령은 '영기발'(Proboleus, 신학자 그레고리우스 성인, 다마스쿠스의 요한 성인)의 칭호 아래 성부로부터 발출한다: 성부는 (논리적으로 말해) 위격적 대립의 극점 이전인 신성의 원천이다. 이는 신경(信經)이 고백하는 것이기도 하다: "한 분이신 하느님(원천적 신성)을 저는 믿나이다. 전능하신 아버지" 사실, 가리구(J.-M. Garrigues)가 주목하듯이, 신경은 성령의 '발출'(ekporesi)을 '영기발'(Proboleus)이 아닌 '성부'(Pater)와 연결시키고 있다. 이 구절은, 우리가 보기에 같은 믿음을 표현한다고 확신하는, 두 가지 교의 신학에 접근하기 위한 노력을 끌어들이므로 여기서 인용하고자 한다.

"만일 그분(성부)이 아버지인 한에서 성령의 근원이라 한다면, 이는 그분이 성자를 출산하는 아버지로서 성부임을 의미한다. 그러므로 성부는 자신을 아버지로 드러내는 성자의 출산을 통해 그리고 출산 안에서 성령의 원천이다. 따라서 성령은 자신의 기원을 성자 안에서 성부(성자를 출산하는)로부터 가져온다. 이 성부는 삼위일체 전체의 유일한 시작이시다. '마치 하나의 시작처럼 성부와 성자로부터'

(a Patre Filioque tamquam ab uno principio) 이루어지는 성령의 발출은 이렇게 이해됨으로써, 거기서 기대할 수 있듯이, 성령이 자신의 발출(ekporeusis)을 영기발(proboleus)이 아니라 성부로부터 가진다고 언급할 때, 이는 381년 공의회에 의해 고백된 신앙 교의에 대한 설명 이외에 다른 것이 될 수 없다. 카파도키아 교부들 가운데 한 사람이자 이 공의회의 위대한 신학적 위상을 갖는 니사의 그레고리우스 성인 역시 성자가 성부의 품 안에 내포되어 있음을 보았다. 그리고 바로 이 성부가 아버지인 한에서 성령의 발출(ekporeusis)의 원인으로 보았다: '성자가 성부와 일치해 있으며 그분으로부터 자신의 존재를 받듯이, 성령은 유일한 원인(성부)으로 인해 성령의 위격 이전에 관상되는 성자로부터 받는다'(*PG* 45, 464)."[24]

가리구(J.-M. Garrigues)는 이미 1972년에 제안한 바 있는 설명(dans Istina, p.345-366)을 발전시켰다. 이어서 여러 교회가 함께한 에큐메니즘적인 공의회라 할 수 있는 '믿음과 헌장' 위원회에 의해 1978년 10월과 1979년 5월에 개최된 흥미로운 담화에서도 이를 발전시켰다.[25] 서로 다른 세 교회 출신의 세 명의 참

---

24 *Op. cit.*, (n.21), p.118.
25 *La théologie du Saint-Esprit dans le dialogue entre l'Orient et l'Occident*, sous la direction de Lukas Vischer: 이는 표지에 찍힌 제목이다. 소제목은 다음과 같다: "Conseil œcuménique des Églises. La théologie du Saint-Esprit dans le dialogue œcuménique. Document Foi et Constitution n.103", Paris, Centurion et Presses de Taizé, 1980.

가자들은 성령이 '성자-의-성부'(Père-du-Fils)로부터 발출한다는 사실을 주장했다. 이는 참가자들 전체의 승인을 얻은 최종 보고서였다. 이 보고서는 다음과 같이 말한다: "성령이 오직 성부로부터 발출한다고 해도, 이 발출은 삼위일체의 중심에 있는 성부와 성자 간에 존재하는 관계와 연결되어 있다. 성부는 이 관계에 힘입어 성부로서 행동한다." 가리구는 입증하길, 이 근본적 논거는, 테르툴리아누스(Tertulianus) 이후의 라틴 교부들과 그리스 교부들, 카파도키아 교부들, 다마스쿠스의 요한 성인에게 서로 다른 방식으로 개념화되었다. 공통으로 인정된 사실, 즉 '방식'에 대한 두 가지 적용 때문에, 볼로토브(B. Bolotov)는 자신의 유명하고도 주목할 만한 보고서에 사용한 용어를 다시 취했으며, 가리구는 두 가지 '신학적 언명'(theologoumena)이라고 부른 것을 산출했다.[26] 여기저기서 두 개의 원천과 관련된 서로 다른 두 가지 문제로부터 출발했다. 카파도키아 교부들은 위계적인 유출과 종속적 참여에 바탕을 둔 플라톤주의를 하느님에게 적용한 에우노미우스에게 대답해야 했다. 그들은, 키프로스의 그레고리우스 총대주교와 그레고리우스 팔라마스 성인이 표현하듯이, 제3위격의 생산 그리고 공통된 실체에 대한 참여와는

---

26 독어본: *Rev. intern. de Théol.* 6 (1898), 681-712; trad. française in *Istina* (1972), 261-289. 보브린스코이(P. Bobrinskoy)는, 볼로토브(Bolotov)가 '필리오퀘'(Filioque)에서 신학적 언명의 규약과 품위를 부정했음을 정당하게 비판했다(p.151, n.5). 그러나 필자가 보기에 볼로토브는 오류를 범했다. '필리오퀘' 교의는 신학적 언명이 되기 위해 그에 의해 제시된 조건들을 증명하는 것처럼 보이기 때문이다.

구별되는 방식으로 말할 수 있는 가능성을 바탕으로 하느님 안에서 이율배반적으로 본질(essentia)과 위격들(hypostasis)을 구별했다. 테르툴리아누스 이후 라틴인들은 본질 안에서 위격들의 발출에 얽혀 있었다. 상황이 이렇게 되자, 가리구는 그리스 교부들이 (논리적으로 전제된) 성자의 출산에서 유일하게 성부로부터 원인을 갖는 성령의 발출이 두 번째 출산은 아니라는 사실에 대한 부정적인 조건을 본다고 진술했다. 카파도키아-비잔틴의 신학적 언명은 다음과 같이 표현된다: 성령은 오직 성부로부터 성자를 통해 유래한다. 그리스어로는 다음과 같다: "ek monou tou Patros dia tou Hyiou ekporeuomenon." 라틴인들은 성부와 성자 간의 친교에서 성령의 동일본질적 발출과 관련해서 (주되지 않은 원인으로서) 긍정적인 조건을 성자의 출산에서 보았다. 라틴-알렉산드리아의 신학적 언명은 다음과 같이 표현된다: 성령은 성부와 성자로부터 발출한다. 그리스어로는 다음과 같다: "ek tou Patros kai tou Hyiou proïon." 라틴어로는 다음과 같다: "ex Patre Filioque procedit."

이 둘 사이의 결합은 교의적 핵심 자체에 대한 고백과는 서로 다르지만 모순되지 않는 서로 다른 이 두 신학적 언명들에 대한 인정에서 일어날 수 있다. 그러나 가리구는 유일한 하나의 정식에 도달할 수 있다고 생각했다. 그래서 그는 무엇보다도 그에 적합한 용어를 다음과 같이 세심하게 준비했다: 신경의 'ekporeuomenon'은 "qui procedit"으로 번역될 수 없다. 그것은 "성부 밖으로 데려가는, 성부로부터 나오는"으로 번역될 수 있다. 반대로, 'procedere'는 멀어져 가는 원점에 공간을 마련하는 기운데 진보한다는 것을 의미한다. 그리고 이는 그리스어 'prochôrein'으로 번역될 수 있다. 이는 부족해 보이는 미묘한 뉘앙스들을 도입하게 해 주며, 불길하게도 'ekporeuesthai'를 'procedere'로 번역하게 한다. 결국, 가리구는 가능한 에큐메니즘적인 정식으로서 다음을 제안했다: "성령은 유일한 성자를 출산하는 성부로부터만 나오는 가운데, 두 분으로부터 시작해서 발출한다." 이는 그리스어로 다음과 같다: "ek monou tou Patros ton Monogenê gennôntos ekporeuomenon kai ap'amphoin prochôron." 그에 해당하는 라틴어는 다음과 같다: "Ex unico Patre unicum Filium generante se exportans, ab utroque procedit."

여기서 'exportans'란 용어는 우아함이 부족하다. 'ekporeuesthai'를 'emitti'나 'emanere'로 번역했으며, 'proienai'를 'procedere'로 번역한 쉐벤(M.J. Scheeben)의 명제를 더 잘 취할 수는 없을까? 여하튼, 가리구의 정식은 그리스인들의 입장에서 우리의 공통 박사인 고백자 막시무스 성인(특히 그가 마리노스에게 보낸 편지에서)와 키프로스의 그레고리우스, 그레고리우스 팔라마스에게 호소할 수 있다.

하지만, 디미트루 스타닐로에(Dimitru Staniloae)는, 우리가 정식들의 차원에서 동의하는 것이 얼마나 어려운지 그리고 우리의 입장이 오해를 받을 수 있다는 점을 알려 주는 가운데, 이러한 명제들을 조심스럽게 비판했다.[27] 두 개의 전승을 하나의 정식으로 합치기 위해 시도하는 것은, 비록 헛되지 않은 일이라고 해도, 주제넘은 일일 수 있다. 제대로 설명하고 이해하려 시도한 이후에야 비로소 두 개의 전승을 동일한 하나의 신앙에 대한 고백과 생생한 실천에 함께 둘 가능성에 대해 좀 더 인정할 수 있을 것이다. 381년 콘스탄티노폴리스 공의회가 정식으로 만든 그대로의 신경(信經)을 규범적인 텍스트로 받아들이는 조건 아래 이러한 가능성을 인정할 수 있을 것이다.

이는 1981년 성령 강림 대축일에 로마와 이스탄불에서 거행된 성찬례에서 이미 제시되고 선언된 것이다. 이러한 성찬례 거행은 가톨릭 편에서 요한 바오로 2세 교황이 쓴 1981년 3월 25자 편지에 의해 콘스탄티노폴리스 공의회보다 먼저 이루어지고 선포되었다.[28] 그는 이 서간에서 이미 성령 강림 대축일 강론과 에

---

27 스타닐로에처럼 탁월한 사람이 다음과 같이 말하는 것은 우리를 놀라게 한다: 만일 성령이 성자로부터 발출하지 않는다면, 그것은 성자의 영이 될 수 있다: "만일 성령이 성자로부터도 유래한다면, 그것은 더 이상 성자의 영이 아닐 것이며, 오히려 배타적으로 성부의 영일 것이다. 따라서, '필리오퀘'는 성자의 영을 통해 자녀로 입양되는 것에 반대된다"(p.193). "동방에서 성자와 성령 간의 영원한 관계는 성자 편에서 성령의 파견에 의해 있다. 마찬가지로, 성부와 성자 간의 관계는 이 세상을 향한 성자의 파견에 의해 있다. 이와 반대로, 서방에서는 성령과 성자 간의 영원한 관계로부터, 본질적으로 신화(deificatio)와 사람들 자체에 대한 입양에 있는 업적을 통한, 사람들을 향한 성령의 파견이라는 결론을 도출하는 것을 피한다"(p.194). 이는 진정 우리의 입장들을 표현하지 못한다.
28 디미트리오스 1세는 '381년 콘스탄티노폴리스 공의회' 개최 1,600주년을 위한 회칙을 반포했다. 우리는 이를 주의 깊게 읽은 바 있다. 그 회칙에 다음과 같은

큐메니즘적인 총대주교 디미트리오스 1세에게 보낸 6월 4일자 편지에서 반복한 것을 언급했다: "제1차 콘스탄티노폴리스 공의회의 가르침은 여전히 그리고 언제나 교회를 비롯해 모든 그리스도교에 공통된 유일한 신앙의 표현이다."[29] 그는 381년 신경의 규범적이고 철회 불가한 가치에 대해 언급하고 있다. 그 가운데 분명히 '필리오퀘'(Filioque)에 대한 삽입 없이 텍스트를 인용했다: "이 믿음은… 우리는 이 믿음을 1981년에 순수함과 힘을 바탕으로 가르칩니다. 존경하는 이 공의회는 이러한 순수함, 힘과 더불어 믿음을 고백했으며 이 믿음을 16세기 동안 고백하도록 했습니다. 우리는 이 믿음을 고백하려 합니다." 그러므로 교황은 381년 텍스트가 절대적으로 규범적이라는 점을 선언했다. 따라서 '필리오퀘'는 이 텍스트에 준해서 이해되어야 한다. 이 점은 가르침의 객관적 내용과 관련해서 중요하다. 그러나 이는 또한 형식적인 관점에서, 신학적 그리스도론의 관점에서도 그렇다.

문장이 있는 것은 유감이다: "따라서, 성부로부터 성령의 영원한 발출과 관련해서 '필리오퀘'의 첨가, 즉 신성의 유일한 원천이 아닌 두 원천으로부터의 발출은… 거부되어야 한다"(N.14 de l'encyclique *Episkepsis*, n.254 [1981년 6월 15일], p.11, ou *Iréni-kon* 54 [1981], 230). 여기에는 부정확한 표현과 부당한 고발이 있다. 성부의 '유일 군주'에 관한 라틴적인 표현들과 관련해서는 필자의 다음 작품을 보기 바란다: *Je crois en l'Esprit Saint. III*, Paris, 1980, pp.183-192. 더욱이, 동방 신학자들은 선행하는 정식에 반대되는 "마치 하나의 시작처럼"(tamquam ab uno principio)이라는 정식을 비판했다.

29 Lettre *A Concilio CPno et Homélie de Pentecôte et lettre à S.S. Dimitrios I*[er]. *Docum. Cath*. n.1811 (1981년 7월 5일), pp.617-620 et pp.622-623.

교황은 규범이 사실상 교회의 믿음을 표현하는 에큐메니즘적 공의회라고 고백했다. 교황 자신도 여기에 복종했다.

* * *

'필리오퀘'(Filioque)는 종종 서방 그리스도교에서 인간학적, 성사적, 그리고 특히 교회론적 결과들을 용인했다. 우리는 이 문제에 관해 두툼한 책을 쓸 수도 있다. 하지만 여기서는 이미 이 문제를 다룬 바 있는 다양한 연구에 미루고, 단지 그에 관한 몇 가지 굵직한 전망을 제시하는 것으로 국한하고자 한다.

필리오퀘의 귀결로서 로마 가톨릭과 동방 정교회 간의 차이점을 집중적으로 조명한 것은 특히 블라디미르 로스키(Vladimir Lossky)에 기인한다(그는 이에 대해 해명하고 거대한 전승[傳承]을 다시 구현하는 데 상당히 기여했다).[30] "진정한 상호 내재성을 손상하면서 다른 두 위격을 연결하는 역할로 축소된, 그리고 자기 존재 자체 안에서 일방적으로 성자를 향해 종속된 성령은 위격적

---

30 여기서 앙드레 알로가 제시한 요약을 다시 취하기로 하자: André de Halleux, *la Rev. théol. de Louvain* 6 (1975), pp.13-14. 또한 계속해서 다음을 보기 바란다: V. Lossky, *Essai sur la théologie mystique de l'Église d'Orient*, Paris, 1944, pp.155, 163, 166, 171-172, 185, 193, 242-243; O. Clément, "Vladimir Lossky, un théologien de la personne et du Saint-Esprit", in *Messager de l'exarchat du patriarche russe en Europe occidentale* 8 (1959), pp.137-206, 201-204. 다음 각주에 인용된 연구서에서 제시된 몇몇 저자들에 대한 증거 문헌: p.58, 각주 72.

독립 그리고 자신의 경륜적 활동에 대한 위격적 충만함을 상실하게 된다. 이제 이는 교회적 수준이나 위격의 차원에서 말씀의 경륜에 대한 봉사를 위해 놓아둔 단순한 수단으로 이해될 뿐이다. 여기서 그리스도인의 삶이 지향하는 목적은 더 이상 성령을 통한 신화(deificatio)가 아니라 그리스도를 닮는 것(imitatio Christi)이 되고 만다. 하느님의 백성이 그리스도의 몸에 순종하는 곳에서 은사가 제도에, 내적 자유가 부과된 권위에, 예언주의가 법률주의에, 신비가 학문에, 속인이 성직자에, 보편 사제직이 직무적 위계에, 그리고 마지막으로, 주교단이 교황의 수위권에 순종하게 된다. 창조와 쇄신의 힘인 성령은 가톨릭 교회에 의해 압수되고 말았다. 그리고 가톨릭 교회는 그분의 대리자를 위해 성령을 그리스도에 의해 설정된 질서의 최고 수호자로 만들었다. 반면, 동방 정교회는, 자신의 편에서, 강생의 경륜과 성령 강림의 경륜 간에 상호 복종과 비옥한 긴장을 보존했다."

조금은 덜 논쟁적이지만, 역시 근본적인 방식으로, 그리스도 일원론에 대한 비난은 가톨릭 교회에서 니코스 니시오티스(Nikos Nissiotis) 교수에 의해 이루어졌다. 그는 이에 대해 여러 번 비난한 바 있다.[31] 거기서 모든 것은 그리스도와의 관계 안에서 드러

---

31 필자의 다음 아티클의 각주 2를 보라: "Pneumatologie ou 'Christomonisme' dans la tradition latine?", in *Ecclesia a Spiritu Sancto edocta. Mél. Gérard Philips* (Bibl. Ephem. Theol. Lovan. XXVII), Gembloux, 1970, pp.42-63 (이미 다음에 있다: *Ephem. Theol. Lovan.* 45, 1969, 394-416). 오늘날에는 이 저자를 비롯해 다른 저자들과 관련된 몇 가지 참고 문헌들을 추가할 수 있다. 하지만 이는 그리 많이 유용하지 않다.

나고 입증되었다. 성령은 이미 잘 만들어진 교회에 그 직무들과 더불어 첨가되며 단순히 그리스도의 기능만 수행할 뿐이다. 이러한 비판은 제2차 바티칸 공의회가 진행되는 과정 내내 전체 옵서버에 의해 제시된 것이기도 했다. 우리는 실제로 성령론에 우리 자신을 개방하고 있었기 때문에, 이를 염두에 두고자 노력했다. 성령에 대해 상당히 잘 언급한[32] 바오로 6세는 제2차 바티칸 공의회 문헌 전체에서 성령에 대한 언급이 258번 나온다는 점을 지적했다.[33] 이는 주목할 만한 일이지만, 그것만으로 성령론을 구성하는 것은 충분하지 않다.[34] 인류의 빛이 오직 성령으로만 흩뿌려져 있다고 말하는 것은 합당하지 않다.[35] 그러나 이 텍스트를 비롯해 하느님의 말씀, 그리고 다른 여러 텍스트에 관해 제기된 많은 비판은 우리의 상당한 관심을 불러 일으킨다.[36] 따

---

32 참조. Daniel-Ange, *Paul VI. Un regard prophétique. 2. L'éternelle Pentecôte*, Paris-Fribourg, 1981.
33 1973년 5월 23일 알현: *Doc. Cath.* n.1634 (1973년 6월 17일), p.552. 참조. 또한 다음을 보라: n.1635, p.601.
34 클레망(O. Clément)은 다음과 같이 이를 주목하도록 했다: "Quelques remarques d'un Orithodoxe sur la constitution 'De Ecclesia'", in *Œcumenica*, 1966, pp.97-116.
35 예컨대 웨스트팔이 그렇다: G. Westphal, *Vie et foi du Protestant*, Paris, 1966, p134.
36 N. Nissiatis와 O. Clément 이외에도, 개신교 편에서 다음을 보라: V. Vajta, "La refonte de la liturgie au concile œcuménique de Vatican II", in *Le dialogue est ouvert*, a cura di G.A. Lindbeck, Neuchâtel, 1967, I, pp.110-111; H. Roux, "Le décret sur l'activité missionnaire de l'

라서 우리의 전승 전체를 비롯해 제2차 바티칸 공의회 그리고 공의회 이후에 드러나고 있는 이러한 그리스도 단일설과 성령론의 부족에 대한 비난을 검토해 보기로 하겠다.

우리는 이미 성찬례 신학을 비롯해 은총 신학 그리고 신비체 신학[37], 마지막으로 교회론과 관련해서 제기된 이 문제에 관해 연구한 바 있다.[38] 스콜라 신학자들을 비롯해 토마스 아퀴나스는 성사들의 힘을 성령에게 귀속할 줄 알았다. 하지만, 그들은 그리스도의 태도와 은총 아래 성사들을 두었다.[39] 이 점에 대해 그들을 비난할 수만은 없다. 또한 동방인들이 성령에 부여하는 역할을 라틴인들이 정확히 성령에 부여하는 지점에서 '그리스도 단일설'에 대해 언급하는 일이 벌어진다.[40] 그래서 예컨대, 비오 12세에 의해「하느님의 중개자」(Mediator Dei, 1947년 11월 20일)에서 주어진 전례에 대한 탁월하고도 심오한 비전은 본질적으

Église", in *Vatican II, Points de vue de théologiens protestants* (Unam Sanctam 64), Paris, 1967, pp.112-114; G.G. Blum, *Offenbarung und Ueberlieferung. Die dogmatische Konstitution Dei Verbum des II. Vaticanums*, Göttingen, 1971, pp.189-206.

37 각주 31에 인용한 연구서에 있다.
38 다음에 있다: *Je crois en l'Esprit Saint. I*, Paris, 1979, pp.207-217. 226.
39 예컨대, 토마스를 보기 바란다: *S.Th.*, III^a, q.8, a.1, ad1; q.63, a.3, obj.1 et ad1; q.65, a.4; q.72, a.1, ad1.
40 이는 니시오티스에 의해 연구된 주제의 경우를 말한다: N. Nissiotis, "Der pneumatologische Ansatz und die liturgische Verwizcklichung des neutestamentlichen νῦν", in *Oikonomia. Heilsgeschichte als Thema der Theologie, Fest. O. Cullmann*, Hamburg-Bergstadt, 1967, pp.302-309.

로 그리스도론적이다.[41] 그렇다면, 교회를 위해서는 어떤가? 우리는 그에 관해 위대한 고전 시대, 말하자면 3세기부터 6세기까지 교회의 구조와 삶에 있어서 삼위일체적인 균형을 언급할 수 있다. 하지만, 사도 시대 말부터 교회에서는 언제나 모든 신자에게 있어서 성령의 선물들을 통한 성령의 능동적 현존에 대한 바오로 사도의 관점이 점차 부차적인 요소로 드러나고 있다. 이에 반해, 일치는 한 분의 수장(首長)에 대한 순명을 요청한다는 관념이 어렴풋이 드러나기 시작했다. 안티오키아의 이냐티우스에게 있어서 "한 분의 하느님, 한 명의 주교, 만장일치로 고백된 믿음"이라는 스케마는 그 틀로서, 일부는 구약 성경에서 그리고 일부는 배경이 되는 주변의 철학(헬레니즘 철학과 스토아철학)에서 영감을 받은 하느님의 단일성에 대한 관념을 내포하고 있다. 이 철학은 우주의 단일함에서 하느님의 단일함에 대한 반영과 결과를 보았다.[42] 하나의 머리(unum caput) 없이 하나의 몸(unum corpus)이 있을 수 없다는 스케마는 이후 서방의 교회론적 감각을 지배했다. 이 과정에서 사도들의 유명한 34개 조항에 의해 진술된 단체성(collégialité)과 공동 책임성(coresponsabilité)은[43] 교회론에 도입되

---

41 다음을 보라: 덴칭거 3840 (*AAS* 39, 1947, 528).

42 여기서 필자는 다음 저자의 견해를 따른다: H. Mühlen, *Morgen wird Einheit sein*…, Paderborn, 1974, pp.138 이하; 이냐티우스에 대한 언급, pp.144 이하.

43 수많은 텍스트들을 바탕으로 "하나의 머리가 있으므로, 하나의 몸이 있다"(unum corpus [quia] unum caput)라는 스케마를 해명할 수 있다. 이는 상당히 고전적인 스케마들과 더불어서도 해명 가능하다: S. Thomas, *C. Gentiles IV*, 76; Boniface VI

지 않았다(이는 지극히 부분적으로만[지역 공의회들, 로마의 추기경단] 또는 임시적으로[공의회우위설, 주교적 갈리아주의] 도입되었을 뿐이다). 특히 '보편 교회'의 용어들을 바탕으로 교회의 다양한 요소들이 성찰되었다. 그리고 그 보편 교회에는 '유일한 수장'(unum caput)으로서 '그리스도의 대리자'인 교황이 있었다. 이 모든 것은 알려진 것 이상이다. 현행 신학에서 (묄러[Möhler], 뉴먼[Newman]과 같은 일부 예외를 제외하고) 성령에 대한 숙고는 교회론적인 적용을 비롯해 영혼들의 내적인 삶에 대한 다양한 적용으로 상당히 풍요롭게 나뉜다. 그러나 이것만으로는 성령론을 구성하기에 충분하지 않다. 매닝(Manning)은 이 모든 문제와 관련해서 상당히 그에 부합한 자격을 갖춘 대변자이다.

제2차 바티칸 공의회를 준비한 다양한 운동과 공의회 자체 그리고 그 귀결로 발전한 것과 지속적인 노작(勞作)은 우리를 과거의 다양한 일방주의(만일 그랬다면)에 대한 수정으로 인도했으며 우리에게 참된 성령론을 향한 길을 열어 주었다. 묄러의 새로운 번역인 "초기 3세기 교부들의 성령에 따른 교회 안에서의 단일함 또는 가톨릭 사상의 원리"[44]와 함께 「Unam Sanctam」 전집을

II, bulle *Unam sanctam*, 18 nov. 1302 (덴칭거 872). 참조. 다음 작품들을 통해 제시된 참고 문헌들을 보라: *L'Épiscopat et l'Église universelle* (Unam Sanctam 39), Paris, 1962, p.245 n.2. 제1차 바티칸 공의회 이후의 시대에 대해서는 필자의 다음 책을 참조하라: *Je crois en l'Esprit Saint. I*, pp.222-223.

44 *L'unité dans l'Église ou le principe du Catholicisme d'après l'esprit des Pères des trois premiers siècles*. 이 작품의 번역을 개작해야 할 필요로 인해 묄러는 1938년에 제

시작했을 당시, 우리는 무엇을 해야 할지 단지 예측하기만 했다. 이 작품은 지나치게 법적이고 순수 그리스도론적인 교회론에 대한 반작용 또는 일종의 해독제가 되어 주었다. 성령에 대한 묄러의 반응은 일방적이었다. 그의 전망에서 성령은 교회를 창설하는 분이자 그 교회를 자신의 몸으로 만든 분으로 드러났다.[45] 이어서 묄러는 그리스도론적인 전망에서 자신의 사상에 대한 균형을 유지했다.[46]

우리는 다른 곳에서 제2차 바티칸 공의회에 의해 성령과 조화를 이룬 자리를 제시한 바 있다.[47] 여기서 보다 더 중요한 것은 충만한 교회론적인 성령론을 재발견하게 해 주는 발전을 상기하

2권을 출간했다. 이는 제1권처럼 기획되었다.

45 이에 관해 동방 정교회 신학자인 게오르그 플로로브스키는 Put' 1927, p.128 이하(이는 다음에서 인용되었다: S. Tyszkiewicz, in *L'Église est une. Hommage à Möhler*, Pa-ris, 1939, p.279)에서 놀라운 평가를 제시한 바 있다: "묄러의 사상은 서방 신학의 전형적인 결함을 드러낸다. 이 사상은 그리스도론적인 뿌리들을 갖고 있지 못하다. 묄러는 바오로 사도에 의해 주어진 교회에 대한 정의(교회는 그리스도의 몸이다)를 조금밖에 사용하지 않았다. 성령은 교회에서 자신의 몸을 만드는 것이지 그리스도의 몸을 만드는 것은 아니라고 말해야 하지 싶다. 몸은 머리, 왕, 대사제, 예언자를 숨긴다. 이러한 '교의적 고민'은 소보르노스트(sobornost: 영적 공동체)에서 자신의 신앙 고백의 중요성을 약화시킨다."

46 이에 대해 수많은 오래된 연구서들이 있다. J. Rosato, "Between Christocentrism and Pneumatocentrism, an interpretation of Joh. Adam Möhler's ecclesiology", in the *Heythrop Journal*, 1978, pp.46-70.

47 *Je crois en l'Esprit Saint*. I, Paris, 1979, pp.227-235; "Les implications christologiques et pneumatologiques de l'ecclésiologie de Vatican II", in *Les Églises après Vati-can II. Dynamisme et prospective. Actes du Colloque international de Bologne*, 1980, Éd. par G. Alberigo (Théologie historique 61), Paris, 1981, pp.117-138.

는 데 있다.⁴⁸ 따라서 우리는 동방 정교회의 우리의 벗들로부터 유래한 자극이 지닌 유익에 대해 다룬 바 있다. 그러나 이와 마찬가지로 우리는 교부들에 대한 우리의 강독에 대해서도 말해야 한다. 모든 것은 주님과 성령께서 그리스도의 몸을 건설하기 위해 분배해 주시는 선물들을 통해, 교회가 그 기원과의 연속성 안에서 건설되고 살아 있다는 사실을 인정하는 것에 의존되어 있다. 1코린 12,4-30을 보기 바란다. 교회의 모든 구성원은 성령에 의해 고무되고, 각자 그 나름대로 교회에 기여한다. 사제와 주교는 그리스도와의 수직적이고 직접적인 관계에서만 보이는 것 대신에, 이러한 틀에서 자신들을 사도적 제도에 다시 묶어 주는 서품을 통해 자격을 부여받은 자들로 이해된다. 그러나 이러한 서품은 그 자체로 공동체와 긴밀한 결속을 지닌다. 서품은 "공동체를 위해" 있을 뿐만 아니라 그리스도인들의 공동체는 직무자에 대한 선별, 그에 대한 증언, 성령을 청원하는 서품 기도에 일치하는 가운데 그에 대한 서품에 협력한다. 주교 서품은 그 주변의 주교들에 의해 이루어진다(니케아 공의회 이후부터는 규범에 따라 적어도 세 명의 주교에 의해). 그럼으로써, 이들은 다른 교회들이 그를 위해 증언하고 참여할 수 있도록 기여한다. 또한 이들은

---

48 이와 관련해서 다음을 보라: *Le développement d'Églises-sujets à la suite de Vatican II. Fondements théologiques et réflexions institutionnelles*, in vol. cité n. préc., p.149-184. 또한 필자의 다음 작품을 참조하라: *Je crois en l'Esprit Saint. II*, Paris, 1980; "Une pneumatologie ecclésiologique", in *Initiation à la pratique de la théologie. II. Dogmatique I*, Paris, 1982, pp.483-516.

새로 선별된 주교의 신앙이 지닌 사도성(apostolicité)과 교회 친교의 공번성(catholicité)을 드러낸다.

모든 지역 교회는 복음적인 믿음과 은총의 선물들을 소유하고 있다. 그러나 각 지역 교회만 그런 선물들을 간직한 것은 아니다. 모든 교회에 동일하게 현존하는 성령께서 친히 다양하게 선물들을 보장하지 않는다면, 성령의 선물들의 충만함은 존재할 수 없다. 이러한 친교의 삶은 여러 교회로 하여금 고대 교회가 알고 있던 상호 교환을 향해, 그리고 '시노드적인 삶'을 살아가게 하는 다양한 방식(평의회, 주교회의, 시노드, 공의회)을 향해 부른다. 이는 사도들의 조항 34항이 잘 설명해 주는 것으로, 우리는 이미 이 점에 대해 언급한 바 있다. 이는 다음과 같다:

"각국의 주교들이 그들 가운데 누가 첫째인지 알고 그를 자신의 수장(ôs kephalên)로 고려하는 것이 필요하다. 그들은 자신의 수장 없이 아무것도 해서는 안 된다. 비록 각자가 자기 교구를 비롯해 그 교구에 의존된 여러 지역의 일들을 다뤄야 한다고 해도, 수장 없이는 아무것도 해서는 안 된다. 그러나 그 (즉, 첫째인 자) 역시 다른 모든 이의 부재(gnômê) 상태에서는 아무것도 하지 말아야 한다. 그럼으로써 일치(homonoia)가 지배할 것이며, 하느님은 성령 안에서 성자에 의해 영광스럽게 되실 것이다."[49]

---

49 Funk I, 572-574. Tr. Pierre Duprey, "La structure synodale de l'Église dans la tradi-

이 멋진 텍스트는 교회를 위한 삼위일체적 모델을 조언해 주며 시노달리타스(synodalite)를 수장성(cephalité)이라 부르는 것과 통합하는 친교의 구조를 가리킨다. 비슷한 구조로, 단일성은 수장의 권위에 대한 단순한 복종을 통해서가 아니라 '상호 관계'(relations réciproques)와 '동의'(consensus)를 통해 추구된다. 가톨릭적인 교회론은 권위에 좀 더 주의를 기울인다. 여기서 로마의 주교가 지닌 역할은 우리에게 각별한 중요성으로 두드러지게 드러난다. 그러나 동시에 이러한 로마 주교의 역할은 정확하게 평가되어야 한다.[50] 이에 관한 참되고 총체적인 종합에 이르려면 아직 역사적, 신학적, 법률적으로 해야 할 일이 많다.

여기서 우리는 전례 분야에서 성령론에 대해 주장하고자 한다. 이는 단순한 관찰이다. 만일 우리 교회와 동방 정교회 간에 신학적 대화를 위해 혼합된 국제 위원회가 1982년 7월 6일 거룩하신 삼위일체의 빛 아래 교회와 성찬례의 신비에 관한 자신의 위대한 텍스트를 만장일치로 승인할 수 있었다면[51], 그것은 단지 이 영역에 동일한 하나의 교회를 이루는 두 개의 분야가 있다는 표징이다. 만일 그리스도론과 성령론이 일치하는 자리가 있다면, 그곳은 바로 전례이다. 만일 전례의 내용, 형식, 맥락, 주역

---

tion orientale", in *Proche Orient Chrétien* 20 (1970), p.124.
50 참조. J.M.R. Tillard, *L'évêque de Rome*, Paris, 1982. 우리는 잡지 *Rev. Sc. ph. th*.에서 공의회와 교황직에 대한 진정한 역사적 연구의 발전을 추적한 바 있다.
51 텍스트는 다음에 있다: *Irénikon* 55 (1982), pp.350-362.

을 고려한다면, 그것은 그리스도께서 세우신 제도이자 은총 사건이며, 말씀이자 내적 작용이고, 영이자 형식이며, 우리 대사제께서 거행하는 예식이자 우리 마음에 성령이 방문하시는 사건이다.

그러나 '필리오퀘'라는 결정적이면서도 전체적인 충격을 수반하는 우리의 문제로 돌아가기로 하자. 우리는 그리스도 단일설에 대한 비난에 있어서 일부 근거를 이해했다. 그러나 우리는 또한 우리가 어떻게 바뀌어 가고 있는지 보여 주기도 했다. 더욱이, 솔직히 말하자면, 우리의 그리스도 단일설과 우리편에서 성령론에 대한 부족으로 인해 일어난 비판의 색채를 담고 있는 많은 진술은 상당히 인위적으로 만들어진 의견들이다. 특히 그것은 어느 일정한 저자에 대한 호불호와 더불어 표현된다.[52] 선호하는 모든 것을 다 더해서 이를 성령론이라 부르고, 좋아하지 않는 모든 것을 가지고 로마 가톨릭의 법률주의라고 소리쳐서는 안 된다! 정확하거나 논란이 되는 동방 정교회의 몇몇 텍스트들을 재구성함과 동시에 모든 것이 필리오퀘의 거부에서 오는 결과라고 종결짓는 정반대의 전개 방식은 메가쓴 파렌토스(Megas Farentos) 교수가 바르트(K. Barth)와 틸리케(H. Thielicke)에게서 비

---

52 예컨대, N. Nissiotis, "La pneumatologie ecclésiologique au service de l'unité de l'Église", in *Istina*, 1967, pp.323-340; W. Hryniewicz, "Der pneumatologische Aspekt der Kirche aus orthodoxer Sicht", in *Catholica* 31 (1977), 122-150.

난하는 것을 알려 줄 수 있다.⁵³ 성령론을 노작(勞作)하는 과정에서 스며들 수 있는 일방주의적인 개념을 사전에 거부할 수 있을 뿐이다. 동방 정교회에 대한 탁월한 식견가이자 그 교회의 벗인 조오지 데자이프(Georges Dejaifve) 신부는 그와 관련된 신학자들이 성령에 '자주성'을 부여하는 것에 대해 경고한 바 있다. 그러므로 불쾌한 소송들은 한편에 놔두기로 하자.

우리는 두 전승 간의 차이점들이 본성(natura)과 초본성(supernatura) 간의 관계들과 관련된 두 가지 접근 방식과 상이한 구성을 바탕으로 형성되며, 그 안에서 모상과 유사함에 관한 서로 다른 인간학으로 향하고 있음을 확신한다. 더 나아가, 이러한 상이함은 철학적인 틀로서 플라톤이나 아리스토텔레스, 참여(participation)나 인과율(causalité)을 향하고 있음도 확신한다. 이 사안에 대해서는 필자가 젊은 시절 집필한 여러 논문에 맡겼으면 한다. 이 논문들은 그 사안이 내포한 소박한 한계 내에서나마 언제나 유효적절한 설명을 제시하기 때문이다.⁵⁴

53　위에서 인용한 연구서(각주 8), pp.245. 250 이하.
54　이 논문들은 다음과 같다: "La déification dans la Tradition spirituelle de l'Orient d'après une étude récente"(1935년 텍스트), "La personne et la liberté humaines dans l'anthropologie orientale"(1952년 텍스트). 이는 다음 책에 실려 있다: *Chrétiens en dialogue. Contributions catholiques à l'Œcuménisme* (Unam Sanctam 50), Paris, 1964, 각각 다음을 보라: pp.257-272; 273-288.

제8장

우주에서 성령

영(Esprit)은 내면성이며 사유이다. 그분은 우리 "마음에" 선사되었으며, 우리는 그분을 우리 영혼의 감미롭고 지극히 사랑하는 손님, 즉 "dulcis hospes animae"라고 부른다. 그러나 우리는 또한 그분을 창조주라고 부르기도 한다: "오소서, 창조주 성령이시여"(Veni, creator Spiritus). 우리는 전례 찬가에서 이러한 내면성과 영성 생활의 전망을 보게 된다. 창조에 관해 익히 알려진 이야기는 우리에게 또 다른 차원을 계시한다: "하느님의 영이 그 물 위를 감돌고 있었다"(창세 1,2). 둥지의 존재에 정점을 찍는 새의 이미지도 있다. 가톨릭 신학은 창조주이신 성령과 관련된 우주적 주제를 많이 발전시키지 않았다. 위르겐 몰트만(J. Moltmann)은 필자의 작품 『나는 성령을 믿나이다』의 독어 번역본에 대한 서평을 쓰면서, 거기에는 성령에 대한 우주론적 역할이 부족하다고 언급한 바 있다.[1] 그러므로 필자는 이 마지막 장(章)에서 성령론적 인간학, 성령론적 우주론과 관련된 몇 가지 요소라고 부를 수 있는 것(이는 또한 니코스 니시오티스의 용어이기도 하다)을 필자의 은어로 제시하도록 초대받았다. 그리고 여기서 은어로 언급하고 있으므로, 장차 언급하게 되듯이, 이 두 영역 또는 분야가 성령론적 그리스도론에 의존되도록 몇 가지 요소를 추가하고자 한다.

또한 성령은 그리스도와 연관되므로, '그리스도론적 성령론'이라고 말할 수도 있을 것이다. 인간학에서는 육적인 인간, 즉 인간의 피와 원의에서 탄생한 사람들, 죄인들로부터 출발해서 하느님의 자녀가 되는 주제를 다루고 있다(요한 1,13). 여기에는 두 번째 탄생이 필요하다. 또는, 보나벤투라 성인과 함께 이를 표현하면, 두 번째 창조가 필요하다.[2] 루터는 성령이 죄라고 하는 치명적인 시험에 던져진 타락한 인간을 회복시키고 위로한

---

[1] J. Moltmann, "Heiliger Geist in der Geschichte", in *Orientierung* 47 (1983년 6월 15일 출간), pp.128-130.

[2] "창조는 이중적이다. 하나는 본성의 존재 안에서, 다른 하나는 은총의 존재 안에서 그렇다… 첫 번째에 관해서는 집회서(17,1)가 말한다: '하느님은 흙으로 사람을 창조하셨다.' 물론 그럴 수 있다. 시편은(103,30) 두 번째 창조에 관해 다음과 같이 말한다: '당신의 영을 발하시면, 그들은 창조될 것입니다.' 당연히, 선을 향한 은총 안에서 그렇다.": *De S. Patre nostro Francisco sermo 3* (*Quar. IX*, p.583). 이는 드 뤼박(H. de Lubac)에 의해 인용되었다.

다는 사실에서 창조주로서의 성령의 역할을 보았다.[3] 루터에 따르면, 성령의 역할은 믿음을 통해 말씀 안에서, 인간 안에서, 성사 안에서 그리스도를 생생하게 현재화하는 데 있다. 성령은 생명을 선사하며 우리가 하느님의 입양된 자녀로서 행동하는 것을 완수하게 해 주신다(갈라 4,6; 로마 8,13-16). 만일 성령이 그렇게 작용한다면, 그것은 그분이 성자의 영이기 때문이며 동정 마리아의 품 안에서 이 세상에 성자를 소개해 주셨기 때문이다. 그러므로 성령은 우리로 하여금 예수께서 사셨던 하느님의 자녀로서의 삶을 따라 살게 해 준다. 그분은 우리와 비슷한 인성(人性) 안에서 "성부를 향해"(pros ton Patera: 1요한 1,2; 요한 1,1-2) 정향(定向)된 존재 됨을 인간적으로 완벽하게 표현한 분으로 사셨다. 이와 관련해서 안티오키아의 이냐티우스는 다음과 같이 썼다: "세상 것에 대한 욕망의 불이 제 안에는 없습니다. 제 안에 살아 있으면서 말을 하는 물이 있습니다. 그것은 제 속에서 아버지께로 오라고 말합니다."[4] 저 높은 곳에서 태어난 하느님의 자녀로서의 이러한 삶(요한 3,3)은 영원한 생명을 향해 세차게 솟아난다(요한

---

[3] 참조. Regin Prenter, *Spiritus Creator. Studien zu Luthers Theologie* (Forschg. z. Gesch. u. Lehre des Protestantismus, Zehnte Reihe VI), München, 1954, pp.187 이하. 성령은 성경에 담긴 문자들을 살아 있는 하느님의 말씀이 되게 해 준다. 그러므로 그분은 우리 안에서 그리스도의 살아 있는 현존이시다. 그분은 말씀이시다. 참조. pp.111. 115.

[4] Romains VII, 2. 자녀적인 삶에 대해서는 다음을 참조하라: *Je crois en l'Esprit Saint. II*, Paris, 1980, pp.139 이하. 271 이하.

4,14). 우리는 하느님의 상속자들이다. 왜냐하면, 우리는 성자와 더불어 공동 상속자들이기 때문이다(갈라 4,7; 로마 8,17). 성령에 대해 언급하고 있는 신경(信經)의 셋째 조항은 죄인들에 대한 용서와 죽은 이들의 부활, 그리고 도래하게 될 세상에서의 삶을 위한 유일한 하나의 세례에 대해 고백하고 있다:

우리는 이 모든 것을 통해 성령께서 우리 마음 안에서 하시는 역할과 그분의 우주적 역할 사이에 어떠한 단절도 일어나지 않고 오히려 아주 긴밀한 연계가 이루어지고 있음을 보게 된다. 이러한 연계는 로마 8,19-25(또는 19-30) 텍스트에서 분명하게 언급되고 있다. 우리는 이 텍스트를 다시 읽어야 한다. 이 구절은 방금 지시한 구절을 즉시 뒤따른다: "우리는 하느님의 상속자입니다. 그리스도와 더불어 공동 상속자인 것입니다. 다만 그리스도와 함께 영광을 누리려면 그분과 함께 고난을 받아야 합니다"(로마 8,17). 그 텍스트는 다음과 같다:

"사실 피조물은 하느님의 자녀들이 나타나기를 간절히 기다리고 있습니다. 피조물이 허무의 지배 아래 든 것은 자의가 아니라 그렇게 하신 분의 뜻이었습니다. 그러나 그것은 희망을 간직하고 있습니다. 피조물도 멸망의 종살이에서 해방되어, 하느님의 자녀들이 누리는 영광의 자유를 얻을 것입니다. 우리는 모든 피조물이 지금까지 다 함께 탄식하며 진통을 겪고 있음을 알고 있습니다. 그러나 피조물만이 아니라 성령을 첫 선물로 받은 우리 자신도 하느님의 자녀가 되기를, 우리의 몸이 속량되기를 기다리며 속으로 탄식하고 있습니다. 사실 우리는 희망으로 구원을 받았습니다…"(로마 8,19-24).

여기서 관건은 창조의 순간, 즉 존재자들이 실제 존재로 부름을 받은 그 순간이다. 이 순간 성령은 신적 위격들의 동일본질성과 상호 내재성이라는 칭호에 따라 능동적인 분으로 드러난다.[5] 여기서 중요한 점은 그리스도론적인 역사이자 이와 불가 분리적으로 성령론적인 역사로서의 구원 역사가 지속되고 완성된다는 것이다. 구원 역사를 완성하시는 분은 그리스도이자 동시에 성령이시다. 성령은 역사에서 그리스도 안에 있는 절대적인 충만함을 실현하고 완성하신다. 무엇보다도, 성령께서는 그리스도를 충만히 채워 주셨고 그분 안에서 하느님의 선물을 향한, 우리 선조들에게 하신 약속을 향한 총체적인 개방성을 이루어 주셨기 때문이다.[6] 이 점에 대해서는 우리가 성령론적 그리스도론

---

5 이는 루터의 입장이기도 하다: Prenter, *op. cit.*, pp.194 이하. 238 이하. 슈만의 다음 연구서와 비교하기 바란다: Fr. Schumann, *Vom Geheimnis der Schöpfung. Creator Spiritus und Imago Dei*, Gütersloh, 1937.

6 발터 카스퍼의 다음 책(W. Kasper, *Jésus le Christ*, Tr. fr., Paris, 1976, pp.408-409). 다음 구절은 광범위하지만, 인용하고자 한다: "그리스도교 신앙에 따르면, 역사에서는 성령이 왜곡이나 변경 없이 유일한 방식으로 온전히 수용된 유일한 경우가 있다. 예수 그리스도의 경우가 그렇다. 예수 그리스도는 성령의 권능으로 인해 로고스를 통해 하느님의 통교를 수용하기에 적합한, 전체적으로 오목하고 공허한 형태이다. 그분은 인격 가운데 현존하는 하느님의 사랑이자 모든 실재의 의

과 '영광'에 이르기까지 창조와 구원을 결합하는 선택을 위해 할애한 페이지들을 상기하기로 하자(참조. 30절).

우리는 하느님의 자녀들이다. 그리고 이는 그리스도의 영(Esprit du Christ)을 통해서 그렇다. 우리는 약속된 유산의 시작이자 첫 번째 선물이며 담보(擔保)로서 그분의 영을 선사받았다. 그분은 해방 과정에서 우리를 책임지신다. 그러나 우리는 아직 영광이자 자유인 자녀의 지위에서 누리는 기쁨을 누리고 있지 못하다. 그리스도 역시, 성부의 아들인 한에서, 자신의 인성과 더불어 하느님의 아드님에 적합한 임금의 지위에 오르기 전에, 십자가의 죽음에 이르기까지 자기 비움과 순명의 상태에 복종하셨다.

바오로 사도는 하느님이 아닌 여타 존재자들의 보편성이란

미로서, 독창적이고도 예측할 수 없는 방식으로 그렇다. 성령의 보편적인 역사적 행위는 이렇듯 예수 그리스도 안에서 모든 실재를 넘어서는 방식으로 자기 목적에 이르렀다. 그러므로 빛은 예수 그리스도로부터 시작해서 역사의 모든 실재 위로 내려온다. 그리스도인에게 있어서 예수 그리스도는 영들을 식별하기 위한 척도이자 기준이다. 오직 그분에 의해 그분 안에서 성령의 총체적인 충만함에 참여할 수 있다. 역으로, 다음과 같은 경우도 사실이다. 즉, 만일 성령에 의해 만들어진 백성들의 풍요로움이 교회 안에서 접근 가능성을 발견하지 못하고 거기서 '완성되지' 못한다면, 그리스도의 모든 충만함과 모든 풍요로움은 그리스도교에서 실제로 실현되지 못할 것이다. 그리스도교를 향한 사명과 회심은 언제나 이 두 가지 요소를 수반한다. 즉, 위기와 완성이 그것이다. 성령론적인 전망에서 이해된 그리스도론은 다른 어느 것보다 예수 그리스도의 유일성과 보편성을 더욱 잘 조화시키게 해 준다. 이러한 그리스도론은 그리스도 안에서 활동하는 성령이 인류의 역사에서 점진적으로 자신의 충만함을 이루는 가운데 모든 곳에서 작용한다는 점을 잘 보여 줄 수 있다."

의미에서 '창조'(création)에 대해 말했다. 오늘날, 우리는 이 우주에 대해 지극히 광범위한 전망을 갖고 있으며 그 변화에 대한 일정한 전망도 갖고 있다. 우주는 같은 천으로, 같은 화학적 실체들을 바탕으로 만들어진 하나의 거대한 실재이다. 우리가 합당하게 생각하는 유일한 역사는 전체적으로 이 우주를 포함한다. 그리고, 이 역사에서 우리 지구의 역사와 이 지구에서 흘러가는 인류의 역사는 지극히 사소하고 무의미한 것처럼 보인다. 하지만, 만일 인류가 삼백만 년의 역사를 지니고 있다면, 아브라함은 예수 그리스도가 출현하기 천 팔백 년 전에야 등장했다. 예수 그리스도는 우리가 주님으로 고백하는 분으로, 우리는 그분이 역사의 중심 자체라고 증언한다. 좀 더 좋게 말하면, 그분은 역사의 존재 이유로서, 역사는 그분과의 관계 안에서 하느님에 의해 인도된다(선택!, 위를 보기 바란다, p.153). 그러나, 계속해서 강독을 이어가기로 하자.

세상은 자신의 역사와 함께 해방의 과정에 얽혀 있다. 이는 그리스도로 인해 또한 우리로 인해 그렇다. 그리스도로 인해 그렇다는 것은, 그분의 강생이 온 세상을 자신에게로 이끌며[7], 그분이 이루시는 구원이 우주적이기 때문이다. 바오로 사도는 이러한 신비의 차원에 대해 풍부하게 진술했다. 그것은 단지 수인

---

[7] 참조. 카예타누스의 금언, *Com. in III*ᵃᵐ, q.1, a.1, n. VII: "강생은 모든 우주가 신적 위격으로 고양되는 것이다." 또한 다음을 보라: Ch, Journet, *L'Église du Verbe incarné*, II, p.270.

(囚人) 서간에서만 그렇지 않다.⁸ 교부들은 그분의 십자가를 하늘과 땅을 하나로 일치시키는 우주의 나무로 찬미했다. 그리고 바로 그 십자가에서 이 신비를 보았다.⁹ 그러나 그것은 또한 우리 때문에 그러하다. 왜냐하면, 이 우주는 유일하며, 인간은 이 우주의 목적이기 때문이다. 세상은 인간 안에서 인격적인 품위로 들어 올려진다. 인간 사체가 '소우주'(microcosme)이며 세상은 그와 함께 운명적으로 결합되어 있다. 이는 합당하며 정당화 된다.¹⁰ 그러나 이는 또한 창세 3,11 이하로부터 시작해서 수많은 계시의 진술 속에 내포되어 있다. 이에 관해 이사 24,5-6과 예레 23,10을 보기 바란다. 이사 65,15-17과 요한 묵시록에서 신자들에게 주어진 새로운 이름(묵시 2,17; 3,12), 그들이 부르는 새로운 노래(묵시 5,9 이하), 그리고 새 하늘과 새 땅을 비롯해 모든 새로운 것들 사이에는 일정한 연관성이 드러난다. 우리는 또 다른 곳에서 라타키에(Lattaquié) 동방 정교회의 총대주교인 이냐시오 하짐 몬시뇰(Ignace Hazim)이 1968년 8월 웁살라 에큐메니즘 회의

---

8 참조. 1코린 8,6; 로마 11,36; 콜로 1,16-20; 에페 1,10; 4,10. H. Biedermann, *Die Erlösung der Schöpfung beim Apostel Paulus*…, Würzburg, 1940; A.D. Galloway, *The Cosmic Christ*, London, 1951; Fr. Mussner, *Christus, der All und die Kirche*, Trier, 1955; 또한 테이야르(Teilhard) 역시 그러하다.
9 다른 여러 참고 문헌들을 제시하는 드 뤼박의 『*Catholicisme*』을 끝맺는 주목할 만한 선집(選集)의 마지막 텍스트(성 히폴리투스에게 귀속된)를 보라.
10 예컨대, 다음을 보라: A. Franck-Duquesne, *Cosmos et gloire. Dans quelle mesure l'univers physique a-t-il part à la chute, à la Rédemption et à la gloire finale?*, Paris, 1947.

개회식 당시 했던 주목할 만한 연설을 인용한 바 있다. 당시 하짐 몬시뇰은 성령 안에서 쇄신의 주인공을 드러내는 가운데 이 텍스트를 설명했다.[11]

다른 곳에서와 마찬가지로 여기서도 규범은 "이미 그러나 아직"(déjà et pas encore)이다. 이는 바오로 사도가 힘주어 말했듯이, 우리는 기다림과 희망의 상태 속에 세상과 더불어 있음을 의미한다: "apokaradokia tês ktiseôs, expectatio creaturae", 즉 피조물의 열렬한 기다림이 그것이다. 사실, 피조물은 '허영'에 복종한 현재, 즉 출구도 없고 이를 가질 수도 없는 상태에 예속되어 있다("자신이 지향하는 것을 성취하는 것만큼이나 방해를 받는다": 뒤바를르[A.M. Dubarle]).[12] 인간의 역사를 고취하는 노력은 막대하고 인상적이다. 우리는 이 역사가 한편으로는 조화와 평화 그리고 친교를 발견함으로써 고통을 겪고 있는 다양한 대립을 극복하기 위해 신음하고 있음을 이미 다른 곳에서 입증한 바 있다.[13] 다른 한편, 이 역사는 선에 대한 악의 지배, 정의에 대한 불의의 지배, 빛에 대한 오류와 무지의 지배, 생명에 대해 죽음과 만연해 있는 악의 지배를 뒷걸음치게 한다. 우리는 여기서 피조물과 관련된

---

11 참조. *Je crois en l'Esprit Saint. II*, Paris, 1980, pp.51-52. 완전한 텍스트는 다음에 있다: *Irénikon* 42 (1968), 344-359 또는 *Foi et Vie*, nov.-déc. 1968, pp.8-23.

12 A.M. Dubarle, "Le gémissement des créatures dans l'ordre divin du cosmos (Rom 8,19-22)", in *Rev. Sc. ph. th.* 38 (1954), pp.445-465 (456).

13 참조. *Jalons pour une théologie du Laïcat*, cap.III, Paris, 1953, pp.116-146 (et "Addenda" de 1964, p.652).

측면에서 본, 하느님 나라에 대한 특징들을 발견하게 된다. 우리의 노력이 지닌 의미이기도 한, 실재와 진리의 충만함을 준비하는 데 있어 무기력한 우리 자신을 발견하게 된다. 바오로 사도는 신음에 대해 언급한 바 있다. 사실, 만일 어린아이들이 다른 표현 방식을 갖고 있다면, 왜 울겠는가? 어린아이들은 이러저러한 것을 필요로 하며 배고프고 상태가 좋지 않기 때문에 그렇게 운다. 홀로 있고 싶지 않고 벗을 원한다고 말할 수 있다. 인간적인 비참함에는 두 가지 커다란 얼굴이 있다. 우리가 분석을 바탕으로 말하고 있는 것에 대한 분명한 유사함과 막시스트적인 계획이 그것이다. 이러한 막시스트적인 계획을 통해 전적으로 세속적인 것과 그리스도교적인 종말적 실재 간에는 일종의 교환이 일어난다. 이 계획은 이러한 사실을 강조한다.[14] 또한 우리는 거기서 그리스도교 신학이 헤겔의 철학으로 바뀌는 것도 보았다. 그러나 이와 관련해서 역사는 자유를 쟁취하는 역사 또는 해방의 역사라는 점을 받아들이기로 하자. 성경은 이러한 전망을 추인하고 있다.

---

14 다음을 보라: A. Jäger, *Reich ohne Gott. Zur Eschatologie Ernst Blochs*, Zürich, 1969; J. Moltmann, *Théologie de l'espérance*, tr. fr., Paris, 1970, pp.378 이하. 이와 반대로, 필자는 다음과 같이 쓴 바 있다(*op. cit.*, p.127): "하느님 나라는 하느님에 대한 완전한 복종을 통해, 예수 그리스도의 권능을 통해 그리고 성령의 완전한 지배를 통해 이루어지는 질서로, 이 질서에서 모든 것은 자신의 완전한 상태를 받게 될 것이며, 만물은 서로 알려질 것이다. 왜냐하면, 만물은 하느님 안에서 그렇게 될 것이기 때문이다."

바오로 사도 역시 분만의 고통이라는 비유에 호소한 바 있다. 이 이미지는 성경에서 예기치 않게 시험이 들이닥친 상황에서 겪게 되는 괴로움을 표현하기 위해 상당히 자주 등장한다.[15] 우리는 여기서 긍정적인 것 이상의 어떤 것을 보게 된다. 고통을 겪지만, 그것은 어떤 새로운 것을 탄생시키기 위한 고통이다. 신음과 고통은 새로운 탄생을 선포한다. 이를 다음 텍스트들과 비교하기 바란다: 이사 66,7-14; 요한 16,21; 묵시 12,2. 온 세상이 (그리고 신자들이 그분 안에서 성령의 첫 열매들을 소유하는 가운데) 눈물과 고통 가운데 출산에 기여한다고 생각하면, 텍스트가 지닌 의미 그 이상을 넘어가야 하지 않을까? 성령은 우리와 함께 우리 안에서 일하신다. 신자들 안에서도 분명 그러하다. 그러나 성령은 세상과 역사 안에서도 그렇게 일하신다. 아마도 지혜 12,1은 다음과 같이 많이 말하지는 않을 것이다: "당신 불멸의 숨이 만물 안에 들어 있습니다." 구약 성경은 하느님의 숨(souffle de Dieu)이 인간만이 아니라 살아 있는 모든 존재에도 확장되었음을 보았다(시편 104,28-30; 욥기 34,14-15). 그러나 이 숨을 아직은 아주 조금만 계시된 성령(Saint-Esprit)과 동일시하지는 않았다. 그러나 우리는 이와 관련해서 더 잘 알게 되었다. 세상 안에서 그리고 세상을 괴롭히는 다양한 연구에서 성령의 능동적인 현존

---

15 예컨대, 다음과 같다: 이사 13,8; 21,3; 26,16-18; 예레 4,31; 6,24; 13,21; 22,23; 30,6; 48,41; 49,24; 50,43; 호세 13,13; 미카 4,9-10; 시편 48,7; 집회 48,19; 마태 24,8; 1테살 5,3.

을 인정하는 교부들, 신학자들, 신비가들, 제2차 바티칸 공의회의 증언은 넘쳐난다.[16]

그러나 그렇다고 해서 역사의 모든 것이 성령으로부터 유래한다는 것을 의미하지는 않는다. 악은 거기서 자신의 몫을 도려낸다. 인간은 "자신 안으로 굽어든"(incurvatus in se) 상태에서 계속 자신 속으로 빠져들고, 하느님에 대한 망각과 경멸 속에서 자신만을 찾으며 자기 충족을 추구하고 있다.[17] 예수님과 제자들의 변호자인 성령께서는 또한 "죄와 의로움과 심판에 관한 세상의 그릇된 생각을 밝히실 것"(요한 16,8)이며 '육'(肉)에 대항한 전투에 생기를 불어넣으실 것이다.

만일 긍정적인 측면을 따라간다면, 우리가 사는 이 세상의 역사에서 성령의 활동은 하느님 자녀들의 몸, 그리고 "영과 진리로" 흠숭하는 성전을 건설하는 것을 지향한다. 이 성전은 그리스도의 몸 이외에 다른 것이 될 수 없다(참조. 요한 2,21). 유다인들과 솔로몬처럼, 사람들을 비롯해 우리의 주교좌 성당들을 건설

---

16 필자의 다음 작품의 결론을 보기 바란다: *Je crois en l'Esprit Saint*, III, pp.279-284. 제2차 바티칸 공의회와 관련해서는 다음을 보라: 「기쁨과 희망」 n.41 §1 (성령은 사람들에 의한 실질적인 종교적 필요 가운데 작용하신다) n.26 §4 그리고 n.38 §1 (정의를 향한 모든 움직임과 자신을 향한 사랑을 포기하는 모든 움직임은 성령의 활동에 귀속된다.)

17 제2차 바티칸 공의회는 종종 거부와 죄의 측면들, 회심과 정화의 필요에 대해 표현했다. 예컨대, 「만민에게」 n.8과 「기쁨과 희망」이 그렇다. 다음을 보라: J. de Bacciochi, "Le Saint-Esprit et la signification du monde", in *Verbum Caro*, vol.XXI, n.81, 1967, pp.1-25.

한 건축가들은 자신들이 만든 여러 성전에서 물질적이고 인간적인 우주 전체를 상징적으로 표현하려 했다.[18] 성탄의 위대한 순교록은 다음과 같이 노래했다: "당신의 지극히 자비로우신 방문과 함께 세상을 축성하려 했던 하느님은…" 여기서는 잠재적인 우주론과 구원에 대한 긍정적인 역사(이 역사의 통합적 중심은 예수이시다) 사이의 관계가 표현되어 있다. 여기서 관건은 교회이다. 그러나 또한 여기서 관건은 성자에게 합체된 하느님의 자녀들의 신비체가 지닌 다양한 차원(우리에게 알려지지 않았던)이다.[19] 그리스도와 친교의 몸은 분명 가시적이고 명시적인 형태를 지닌다. 이는 다름 아닌 교회를 말한다. 그러나 폴 에브도키모브(Paul Evdokimov)가 언급하듯이, 교회가 있는 곳을 말할 수 있다고 해도, 교회가 어디에 있지 않은지는 말할 수 없다. 세상에서 성령의 활동 방식과 그 한계는 우리를 벗어난다. 우리는 그것이 그리스도와 관계를 맺고 있음을 확신하게 된다. 성령은 사람들과 함

---

18 솔로몬의 성전에 대해서는 필자의 다음 작품을 보라: *Le mystère du Temple*… (Lectio divina 22), Paris, 1958 (2ᵉéd. 1963), pp.119-126. 일반적으로 다음을 보라: Mircéa Eliade, "Prestiges du Mythe cosmogonique", in *Diogène*, n.23 (1958), 3-17. 그리고 특히 다음을 보라: O. von Korvin Krasinski, "Die Schöpfung als 'Tempel' und 'Reich' des Gottmenschen", in *Enkainia. Gesam. Arbeiten z. 800 jahr. Weihegedächtnis der Abtei Maria Laach*, hg. v. H. Edmonds, Düsseldorf, 1956, pp.206-229: 여기에는 풍부한 증거 자료들과 Boroboudour, Maison des Indiens, Delamare의 예들이 있다. 그리스도에 관한 명시적인 참고 문헌은 pp.214-216을 보라.

19 필자의 다음 작품을 보라: *Mystère du Temple*, pp.222-239. 그리고 특히 232 이하, "Les dimensions du Temple spirituel"을 보라.

께 그리스도의 영적인 몸을 형성해야 한다. 제2차 바티칸 공의회의 교령 「만민에게」는, 교회를 선교 활동으로 부르는 근거들을 정확히 규정하려 시도하는 가운데, 다음과 같이 언급했다: "마침내 당신을 닮은 모습으로 인간을 지어내신 창조주의 계획이 참으로 성취되는 것이다. 그때 인간성을 나누어 받은 모든 이가 그리스도 안에서 성령을 통하여 새로 태어나 한마음으로 하느님의 영광을 바라보며 '우리 아버지' 하고 부를 수 있다"(7항 § 3). 이러한 각주에서 교회 교부들에 대한 많은 인용과 함께 증거 자료가 제시되고 있다. 그 가운데 히폴리투스 성인(S. Hypolitus)의 다음과 같은 글이 있다:

"그분은 당신의 봉사자들 가운데 그 누구도 거부하지 않으신다… 그분은 모든 이를 구원하길 원하고 열망하셨으며, 모든 이가 하느님의 자녀가 되기를 원하셨고, 모든 성도가 하나의 완전한 인간을 이루도록 부르셨다. 사실, 오직 유일한 하느님의 아드님(종)이 계시다. 우리는 천상의 완전한 유일한 사람을 형성하기를 열망하면서, 아드님과 성령을 통해 다시 탄생하게(새로운 탄생) 된다."[20]

결국, 오직 한 분만이 '우리 아버지'라고 말할 수 있다. 그리고 그분의 교회인 우리는 광활한 이 세상의 중심에서 바오로 사

---

20 *De Antichristo* 3: *PG* 10, 732: *GCS* Berlin, 1,2,6.

도가 '만물들'이라고 부르며 사회학자들이 '인식력 있는 소수' (minorité cognitive)로 지칭하는 그룹을 형성하게 된다. 우리는 그리스도와 성령을 알고 있으며 그분들을 부른다. 우리는 영감을 받은 말씀, 성사들, 제도적인 직무들을 갖고 있다. 만일 성령이 교회의 가시적인 한계들을 넘어 활동하신다면, 세상에 있어서 교회는 그리스도의 성사(sacrement du Christ)이자 그분의 영의 성사(sacrement de son Esprit)이다. 우리는 이 광활한 세상을 위해 성령 안에서 그리스도를 통해 성부께 영광을 드리며, 우리의 기도 안에, 청원 기도와 찬미 기도 안에 이 세상을 담기로 하자. 사실, 성령은 세상에서 더듬으며 '우리 아버지'를 말하려는 모든 이를 은밀하게 모으고 결속시켜 주는 분이다. 이것이 바로 매일 '감사 기도'(Anafora)를 끝내고 우리를 '우리의 아버지'로 인도하는 찬미가에 필자가 개인적으로 부여하는 의미이다. 우리는 오직 그분을 통해 외친다. 아니, 그분 친히 우리를 위해 외치신다: "아빠, 아버지"(로마 8,15; 갈라 4,6).

끝맺으며

필자는 말씀(Parole)과 숨(Souffle)을 분리해서 말하는 가운데 이분들을 구분해서 다루는 위험을 감수했다. 그러나 그분들은 서로 일치해 있다. 이는 그분들이 같은 일을 이루기 위해서이다. 그 일이란 결정적으로 '그리스도의 일'(oeuvre du Christ)을 말한다. 또한 우리는 니코스 니시오티스(Nikos Nissiotis)와 함께 다음과 같이 말할 수 있다. 즉, "우리가 성령을 받을 수 있도록, 말씀께서 육(肉)을 취하신"(성 아타나시우스) 한에서 그리스도는 성령의 선구자(précurseur)이시다. 그리고 성령은, 그분이 육체적으로 떠나신 이후 그분의 업적을 구현하는 한에서, '그리스도의 대리자

(vicaire)'이시기도 하다.¹ 이 두 전망은 모두 참되며 표현될 만한 가치를 갖는다.

교회는 그리스도의 강생-세례-수난과 지속적으로 현재화되는 성령 강림에서 유래한다. 교회 직무의 커다란 두 활동(말씀과 성사들)은 말씀(Verbe)으로부터 유래하지만, 그것은 무엇보다도 성령의 도래를 청하는 「성령 청원 기도」(epiklesis)에 있어서 생명과 같다. 말씀은 그에 관해 결정하지만, 만일 '진리의 영'의 활동을 통해서가 아니라면, 구원의 진리는 우리를 위해서 참으로 그럴 수 없다. 먼저 이해하지 못하면, 볼 수 없다. 그러나 먼저 진리를 행하지 않는다면, 진정 진리를 이해할 수 없다.² 계시는 단 한 번에 이루어졌다. 계시는 자신의 중심이자 정점으로 예수 그리스도를 두고 있으며, 이런 의미에서 '종결되었다.' 그러나 계시는 성령의 활동 아래 시간과 공간 속에서 전개된다. 우리는 '교도권'에 대한 하나의 장(章)과 거룩한 백성 전체의 믿음의 친교에 이를 삽입함으로써, 전승 신학을 발전시킬 수 있었던 것이 (또는 발전시켜야 했던 것이) 아닐까? 우리는 이 점을 다른 곳에서 다른

---

1 테르툴리아누스(라틴 교부이면서!)뿐만 아니라 오리게네스도 그렇게 언급한다: Tertullien, *De Praescrip.* XXVIII; Origène (*Hom. in Luc.* XXII, 1; S. Chr. 87. Paris, 1962, p.301).

2 이는 실증주의가 아니다. 그것은 "실천하지 않으면, 진실로 들을 수 없다."는 것뿐만이 아니다. 그것은 신앙의 총체적인 특징, 신앙에 이르는 것, 그 과정에 대한 성서적인 진술이다. 다음을 보라: I. de La Potterie, *La verité dans S. Jean*, Rome, 1976, II, cap.6.

바 있다. 여기서는 그에 대한 필요 불가결한 그리스도론적, 성령론적 규약을 자리매김하는 것으로 충분하다. 그리고 그것은 교회의 내적 삶의 규약을 말한다. 교회에서 은사들의 바탕에는 제도가 있다. 그러나 또한 우리는, 바오로 사도의 뒤를 따라, 은사들의 실현이 제도를 이룬다는 점을 보여 준 바 있다.[3]

이 모든 것 이전에, 그리고 이 모든 것을 위해, 예수께서는 오직 성령을 통해 예수 그리스도이자 주님이시다(성령론적 그리스도론). 예수께서 그리스도도 주님도 아니라고 한다면, 성령은 주어지지 않는다. 그리고 만일 그렇다면, 우리에게는 어떠한 영도 주어지지 않을 것이다(참조. 요한 7,39). 좀 더 근본적으로 말해, 하느님의 영원한 생명 안에서 성령은 말씀의 영이다. 그리고 이 말씀은, 성 토마스가 말하길 좋아하듯이, 여하한 말씀이 아닌 사랑의 기출자(氣出者)이시다(Verbum non qualecumque, sed spirans amorem).[4]

그 어떤 분리된 성령론을 만들 수는 없다. 묄러(Möhler)는 그에 대해 경험했으며, 『단일함과 상징』(1825-1832)에서 그에 관한 결과를 다룬 바 있다. 만일 성령이 말씀과 더불어 그리고 '하느님'과 더불어 하나를 이루지 못한다면, 성령은 어떠한 우주적 행

---

3 참조. Ch. Perrot, "Charisme et institution chez S. Paul", in *Rech. Sc. Rel.* 71 (1983), pp.81-92.

4 *Sent.*, I, d.15, q.4, a.1, ad3; *De Potentia*, q.10, a.4; *S.Th.,* I^a, q.43, a.5, ad2; *In Ev. Ioannis* c.6, lect.5, éd. Marietti, n.946.

위도 이루지 못할 것이다. 즉, 그런 성령은 창조주의 영이 아니다.[5] 그러므로 우리는 하느님이신 거룩한 삼-단일함(Tri-unité)의 신학을 향해 되돌아오게 되었다. 그분은 세 번 자기 자신이신 분이며, 자신 안에 그리고 자신과 더불어 계신다. 그분은 자신의 시작에 있어, 또는 본성에 있어, 자기 자신에 대한 자신의 인식 가운데 계시며, 자신의 사랑 가운데 계시다.[6] 교부들과 신학자들은 이런 의미에서 종종 에페 4,6을 인용하곤 했다: "하느님도 한 분이십니다. 그분은 만물 위에, 만물을 통하여, 만물 안에 계십니다." 교부들과 전례는 하느님이 성령 안에서 당신의 말씀을 통해 활동하신다는 점을 쉼 없이 우리에게 말해 주고 있다. 우리로부터 그분을 향해 나아가는 이러한 언급은 제반 영광송들이 담고 있는 정식이다. 또한 우리는 몇 가지 측면들을 발전시킬 수 있었다(그리고 아마도 그렇게 발전시켰어야 했다). 정말 그랬다면, 이러한 측면들은 본서에서 제시되었다. 그 주요 측면들은 다음과 같다:

성령의 그리스도-성전의 하느님-몸이 지닌 사제적 지위에는, 몸 전체와 직무자들의 몸에 있어서 사제직에 대한 혼란이 없

---

[5] 본문의 견해는 창조주이신 성령에 대해 말하기를 좋아하는 개신교 신학자들 사이에서 드러나는 단호한 입장이다: 루터(참조. R. Prenter, 인용됨); T.F. Torrance, "Spiritus Creator. A consideration of the teaching of St. Athanasius and St. Basil", in *Theology in Reconstruction*, London, 1965, pp.209-228; G. Widmer, "Saint-Esprit et théologie trinitaire", in *Le Saint-Esprit*, Genève, 1963, pp.107-128.
[6] 성 토마스는 신비를 그렇게 표현했다. 『신학요강』 I, 50장.

으며, 오히려 상보성(相補性)과 일치(一致)가 존재한다. 마찬가지로, 사목자들의 '교도권'과 몸 전체에서 살아 있는 믿음의 의미 사이에, 또는 직무자들의 '사도 계승'과 몸 전체의 사도성(司徒性) 간의 일치에 대해 말할 수 있다.

선교와 복음화에 적용하는 것을 고려해 볼 수도 있다. 여기서 '복음화'라는 용어는 첫 번째 용어인 '선교'라는 용어의 지위를 박탈하려는 경향이 있다. 그렇다고 해서 그 용어의 자격을 박탈한다는 것은 아니다. 이 점은 의미심장하다. 만일 말씀(Parole)과 숨(Souffle)이 하나로 일치하는 자리가 있다면, 그곳은 바로 이 지점이다. 바오로 6세 교황은 자신의 사도적 권고인 「현대의 복음 선교」(Evangelii nuntiandi)[7]에 다음과 같이 쓴 바 있다: "복음 선교는 제일 먼저 단순하고 솔직한 방법으로 예수 그리스도에 의해 성령 안에 계시된 하느님을 증거하는 일이다"(26항). 이 문서에서 상당히 긴 항목이자 성경 인용구로 꽉 차 있는 75항은 복음화에 있어서 성령의 과제들을 명시하고 있다. 이 항은 예수로부터 시작해서 악마와 우상들에 대항한 싸움에서 성령이 이루는 활동에 관해 가르치고 있다. 또한 교회의 선교 활동에 대한 교령인 「만민에게」(Ad Gentes), 특히 이 교령의 4항을 언급하는 것도 유익하다. 4항은 다음과 같은 견해와 함께 끝난다: "어떤 때에는 또 성

---

7 1975년 12월 8일자로 공포되었다(*Docum. Cath.* 73 [n.1689]), pp.1-22.

령께서 사도들의 활동에 뚜렷이 앞서신다."[8]

우리는 성령의 선물이 지닌 종말론적인 긴장에 대해 여러 번 주목한 바 있다. 성령은 하느님의 최종적인 약속이자 그분 업적의 완수이고 완성이다. 여러 신경(信經)에서 그분과 관련된 부분은 죽은 이들의 부활과 미래 세상에서의 삶까지 이른다. 이러한 종말론적 특징은 기다림, 희망, 출산의 고통이라는 관점 아래 성령의 우주론적 역할에 대한 장(章)에서 발전되었다. 또한 상당히 긍정적인 작업의 전망에서 이러한 요소가 있을 수 있다. 이러한 전망은 삼위일체적이며[9], 이는 신경(信經)의 전망을 따른다. 즉, 창조 같은 작업은 성부와 연관된다. 그러나 그 구원적인 가치에서 볼 때, 이는 성자와 연관된다. 종말론을 향해 던져진, 그 작업의 완성이라는 측면에서 볼 때는 성령과 연관된다. 또한 우리는 인간의 역사를 은밀하게 고무(鼓舞)하는 하느님 나라를 향한 긴장을 강조한 바 있다.

이러한 경향을 지닌 한 장은 (이는 우리가 망각한 것처럼 보일 만큼 놀라울 정도로 우리의 마음에 든다) 에큐메니즘과 연관된다. 그것은 분명 그리스도론적이다. 에큐메니즘은 우리를 그리스도와 합체시켜 주는 세례와 우리의 규범인 말씀의 바탕 위에서 제자들의 일치에 대한 그리스도의 뜻과 기도를 이루고자 한다. 그

---

8 *Adv. Haer.*, III,11,8: *PG* 7, 885; Harvey II, p.46.

9 Fr. Piana, "Travail humain. Bénédiction et/ou malédiction", in *Concilium* n.180 (1982), pp.109-117 (pp.115-116).

것은 근본적으로 성령론적이다. 공의회 교령인 「일치의 재건」 (Unitatis redintegratio)은 성령에 대해 21번 언급하고 있으며, 에큐메니즘 운동이 "성령의 활동 아래" 탄생했음을 인정하면서 시작했다. 그리고 "미래에 있을 성령의 자극들에 대해 편견을 갖지 않을 것"이라 선언하면서 끝맺었다. 성령 강림의 은총은 분열된 여러 교회 안에서 어떻게 그리고 어느 정도까지 작용할까? 그리고 은사들의 다양성의 신학을 어떠한 상황까지 적용할 수 있을까? '다양성과 친교'(Diversités et Communion)의 변증법을 어떻게 이해하고 실현할 수 있을까? 이는 예수를 따르는 제자들이 상당히 노력해야 할 몫이다. 그것은 자신의 기원을 향해 뒤를 돌아보며 동시에 성령이신 숨(Souffle)께서 밀어붙이고 인도하는 완성을 향해 앞을 바라보는 우리 교회의 노력이기도 하다.

오소서, 창조주 성령이시여(Veni, Creator Spiritus)!

이브 콩가르 추기경의 생애, 작품, 사상

1. 생애

이브 콩가르는 도미니코회 회원으로 셰뉘의 제자이자 마리탱과 질송의 절친한 벗이다. 그는 이들의 도움에 힘입어 성 토마스의 철학적, 신학적 사상을 더욱 더 효과적이자 생기 있게 만들었다. 그는 성 토마스의 가르침에 충실하면서도 우리 시대의 영적, 종교적, 교회적 필요에 늘 관심을 가졌으며, 제2차 바티칸 공의회의 위대한 주역이자 입안자 가운데 한 사람이다. 특히, 그는 계시 헌장, 교의 헌장, 사목 헌장의 본문 작성에 깊이 관여했다.

그는 1904년 프랑스의 스당에서 태어나 파리 교구의 대신학교에서 철학과 신학을 공부했다. 그는 스승인 마리탱의 인도로 고등학교 시절부터 '성 토마스 서클'에 참여하는 가운데 성 토마스의 사상에 매료되었다. 결국, 1925년 도미니코회에 입회해서 수련기를 보낸 후, 솔수아르 신학대학에서 학업을 다시 시작했다. 1930년 사제품을 받은 후, 그는 신학 박사학위를 취득했으며, 솔수아르에서 교회론 교수로 학문 활동을 시작했다. 1937년부터는 「Unam Sanctam」 전집을 창간해서 주요 작품들을 출간하기 시작했다. 그러니 제2차 세계대전이 발발하자 군대에 소집되어 전쟁에 참가해야 했다. 안타깝게도 그는 전쟁 중에 포로가 되어 근 5년간 독일군의 통제 아래 포로 생활을 해야 했다. 독일군은 그가 견지한 반(反)나치적인 신념 때문에 그를 아주 혹독하게 다루었다고 한다.

연합군의 승전으로 포로 생활에서 풀려난 후, 그는 조국과 교회를 위해 영성 쇄신 작업에 열렬히 참여했다. 이 과정에서 『진정한 교회 개혁과 잘못된 교회 개혁』(1950)을 집필했는데, 이 작품으로 인해 누벨 테올로지 운동에 연루되어 근 10년간 혹독한 고초를 받아야 했다. 1950년 비오 12세 교황이 회칙 「인류」를 통해 누벨 테올로지 운동의 위험에 대해 주의하도록 경고했기 때문이다. 당시 그는 교수직을 박탈당함과 동시에 모든 강의와 출판을 금지당했고, 솔수아르를 떠나 이스라엘로 발령받아 가야 했다. 그가 완전히 복권된 것은 요한 23세 교황을 통해서였다. 교황은 그를 복권시켰을 뿐만 아니라 제2차 바티칸 공의회의 주요 입안자 가운데 한 사람으로 임명했다. 또한, 1964년 도미니코회는 그를 수도회의 '신학 석학'으로 임명했다. 이는 도미니코회에서 전통적으로 교수 경력의 정점에 이른 최고의 학자에게 주는 칭호이다. 1994년 요한 바오로 2세 교황은 그를 추기경에 서임했다. 그는 서임된 이듬해인 1995년 6월 세상을 떠났다.

2. 사상

이브 콩가르의 사상의 중심에는 교회론이 있다. 우선, 그는 교회에 대한 연구와 에큐메니즘적인 배려를 통해 교회와 성경 그리고 성전의 관계를 검토했다. 성경의 절대적 우위와 관련해서, 그는 루터와 칼뱅이 요구한 권리 주장에 대해 폭넓게 허용했지만, 이와 동시에 교회와 전승이 수행하는 중요한 역할들을 보존해야 한다고 보았다. 그는 성경의 절대적인 우위가 다른 요소들, 곧 전승과 교회의 현존을 배제하는 것은 아니라고 말한다. 콩가르에 따르면, 한편에 있는 성경, 다른 한편에 있는 교회와 전승의 관계를 올바로 이해하려면, 자신을 계시하시는 하느님의 활동이 지닌 두 가지 계기를 구별해야 한다. 하나는 그분이 예언자들, 그리스도, 사도들을 통해 단 한 번에 모든 세대를 위해 제시한 행위이며, 다른 하나는 오랜 세기에 걸쳐 교회 안에서 성령을 통해 이루기로 약속하신 행위이다. 한마디로, 성경과 전승은 하느님의 원의와 은총을 통해 교회 안에서 내적이고 객관적인 규칙을 드러내며, 이는 당신의 충실함에 따라 보관소로서 교회에 맡겨진 것으로 콩가르는 보았다.

다음으로, 콩가르는 교회를 특징짓는 4가지 특징들(거룩함, 단일함, 보편성, 사도성)의 의미를 규명했다. 그에 따르면, '거룩함'은 교회의 가장 고유한 특징이다. 사실, 교회는 이 세상에서 하느님이 현존하시는 공간이다. 하느님은 거룩한 분이시며 모든 거룩함의 원천이시다. 거룩함과 마찬가지로 '단일함' 역시 하느님 안에서 그 궁극적인 근거를 갖는디. '보편성'과 관련해서, 전통적인 교회론에서 통용되던 양적인 의미와 가치보다 훨씬 더 질적인 의미와 가치를 교회의 특징에 부여해 준 것은 콩가르의 공헌이다. 전통적인 교회론은 모든 시대와 장소의 사람들 사이에 교회가 시간적, 공간적으로 확장되는 데 보편성이 있다고 보았다. 그러나 콩가르는 이 보편성은 교회가 자신의 거룩함과 단일함의 원리에 힘입어 특히, 여타 다른 모든 교회들, 비그리스도교 종교들, 다양한 세속적인 문화의 표현 속에 현존하고 있는 모든 참된 가치를 회복시키고 수렴하며 동화시키고 자신의 것으로 만드는 가운데 발전시키는 능력에 있다고 보았다. 한편, 콩가르는 '사도성'을 설명하기 위해 저수지와 관련된 아름다운 이미지에 호소했다. 저수지의 물은 보이지 않는 내면의 샘에 의해 유지된다. 이는 천상 교회에서 일어나는 일이다. 반면, 이 지상 교회에서는 외부로부터, 곧 우리를 위해 예수 그리스도에 의해 획득된 하느님의 은총으로부터 이 물이 급수된다. 그러나 외부로부터 급수되는 데에는 2가지 방식이 있다. 구원의 물은 모두 천상으로 증발한 다음, 비가 되어 저수지로 떨어진다. 이는 개신교

측의 극단적 주장으로, 그에 따르면, 교회는 일종의 수직적인 비에 의해 양육된다. 그러나 저수지의 물은 수로 체계와 더불어 유지된다고 볼 수도 있다. 그에 따르면, 수로들은 샘에서 저수지로 물을 끌어들인다. 이는 가톨릭적인 개념으로, 그에 따르면, 이 수로들은 사도성에 의해 보장된다.

한편, 콩가르는 자신의 기념비적 작품인 『평신도 신학을 위한 지표』를 통해 교회 내에서 평신도가 처한 상황을 명확히 진단하고 그의 고유한 역할을 규정하며 평신도 신학의 바탕을 제시했다. 그에 따르면, 평신도가 수행해야 하는 과제들은 세상과 직접 연관된다. 콩가르는 평신도의 고유한 과제가 세상을 축성하는 데 있다고 말한다. 평신도들은 성직자, 수도자가 지향하는 목적과 같은 목적으로 부름 받았지만, 그들이 처한 상황은 첫 번째 창조 실재 속에서 역사의 여러 국면과 역사적인 수단들 가운데 현세적인 운동에 대한 책임을 외면하지 않은 채 그러한 목적에 이른다. 그는 『메시아적인 백성』에서 교회의 정치적 과제들에 대한 담화를 취하는 가운데 이 주제를 완성했다. 그리고 이 작품을 통해 "세상에 대한 축성"이 실현될 수 있도록 몇 가지 중요한 기준들을 제안했다. ① 그리스도교적 구원은 모든 부분적인 해방 너머 총체적인 것이자 충만한 것으로 드러난다. ② 또한, 그것은 인간 해방을 배제하지 않을뿐더러, 오히려 그것을 취하고 통합한다. ③ 그리스도인들은 이 해방에 있어서 다른 사람들과 자신들의 입장에서 책임을 져야 한다. ④ 신앙으로부터 영감을 받아

신자들이 만들어가는 정치 차원에서 사상, 계획, 운동, 책임은 단순히 역사적이며 의논의 여지가 있고 틀릴 수 있으며 변경될 수도 있다. ⑤ 진정한 인간 해방은 교회가 수행하는 사명의 일부를 구성한다. 하지만 이 사명을 인간 해방으로부터 출발해서 규정할 수는 없다.

20세기에 가톨릭 교회가 이룩한 교회론의 발전은 콩가르의 공헌이 큰 몫을 차지한다. 그의 공로는 교회론과 관련한 몇 가지 큰 공백을 메워 주었다는 데 있다. 특히, 그는 교회의 특징들을 규정하고, 전승과 성경 사이에 존재하는 관계를 분명히 했으며, 교회의 다양한 구성원들, 그중에서도 특히 평신도의 위치를 자리매김하고 그들의 과제를 규정했으며, 에큐메니즘 원리들을 입안했다. 이러한 그의 태도는 그로 하여금 공의회 헌장 「인류의 빛」의 주요 입안자가 되게 해 주었다.

3. 주요 작품
1) UNAM SANCTAM 총서

Chrétiens désunis. Principes d'un œcuménisme catholique (1937-1965).

Esquisses du mystère de l'Église (1941-1953-1966).

Vraie et fausse réforme dans l'Église (1950-1969).

Jalons pour une théologie du laïcat (1953-1964).
Coll. à Le Concile et les conciles (1960).
Coll. à L'Ecclésiologie au XIXe siécle (1960).
Coll. à Problémes de l'autorité (1962).
Coll. à L'Episcopat et l'Église universelle (1962).
Sainte Église. Etudes et approches ecclésioligiques (1963).
Chrétiens en dialogue. Contributions catholique à l'œcuménisme (1964).
Coll. à La Collégialité épiscopale (1965).
Coll. à Église et pauvreté (1965).
Coll. à L'Église de Vatican II (1966).
Coll. à Le Diacre dans l'Église et le monde d'aujourd'hui (1966).
Coll. à La liberté religieuse (1967).
Coll. à Les Prêtres. Formation, ministère et vie (1968).
Coll. à L'Apostolat des laïcs (1970).

2) COGITATIO FIDEI 총서

Les Voies du Dieu vivant. Théologie et vie spirituelle (1962).
Sacerdoce et laïcat devant leurs tâches d'évangélisation et de civilisation (1962).
Situation et tâches présentes de la théologie (1967).
Coll. à Théologie d'aujourd'hui et de demain (1967).

Coll. à La Théologie renouveau (1968).

Un peuple messianique (1975).

Diversités et communion (1982).

Martin Luther, sa foi, sa réforme (1983).

Église et Papauté, regards historiques (1994).

3) 다른 총서

La Pentecôte (1956).

Le Mystère du temple (1958).

Si vous êtes mes témoins (1959).

Vatican II. Le Concile au jour le jour, 3 tomes (1963-1964-1965).

Pour une Église servante et pauvre (1963).

Jésus-Christ, notre Médiateur, notre Seigneur (1965).

L'Ecclésiologie du haut Moyen Age (1968).

A mes frères (1968).

Au milieu des orages (1969).

A temps et a contre-temps (avec R. Voillaume et J. Loew, 1969).

Coll. à Vocabulaire œcuménique (1970).

L'Église. De saint Augustin à l'époque moderne (1970).

L'Église une, saint, catholique, apostolique (Mysteriume salutis, 1970).

Ministères et communion ecclésiale (1971).

Une passion : l'unité (Foi vivante, 156, 1974).

Esprit de l'homme. Esprit de Dieu (Foi vivante, 206, 1983).

"Théologie historique", dans Initiation à la pratique de la Théologie I (1982-1994).

Appelés à la vie (1985).

Entretiens d'automne (1987).

La Tradition et la vie de l'Église (1984).

인명 색인

(ㄱ)

가리구 236, 239-243

곤프루아 드 에드몽 66

곤홀트 하센휘틀 177-179

그레고리우스, 대(大) 63, 65

(ㄴ)

녹스 113

뉴먼 82, 160, 250

니코스 니시오티스 246, 248, 258, 272

니콜라스 베르디아프 163

니콜라스 슈토르흐 86

(ㄷ)

도로시 세이어 124

돔 드 푸니에 67

돔 마르미온 13

될링거 158, 159

둔스 스코투스 237

뒤바를르 223, 265

뒤퐁 198

드 라 포테리 39, 103, 106

드 뤼박 129, 130, 133, 214, 259, 264

드샹 174

디미트루 스타닐로에 229-231, 242, 243

디미트리오스 1세 244

(ㄹ)

라므네 159

라신 73

라이문도 파니카 24

레오나르도 보프 173

루돌프 솜 135, 136, 163

루아지 128, 129

루이 부이예 214

루터 킹 166

루터 20, 67, 75-77, 86-88, 90, 97,
124, 169, 175, 208, 258, 259,
261, 275, 281

루피니 134

리오베 166

(ㅁ)

마를레 91

말름베르크 132

매닝 250

메가스 파렌토스 226, 256

모리스 블롱델 124

몰트만 14, 258

뮐러 113, 163

밀티아데 157

(ㅂ)

반호예 199

뱅상 레브 166

뱅상 페레르 159

베르나노스 125, 167

베르나르두스 65, 75, 235

보나벤투라 9, 22, 66, 142, 143, 258

본회퍼 155, 166

볼로토브 240

부이야르 59

브리엔니오스 135

블라디미르 로스키 228, 245

비오 12세 98, 132, 144, 175, 176,
249, 280

(ㅅ)

사보나롤라 159

샤를 엘링거 114

샤를 주르네 163

샤를 페로 149, 153

세베리아누스, 가발라의 68

솔제니친 166

쉐벤 125, 242

쉴리어 54, 140

스물더스 105, 188

스호는베르그 223

스힐레벡스 129, 133

시메온 75

(ㅇ)

아네스 오스망 118

아라곤 181

아르비드 그랴빈 116

아미엘 126

알베르투스, 대(大) 22, 142

알베리고 124

암브로시우스 65

앙드레 포이예 206

앙리 르 소 24

앙리 프레스케 168

야콥 뵈메 130

에벨링 14

에크하르트 64

엘레나 게라 133

오리게네스 64, 65, 71, 158, 273

오스카 쿨만 210, 211

오토 딜슈나이더 13, 14

오토 셈멜로드 72, 73

요아킴, 피오레의 130, 159

요한 23세 160, 166, 280

요한 크리소스토무스 60, 66, 68

울리히 브록하우스 136, 137, 139

움베르토 베티 179, 180

유스티누스 51, 157

이냐시오 하짐 265

이냐티우스, 안티오키아의 177, 249, 259

이레네우스 9, 48, 69, 142, 157, 162, 163, 179

(ㅈ)

장 코르봉 99

조나단 에드워즈 117

조셉 도레 12, 13

조셉 오스코파 119

조셉 카르댕 166

조오지 데자이프 256

조지 폭스 115

조지 화이트필드 117

존 러스킨 135
존 웨슬리 116

(ㅊ)
친첸도르프 115

(ㅋ)
카를슈타트 87
가타리나, 시에나의 75, 159
가타리나, 제노바의 16
칼 라너 95, 129, 133, 134, 153, 166, 225
칼 바르트 14, 45, 59, 103, 155, 176, 204-210, 214, 214, 225, 256
칼뱅 14, 67, 89, 90, 93, 281
캄펜하우젠 136
코터넷 147, 151, 152, 160
클레멘스, 알렉산드리아의 64
클레멘스, 로마의 177
클리브 들롱 말로네 119
키텔 42

(ㅌ)
타울러 75
테니슨 168
테르툴리아누스 240, 241, 273
테오 프라이스 90
테오필로, 안티오키아의 104
테이야르 드 샤르댕 166, 264
토마스 뮌처 86, 89
토마스 아퀴나스 8, 17-20, 22, 25, 44, 64, 76, 131, 142-146, 184, 186-191, 207-209, 223, 225, 229, 232-235, 237, 248, 274, 275, 279, 280
티렐 129
틸리케 14, 256

(ㅍ)
파스카시우스 랏베르투스 71
페기 18, 159
폴 에브도키모브 270
폴리카르푸스 157
피에르 브누아 210, 212-214, 219

필립 야콥 스페너 115

(ㅎ)

하르낙 135, 163

하웰 해리스 117

한스 큉 176

헤르더 131

헤리베르트 뮐렌 13, 236

헬더 카마라 166

휴고 라너 64, 65, 83

히폴리투스 51, 64, 163, 264, 270

힐데가르다 159

용어 색인

(ㄱ)

가시적 말씀 95
감사기도 271
강생의 거룩한 유해 96
경건 동료회 115
경건주의 운동 115
경륜적 삼위일체 20, 170, 204, 224, 225
공동 거행 109
공동체 질서 177
공번성 253
교도권 79, 94, 132, 163-165, 179, 273, 276
교황주의자 88
교회 문헌
 - 「거룩한 공의회」 98
 - 「Lamentabili」 128
 - 「만민에게」 78, 176, 268, 270, 276
 - 「신비체」 112, 175
 - 「우남 상탐」 10
 - 「인류의 빛」 58, 161, 175-177, 182, 284
 - 「일치의 재건」 278
 - 「하느님의 말씀」 91, 95, 103, 105, 133, 162, 179
 - 「하느님의 중개자」 98, 249
 - 「현대의 복음선교」 276
그리스도 일원론 9, 216, 246
그리스도론적 성령론 9, 258
그리스도의 몸 78, 91, 96, 97, 138-141, 145, 161, 179, 181, 217, 246, 251, 252, 269
그리스도의 성사 271
그리스도의 영 123, 130, 146, 155, 218, 219, 221, 262

근본 공리 225
기출자 274

(ㄴ)
내재적 삼위일체 170, 204, 225
내적 스승 45, 62, 63

(ㄷ)
단일형태론 124
동일본질 202, 227, 235, 241, 261

(ㄹ)
레마 38
로고스 38

(ㅁ)
몽상가 175
무오류성 134
믿는 이들의 모임 76

(ㅂ)
발출 17, 24, 85, 204, 222, 224, 226, 228, 230-244
본성 38, 144, 157, 171, 199, 209, 212, 224, 228, 234, 237, 256, 258, 275
본질 17, 61, 62, 91, 100, 103, 212, 214, 226, 228, 232, 234, 235, 241, 243
본체 228, 233, 234
비례의 유사성 19

(ㅅ)
사도성 253
사도 전승 140, 160
삼-단일성 210, 226
선재 205, 206, 211-214, 219
성령론적 그리스도론 9, 123, 145, 258, 262, 274
성부와 성령에서 204
성자의 영 146, 217, 227, 232, 234, 243, 259
성찬례 72, 108, 109, 173, 174, 183, 243, 248, 254

세례의 영 14

소보르노스트 94, 164, 179, 251

수장성 10, 254

시노달리타스 10, 254

신경 14, 15, 22, 69, 124, 238, 242-244, 260, 277

신앙
- 내용으로서의 신앙 24
- 행위로서의 신앙 24

신앙의 유비 17

신적 파견 170, 223

신학적 언명 240, 241

신화(deificatio) 243, 246

(ㅇ)

아만 101

에멧 101

에큐메니즘 10, 16, 25, 93, 277, 278, 284

에피클레시스 66, 97

열정주의자 86

영기발 238, 239

영원한 출산 201, 204, 209

예수의 영 154, 155, 220

예수주의 13

예언주의 146, 147, 154-160, 164, 165, 168, 246

왕적 메시아니즘 190

외아드님 218

외아들 201, 202

우리-행위 236

우의 71

원형 201, 211

위격적 합일 187, 190

위계 137, 143, 150, 163, 178, 246

위령 안수 예식 69

유비 17, 18, 179

유일신론 13

육 11, 43, 45, 54, 71, 85, 105, 111, 124, 144, 169, 194-196, 200, 204, 205, 211, 214, 216, 218, 224, 268, 272

은사 10, 18, 31, 45, 94, 95, 133-141, 143, 146, 148, 150-152,

156-158, 162, 164, 171, 175-182, 187, 246, 274, 278
은사자 150, 152, 177
인과율 72
인자 51, 52, 57, 205, 210-213

(ㅈ)
자기 비움 195, 226, 263
자존성 226
재세례파 교도 87
전례 76, 80, 95, 98, 99, 160, 168, 194, 209, 249, 254, 255, 275
전승 62, 63, 69, 79, 80, 83, 91-94, 125, 127, 132, 140, 154, 160, 162, 179, 231, 232, 243, 245, 248, 256, 273, 281, 284
전승 행위 93
제2차 바티칸 공의회 15, 58, 78, 80, 91, 95, 102, 112, 133, 144, 160-162, 167, 176-179, 247-251, 268, 270, 279, 280
제도 10, 31, 112, 135, 137, 150, 151, 171, 178, 180, 182, 246, 255, 274
종교 친우회(퀘이커派) 115
종교 개혁가 90, 95
준비된 왕좌 80, 81
지혜 38-40, 48-51, 59, 62, 66, 71, 206, 209, 213
질서 원리(Ordnungsprinzip) 176, 181

(ㅊ)
참여(participatio) 45, 97, 107, 127, 156, 220, 222, 226, 240, 241, 253, 256, 262, 279
창조 16, 22, 35-40, 43, 103, 173, 186, 187, 201, 205-208, 213, 219, 224, 233, 246, 257, 258, 261, 263, 277, 283
- 창조되지 않은 분 16
- 창조되지 않은 은총 186
- 창조된 은총 186, 187
초본성 256
출산 50, 78, 199, 201, 204, 209,

224, 226, 235-242, 267, 277

(ㅍ)

파라클리토 81-83, 100, 110, 153,
  169, 194, 200, 201

파스카 19, 97

포르루아얄 수녀원 73

필리오퀘 10, 204, 216, 229, 235,
  240, 243

(ㅎ)

하느님(Deus)
 - 자기 계시 45, 86, 94, 102, 226
 - 자기 통교 102, 225, 226
 - 하느님의 모상 37, 40, 205, 211,
   217
 - 하느님의 숨 267
 - 하느님의 영 16, 47, 49, 117,
   193, 218, 219, 257

현존재 14

인용 작품 목록

『거룩한 파스카』(S. Pascha) 51

『교의에 대한 약노』(Grundriss einer Dogmatik) 13

『교회 교의학』(Kirchliche Dogmatik) 14, 206, 207

『그리스도의 현재』(Gegenwart Christi) 13

『나는 성령을 믿나이다』(Je crois en l'Esprit Saint) 28, 32, 170, 258

『단일함과 상징』 274

『불가타 성경』 102

『신학대전』(Summa Theologiae) 184

『심장 운동론』(De motu cordis) 142

『영원한 복음』(Évangile éternel) 130

『원천들』(Les Sources) 64

『칠십인역 성경』 48, 102

『Theol. Wörterbuch zum N.T』 42

TOB(에큐메니칼 번역 성경) 102

인용 잡지 목록

「Lumière et Vie」(빛과 생명) 147, 153, 165

「Foi et Constitution」(신앙과 헌장) 164, 240

「Le Monde」(세상) 168

「Revue des Sciences philosophiques et theologiques」(철학과 신학 잡지) 16

지은이: 이브 콩가르

이브 콩가르 추기경은 도미니코회 소속 회원으로 20세기 최고의 가톨릭 신학자 가운데 한 사람이다. 그는 1904년 프랑스의 스당에서 태어나 파리 교구의 대신학교에서 철학과 신학을 공부했다. 1925년 도미니코회에 입회했으며, 솔수아르 신학대학에서 박사학위를 취득하고 그곳에서 교의신학 교수로 활동했다. 1937년부터는 「Unam Sanctam」 전집을 창간하고 주옥같은 작품들을 출간하여, 현대 신학의 쇄신에 크게 기여했다. 요한 23세 교황에 의해 제2차 바티칸 공의회의 전문 신학자 가운데 한 사람으로 임명되어 계시 헌장, 교의 헌장, 사목 헌장 작성에 결정적인 역할을 하기도 했다. 1964년 도미니코회는 그를 최고 학자를 의미하는 '신학 석학'으로 임명했으며, 1994년 요한 바오로 2세 교황은 추기경에 서임했다. 1995년 6월 22일 파리에서 타계했다.

옮긴이: 윤주현

윤주현 신부는 가르멜 수도회 소속 수도 사제로, 서울 가톨릭대학교 신학대학을 졸업하고 1998년에 사제품을 받았다. 로마 테레시아눔과 그레고리아눔에서 신학적 인간학, 영성 신학을 전공했으며 2001년 성 토마스의 인간학으로 박사학위를 취득했다. 2006년 아빌라 신비신학 대학원에서 가르멜 영성을 전공했으며, 그 후 2011년까지 동(同)대학원에서 영성신학 교수로 활동했다. 2012년부터 대전 가톨릭대학교, 수원 가톨릭대학교, 문화영성 대학원에서 교의신학, 영성신학 교수로 활동하고 있다. 가르멜 수도회의 제4대 한국 관구장을 역임했으며 2018년(번역상), 2021년(본상) 한국 가톨릭 학술상을 수상했다. 현재 신학대전 번역·간행위원이자 한국 가톨릭 학술상 상임위원이다. 그간 약 50권의 저서와 역서를 출간했다.